상

하나 둘 셋··· 열의 뜻

진본 천부경

최치원 81자는 진본 천부경 예찬시

구길수 지음

참글
펴는 **가림다**

하나 둘 셋 … 열의 뜻
진본 천부경 (상)

초판 1쇄 인쇄 2011년 3월 30일
초판 1쇄 발행 2011년 4월 5일

지은이 구길수 | **펴낸이** 김복자

펴낸곳 참글펴는 가림다 | **출판신고** 제302-2009-00005호 (2009. 1. 29)
주소 서울시 용산구 원효로3가 171-6호
전화 02) 712-5665

ISBN 978-89-966059-1-1 04150
           978-89-966059-0-4(세트)

ⓒ구길수, 2011

값 18,000원

잘못 만들어진 책은 바꾸어 드립니다.

진본 천부경 : 하나 둘 셋 … 열의 뜻 : 최치원 81자는 진본 천부경 예찬시 (상)
구길수 지음. - - 서울 : 참글펴는 가림다, 2011
     p. ;   cm

ISBN 978-89-966059-1-1 04150 : ₩ 18000
ISBN 978-89-966059-0-4(세트)

천부경 [天符經]

259.3-KDC5
299.57-DDC21   CIP2011001243

하느님의 교훈이며 민족의 경전이라는 [천부경]의 뜻을 풀기 위해 그간 많은 사람들이 이두로 쓰여진 최치원의 81자를 가지고 씨름해 왔다. 그러나 천부경과 더불어 한 쌍이 되는 [천부인 ㅇ ㅁ ㅿ]의 풀이는 도외시한 채, 소위 천부경이라고 쓰여진 최치원 81자도 이두로 풀지 않고 오직 한자 뜻대로만 풀다보니 그 결과는 자신이 생각해 봐도 말이 되지 않았다. 그러자 하느님 당시에는 있지도 않았던 괴상한 숫자 나열이나 이상한 도표, 그리고 음양오행설 등으로 풀어 놓고 자신이 쓴 것이 가장 옳다고 백 사람이 다 주장하고 있다. 따라서 읽는이들은 도대체 무슨 말을 하는지 알 수 없는 것이 현실이다.

천부경을 읽어 보려는 사람들은 다 우리의 뿌리를 알고자 하는 사람들이다. 그런 사람들이 이와 같은 천부경을 읽어보고 무슨 뜻인지 알지 못한다면 우리 뿌리를 찾고자 하는 노력도 포기할 테니 큰 문제가 아닐 수 없다.

신지녹도문 [진본 천부경] 하나 둘 셋 … 열은 글자가 없었을 당시에 하느님의 말씀을 보관하기 위해 환숫(桓雄)의 신하 신지가 처음 글자를 만든 것이고 이를 4천 년 후 최치원이 81자의 이두로 적은 것인데 81자가 한자로 쓰여 있다 하여 한자 뜻으로 풀려 하면 말이 되겠는가?

우리는 지금 하나 둘 셋 … 열을 숫자로만 알고 있지만 이 소리가 나온 후 천 년이 지나서야 그것이 숫자가 되었다는 근거가 은허 갑골문에 나온다.

그렇다면 당시 하나 둘 셋 … 열은 무엇인가?

우리 애국가에 나오는 하느님은 새 나라를 세우려는 그 무리아들(庶子) 환숫(桓雄)에게 당시는 글자나 숫자가 없었으므로 말씀으로 내리셨고, 그 때문에 구전지서(口傳之書)라는 말이 우리 사서 여러 곳에 쓰여 있다.

따라서 이 하나 둘 셋 … 열은 사람들이 만들어진 원인과 그 백성들이 피의 전쟁을 끝내고 부자 되어 잘살다가 다시 왔던 하늘로 되돌아가라는 우리 민족에게 주신 교훈이며, 이 땅덩이 위에서 사는 모든 사람들이 반드시 지키고 살아야 할 교훈이다.

글쓴이는 전에 [천부인과 천부경의 비밀]이란 제목으로 졸저를 낸 바 있으나 절판되었다. 구판에서는 한울 글자 [천부인 ㅇ ㅁ ㅿ]은 그런대로 설명이 되었으나 이 [한울소리 진본 천부경] 신지녹도문 하나 둘 셋 … 열은 자세히 설명되지 않았으므로 새 판을 낼 필요성을 느껴 왔다. 당시 선조들이 글자가 없던 시절 그림을 간편화시켜 쓰던 금문(金文)과 이 금문이나, 신지녹도문과 원시한글 가림토가 혼재해 있는, 남한에서는 유일한 명마산 글씨바위, 그리고 고구려, 백제, 신라인들이 쓰던 하나 둘 셋 … 열이 숫자 이외에 하느님 교훈으로 쓰고 있었다는 김부식의 [삼국사기]의 이두 등을 풀어 [진본 천부경]은 신지녹도문 하나 둘 셋 … 열이라는 것을 증명하며 새로운 책을 쓴다.

또 글쓴이는 이 해독문이 틀리지 않았는가를 보기 위해서 역시 북한 영변지 신지녹도문으로 쓰여진 기천문(祈天文), 그리고 지금 우리가 언제든 볼 수 있는 역시 신지녹도문으로 쓰여진 중국 섬서성 백수현의 창성조적서 비, 그리고 중국의 국보가 아닌 우리의 국보인 코뿔소 술두르미 등의 해독을 통해서 여기 글쓴이의 신지녹도문 하나 둘 셋 … 열과 그 신지녹도문 해독문이 다 읽는 법이 같은지를 읽는 이들이 검정할 수 있게 해놓아 하나 둘 셋 … 열이 진본 천부경임을 입증할 것이다.

그리고 소위 천부경이라는 최치원의 一始無始一 … 一終無終一로 쓰여진 81자를 한자의 뜻이 아닌 이두로 풀어 여기에 쓰여지는 신지녹도문 해독문 하나 둘 셋 … 열의 뜻과 같은지를 보게 하였으며 또 우리 한글의 모태가 되는 [천부인 ㅇ ㅁ ㅿ] 과 이 신지녹도문 [진본 천부경] 하나 둘 셋 … 열은 씨줄과 날줄 같은 한 쌍이라 했는데 과연 이 신지녹도문 풀이가 우리 한글 ㄱ ㄴ ㄷ … ㅎ의 뜻으로 무엇을 말하는지 알게 해놓았다.

그러나 읽는 이들께서 보기에 말이 되지 않는 부분이 있다면 편달해 주시고, 혹시 의심이 가거나 질문 사항이 있으면 글쓴이 카페 게시판 중 독자 토론마당에 질문해 주시기 바란다.

2011년 2월
글쓴이

차 례

제2부 신지녹도문 [진본 천부경] 하나 둘 셋 … 열의 뜻 해독

제1장 | '하나'의 그림과 뜻풀이 _215

제6장 ㅣ '여섯'의 그림과 뜻풀이 _321

제7장 ㅣ '일곱'의 그림과 뜻풀이 _347

제8장 ┃ '여덟'의 그림과 뜻풀이 _359

제1부

신지녹도문 [진본 천부경]
하나 둘 셋 … 열의 뜻 해독 전 예비글

제1장 | 들어가는 글

01 들어가는 글

여기 들어가는 글에서는 앞으로 전개될 대략적인 글 설명내용이다.

우리 민족은 빛의 민족이었음이 한울글자 천부인 ㅇ ㅁ △ 이나, 한울소리 천부경 하나 둘 셋 … 열인 [진본 천부경] 신지녹도문, 그리고 우리 조상들이 쓰시던 그림글자 금문(金文)과 특히 소위 천부경이라는 최치원 81자를 통해서 증명된다.

지금 우리가 무심히 세고 있는 "하나 둘 셋 … 열"이란 애초부터 숫자가 아니었다. 이는 대략 5천년 전 글자도 없고 말도 적던 시절 하느님께서는 새 나라를 세우시려는 그 아드님 환숫(桓雄)께 우리말과 글자를 위해 내려주신 한울글자 증표가 ㅇ ㅁ △ 이고 이는 후에 한자가 생긴 다음 천부인(天符印)이라 하며 이것으로 지금 우리가 쓰는 말과 글자가 동시에 만들어진다.

다음 [진본 천부경]이란 역시 하느님께서 천부인과 함께 내려주신 한울소리 "하나 둘 셋 … 열"로 환숫님이 개국할 백성이 살아가는 데 꼭 필요한 교훈인데 이도 나중에 한자가 생긴 다음 천부경(天符經)이라 하였다.

따라서 고구려, 백제, 신라인들만 해도 "하나, 둘, 셋, … 열"이 숫자

이외에 하나님 말씀이라는 것을 알았다는 것을 삼국사기만 봐도 알 수 있다. 이는 하권에서 자세히 설명한다.

위 천부인과 천부경은 씨줄과 날줄과 같은 한 쌍으로 이 중 어느 것 하나가 빠져도 '천부인', '천부경' 자체의 뜻이 소멸된다.

글쓴이는 이를 당시 그림글자였던 금문(金文), 신지녹도문(紳誌鹿圖汶)이나 삼국유사, 그 후 대략 4천년 후 최치원의 81자 삼국사기를 증거로 역사 이래 처음으로 밝히는데 이는 최치원의 별도 천부경이 아니라 먼저 이 [진본 천부경] 신지녹도문의 내용을 설명한 설명문이고 예찬시라는 것이며 따라서 처음 대하는 이는 좀 생소하여 의아할 것이다.

02 천부인과 천부경을 내려주신 하느님이란?

하느님이란 하늘에 있는 어떤 귀신이 아니다. 지금으로부터 대략 5천여 년 전 신석기 문명이 끝나고 청동기 문명이 시작될 무렵, 지금의 바이칼 호 부근에는 북방계 몽골리언 일족이 살았는데 이 증거는 지금 그부근 브라이트, 나나이, 울치 족의 유전자를 우리 유전자와 비교, 분석해 보면 알 수 있고 그 외 여러 유물들로도 증명이 된다.

그들은 마치 신선들처럼 이심전심으로 살았기 때문에 말도 몇 마디되지 않고 글자도 아직 없었다는 것이 우리 뿌리 말인 어근이나 우리 조상이 글자가 없던 시절 그림을 단축시켜 그린 그림글자 청동기 금문(金文) 등 유물로 밝혀진다.

그들은 환한 빛을 숭상하여 '환한 부족' 즉 '환족(桓族)'이라 했다. 이

'환족의 지도자'가 바로 '환한님'이었고, 이 '환한님'은 '화나님〉하나님', 또는 '한울님, 하느님'이 되었으며 그것이 지금 우리가 부르는 애국가 속에 있고, 이는 또한 '환님'이라고 할 수 있으니, 후에 한자의 기록으로는 '환인(桓因)'이 된다.

하느님은 그 정신세계가 하늘의 섭리와 같으니 神이라고 할 수도 있는데, 특히 이 [진본 천부경] 신지녹도문 "하나 둘 셋 … 열" 속에 있는 홍익인간(弘益人間)은 흔히들 한자 뜻대로 풀어 "널리 인간을 이롭게 한다"고 하여 교육법 제1조에까지 씌어 있지만, 그 정도의 뜻만이 아니라 생물의 진화과정까지 포괄하는 자연섭리인 신의 의지까지 말하고 있는 것이니 하느님은 인간의 경지를 벗어난 신이라 할 수 있다.

또 인간이 神임을 말하자면 예수와 부처의 예를 들 수 있다. 즉, 예수도 그 정신세계가 하늘과 같으니 神이라 하는 것이고, 부처 역시 그 정신세계가 빛과 같은 대일광여래(大日光如來)이니 우리 하느님을 '神'이라 한다는 것은 절대 과언이 아니다.

그 환족이 사는 땅에 차츰 인구가 늘자 하느님께서는 새 나라를 세우시려는 환숫님(桓雄)께 새 민족의 말과 글자가 되는 하늘글자(천부인) ㅇ ㅁ △과 그 한 쌍이 되는 한울소리(천부경)도 내려 주셨다.

03 한울글자 '천부인'과 한울소리 '천부경'은 씨줄과 날줄 같은 한 쌍

한울글자 천부인   한울소리 천부경

위와 같이 '천부인 ㅇ ㅁ ㅿ'과 [진본 천부경]은 한 쌍이므로 중복된 그림이나 글이 많으며, 특히 예비글에서는 더욱 많다.

또 위에서 보듯 한울소리 신지녹도문 [진본 천부경] '하나'는 한울글자(天符印)에서 나온 글자다. 즉 우리말 해(日)는 '하나'라고 하는 '하'에 우리말에서 약방의 감초 격, 즉 갑순이, 갑돌이, 미장이, 지우쟁이, 심지어 '소고기'가 '쇠고기'가 되듯 우리말에서 약방의 감초 격으로 붙는 이 'ㅣ'가 붙어(이하는 약방의 감초격 접미사) '하'가 '해'가 된 것이며 해는 하늘의 주인이고 햇빛은 그 해의 작용이니 말이 부족하던 시절 하늘과 해와 햇빛은 다른 말이 아닌 다 같은 말이다.

이 하늘의 정기를 누리인 땅(물질, 몸)이 둘러 사람(사내)을 만들었다는 것이 '셋'이고 다음 '넷'은 겨집(겨집女 훈몽자회, 이하 계집은 겨집)인데 겨집의 ㄱ은 우리 말, 글의 제자원리인 '천부인 ㅇ ㅁ ㅿ' 상 가장자리이니 쌀알의 껍데기 왕겨와 같은 사내 숫(남근)의 껍데기이고 이 사내의 껍데기는 사내의 집이니 사내를 뜻하는 '셋' 속의 사내에 속하는데 이는 이 신지녹도문 [진본 천부경]에 자세히 쓰어 있으니 '천부인'과 [진본 천부경] 신지녹도문의 글은 중복된 것이 많다.

04 우리말, 우리글자는 천지인 원방각 ㅇ ㅁ ㅿ 으로 만들어졌다

한울 말과 글자 '천부인'이 하늘과 땅과 사람을 뜻하는 천지인 원방각 ㅇ ㅁ ㅿ 이라는 것은 상식이고 위에서 보듯 ㅇ은 하늘을 뜻하고 그 모양과 성질도 하늘과 같이 둥글며 이 하늘 '천부인' ㅇ과 이것으로 만든 ㅇㆁㆆㅎ 역시 하늘의 뜻만 있기 때문에 우리 뿌리 말에서 ㅇㆁㆆㅎ으로 시작되는 말과 글자는 하늘과 같이 원융무애한 말만 있을 뿐, 땅을 뜻하는 모진 말이나 사람처럼 서는 뜻은 하나도 없다.

다음 땅 '천부인' ㅁ은 땅을 뜻하고 그 모양과 성질도 옛 사람이 생각하는 땅, 또는 땅은 물질이므로 걸림이 많아 ㅁ과 같이 모가 지며 이 땅 천부인 ㅁ과 이것으로 만든 ㄱㄴㄷㅌㄹㅂㅍ 역시 글자의 뜻은 땅의 뜻만 있기 때문에 우리 뿌리 말에서 ㅁㄱㄴㄷㅌㄹㅂㅍ으로 시작되는 말은 하늘을 뜻하거나 사람을 뜻하는 말은 하나도 없다.

다음 사람 천부인 ㅿ은 서는 사람을 뜻하고 또는 그 모양과 같이 솟는 말에 쓰이며 이 ㅿ으로 만든 ㅅ ㅈ ㅊ 역시 사람이나 솟는 뜻에만 쓰일 뿐 하늘같은 뜻이나 땅 같은 뜻은 없는데 이는 우리 순수한 뿌리 말을 조사해 보면 안다. 따라서 우리 말, 글자는 천지인(天地人) 천부인(天符印) 원방각(圓方角) ㅇ ㅁ ㅿ 으로 만들어진 것은 이론의 여지가 없다.

05 우리 글자는 [훈민정음 해례본 제자해] 대로 만들어지지 않았다

[훈민정음 해례본 제자해]에서 훈민정음의 제자 원리는 중국 공자 문왕 때 만들어진 음양설과 춘추 전국시대 연나라에서 만들어진 오행설을 기본으로 쓰다 보니 주역과 성리학(性理學)의 성리대전, 그리고 그 속의 황극경세서(皇極經世書)의 원리대로 만들었다는 것이며 또 오행설에 맞추다 보니 우리나라 계절이 4계절이 되었다가 계하(季夏) 하나를 덧붙여 5계절이 되기도 한다.

그리고 자음을 우리 신체의 발성기관에서 인용하다 보니 ㄱ, ㄴ 등은 그런대로 좋으나 ㅇ은 목구멍을 본따 만들었다 하면서 하늘은 파리똥만 한 꽉 막힌 점(·)이 된다.

또 [훈민정음 해례본 제자해]에는 천지인 삼극을 삼재(三才)라 하는데 이 삼재로 모음을 만들다 보니 ㅡ는 땅이고 ㅣ는 사람이며 ㅏ ㅓ ㅗ ㅜ 등에 붙는 점은 하늘이 된다. 그렇다면 ㅑ ㅕ ㅛ ㅠ 등은 사람 옆에 하늘이 둘씩이나 붙고 또 ㅜ ㅠ 등은 혼천의로 보아 지동설이 없던 당시 하늘이 땅 아래에 붙는 모순이 있다.

왜 이 같은 모순이 생길까? 소위 한글의 제자원리라는 우리 국보 70호 [훈민정음 해례본 제자해]는 세종이 쓰신 것이 아니다.

훈민정음은 세종의 말씀처럼 우리 백성의 말이 중국과 달라 우매한 백성이 중국 한자를 쓰기 어려우므로 이를 민망히 여겨 새로 28자를 만든 것이다(國之語音, 異乎中國, 與文字不相流通. 故愚民, 有所欲言, 而終不得伸其情者, 多矣. 予, 爲此憫然, 新制二十八字, 欲使人人易習, 便於日用耳).

따라서 세종께서는 옛 우리 조상들의 글자를 모방해서(字倣古篆) 만든 것인데 이 옛 글자를 모방해서 만들었다는 말을 언어학자조차 "옛 글자는 중국의 한자"라 하지만 한자에는 ㅇ과 같은 글자가 없고 또 字倣古篆의 고인(古人) 이란 자기 조상이 아니면 쓰지를 않는 말이다.

특히 훈민정음은 세종께서 혼자 만든 글자이고 그 자녀들에게 연습이나 시킨 글자인데 이 근거는 최만리 상소문에서 보듯 세종께서는 청주 온천에 휴양을 가서도 혼자 훈민정음에 고심을 하셨다는 대목이 있다.

06 [훈민정음 해례본 제자해]가 나오게 된 동기

이렇게 세종 혼자 만드신 훈민정음은 발표한 지 50 일도 되지 않아 당대 최고의 학자들 모임인 집현전 학사들 중 최만리 파에 의해 폐기하라는 반대상소가 올라온다. 즉 "우리의 종주국은 중국이고 중국에는 이미 한자가 있는데 왜 우리와 같은 속국에서 새로운 글자를 만들어 이것이 중국에라도 알려지면 크나큰 실례가 아니냐?"라는 것이 세종실록에 쓰여 있다.

이 상소를 보신 세종은 그들을 불러 몇 가지 물어보려 했으나 그들의
말이 논리에 맞지도 않고 갈팡질팡하므로 모조리 하옥을 시켰다. 그러
나 역시 마음이 편치 않았을 것이므로 다음날 아침 풀어주시고 그 대신
그 집현전 학사들 중에 그래도 반대는 하지 않았던 정인지 등에게 잠시
설명을 하신 다음 그 제자해를 쓰라고 명하신 것이다.

훈민정음 제자해는 이 책과 같이 출판되는 [천부인 ㅇ ㅁ ㅿ]에서 보듯
훈민정음을 직접 만드신 세종께서 쓰신다 해도 무척 어려울 것인데 이
것을 잘 알 리 없는 정인지 파에게 그 제자해를 쓰게 했다는 것은 그 최
만리 파 선비들이나 또는 최만리 파 말처럼 중국의 비위를 건드리지 않
게 적당히 쓰라고 한 것으로 추정할 수 있다. 이 근거는 정인지 서문과
[천부인 ㅇ ㅁ ㅿ]을 보면 대강 짐작할 수 있다.

따라서 글쓴이는 우리말과 글자는 훈민정음 제자해대로 만들어진 것
이 아니라 하느님이 주신 천부인 ㅇ ㅁ ㅿ 으로 만들어진 것을 입증할 것
이다.

07 한울말과 글자 천부인(天符印) ㅇ ㅁ ㅿ

지구가 태어난 연대는 학자들마다 말이 달라서 정확하지 않으나 대략
46억년이라고 볼 때 인간이 처음 태어난 것도 학자들마다 15만년 전, 혹
은 35만년 전, 또는 50만년 전이라 한다.

그러나 하여간 처음 인간이 이 지구상에 태어났을 때 사람들이나 또

는 구석기인들이야 그저 동물의 본능적인 소리밖에는 없었겠지만 그래도 신석기 문명이 지나고 청동기 문명이 시작될 무렵, 우리 하느님 시대에는 그 동물의 본능적 소리 이외에 간단한 말이라도 만들어 사용했을 것이다.

즉 이심전심으로 신선들처럼 사시던 하느님 시대에는 요즘 국어사전에 있는 대로 대략 20만 어휘를 사용하는 게 아니라 하느님 시대는 우리처럼 복잡한 말이 필요 없었을 것이니 그저 그들이 사는 데 가장 중요한 하늘과 땅과 사람에 관한 말만이 있었을 것이다.

이 말의 근간이 바로 천지인(天地人) 천부인(天符印)이라는 것은 삼국유사 등 여러 사서에 쓰여 있으며 그 증표가 원방각(圓方角) ㅇ ㅁ △ 이라는 것은 상식이다.

그렇다면 ㅇ ㅁ △ 은 우리 한글의 모태가 되며 따라서 우리말도 우리글자대로 말을 하니 ㅇ ㅁ △ 은 우리말과 글자의 뿌리가 된다.

아래에서 설명되겠지만 인류 최초의 글자는 바로 신지녹도문 [진본천부경] 하나 둘 셋 … 열이다. 그러나 이는 신에게 천제를 지낼 때나 쓰는 신의 글자다. 따라서 신지는 인간이 쓰는 인간의 글자도 만드는데 그 인간의 글자가 신지신획(神誌神劃)이고 이것이 더 발전하여 가림다(가림토)가 되며 이것을 세종대왕이 더 발전시켜 지금 우리가 쓰는 한글이 되었으니 '천부인 ㅇ ㅁ △' 이야말로 우리말과 글자의 뿌리가 된다.

이 天地人의 표상인 원방각 ㅇ ㅁ △ 으로 우리말과 글자를 만들었고, 이 발음은 아래아 점 ᅌ ᄆ ᅀ 이니 그래서 우리말에서 감둥이, 검둥이가 같은 말이고, 봄에 풀이 나면 파릇파릇, 퍼릇퍼릇, 포릇포릇, 푸릇푸릇 등 아무 모음을 써도 같은 말이 된다 했다.

이 '천부인' ㅇ 에서 여린 히읗(ㆆ)이나 꼭지 이응(ㆁ), 그리고 ㅎ이 나왔는데 이는 하늘 '천부인' 이니 그 뜻은 모두 하늘과 관계가 있지 ㅁ인 땅, 즉 물질의 뜻은 하나도 없고, 다음 ㅁ에서 ㄱ, ㄴ, ㄷ, ㅌ, ㄹ, ㅂ, ㅍ 이 나왔는데, 이는 땅 '천부인' 으로 만든 것이니 그 뜻들은 모두 땅인 물질과 관계가 있지 하늘이나 사람이라는 뜻은 전연 없다.

마지막 ㅅ, ㅈ, ㅊ은 사람 '천부인' △ 에서 나왔으므로 사람과 관계되는 뜻과 사람처럼 서고 솟는 뜻만 있지 하늘과 물질에 대한 뜻은 없다.

이 말이 참인지 아닌지는 독자님들께서 우리 순수한 말들을 한번 찾아 생각해보면 알 것이다. 단 말이란 진화하기 때문에 진화한 말들은 그 어원을 추적하면 반드시 위와 같다.

여기서 잠깐 예를 들면, ㄱ 속에는 '가장자리' 라는 뜻이 있다. 따라서 강가, 바닷가 등 모두 육지의 가장자리이며, '가운데' 는 '가장자리에서 온 데' 이고, '곁' 은 '가운데의 가장자리' 이며, 왕겨 등의 '겨' 도 '알맹이의 껍질' 이고, 겨집(겨집 女, 훈몽자회) 역시 성교 시 남근의 가장자리이다.

다음 ㄴ은 '누워 있다' 는 뜻이 들어 있으니 하늘에서 오는 눈도 비와는 달리 누워 있으니 '눈' 이고 사람 눈도 코와는 달리 누워 있으니 '눈' 이다. (이하 '천부인 ㅇ ㅁ △' 에)

이 이론은 세종조차도 간과했던 이론으로 우리 역사상 초유의 이론이 될 것이니 독자님들은 매우 생소할 것이다.

이 이론은 먼저 출판한 글쓴이의 졸저 [천부인과 천부경의 비밀]에 쓰여 있는데 초판이 매진되었고 지금 재판을 보강 [천부인 ㅇ ㅁ △ 의 비밀]이라는 제목으로 이 책과 함께 출판한다.

08 세종의 자방고전(字倣古篆)이란?

우선 세종이 모방했다는 옛 조상의 글자, 자방고전(字倣古篆)의 전(篆) 자의 뜻을 알아본다. 篆 자는 도장 새길 때나 쓰는 꼬불꼬불하다는 글자로 알고 있으나 그 뜻은 다르다.

그렇다면 세종이 자방고전(字倣古篆)이라 하였고 훈민정음 해례본에서 정인지는 아예 그 글자 모양도, 상형이자방고전(象形而字倣古篆)이라 했으니 이는 우리 조상의 전자를 모방했다는 말이다. 또 고인(古人)이란 절대 남의 조상에게는 쓰지 않은 말이다. 그렇다면 우리 조상의 글자란 신지혁덕이 환숫(桓雄)의 명을 받고 만든 하느님 말씀 [진본 천부경]이 있으나 이는 천제 때나 쓰는 신의 글자였기 때문에 다시 인간의 글자를 만드는데 그 글자가 유기(留記)에 나오는 신지신획으로 곡일(曲一)과 직이(直二)란 ㄱ ㄴ ㄷ ㄹ과 같은 직각이 된 글자다.

따라서 세종이 인용한 古人이란 말은 그 신지신획을 말하는 것으로밖에는 볼 수가 없다.

그러나 지금 학자들은 그 고인의 글자를 한자나 또는 다른 나라 글자를 본받은 것을 알고 있는데 한자에는 ㅇ과 같은 글자도 없고 세종당시는 물론 당시도 비슷한 글자는 없다.

1010. 한글날 KBS에서 방영한 것을 캡처

첩해몽어
조선 중기의 몽골어 교재

돈황 막고굴 각석탁본

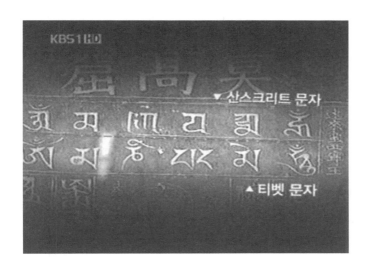

파스파 문자
몽골

아래 좌측은 전자이고 우측은 훈민정음인데 그 글자 모양이 전자는
둥글고 훈민정음은 유기(留記)에 나오듯이 곡일(曲一)과 지이(地二)로 모
가 져 있다.

단 그 고전(古篆)소리는 진시황이 천하를 통일하고 대전(大篆), 소전(小篆)을 만들 때나 또는 명 태조 주원장이 몽골군을 물리치고 천하를 통일, 글자도 통일하여 홍무정운을 만들 때 나온 소리가 아닌지 모르겠다.

[삼국사기]에서 삼국인들은 문자란 '신지전자'의 하나 둘 셋 … 열이나 '신지 신획'을 말했으나 세종 당시만 해도 문자란 한자를 말했고 따라서 옛 한자가 진시황 시대 대전(大篆), 소전(小篆)의 篆이니 옛 글자는 모두 전자라 했을 것이고 따라서 우리 조상의 옛 글자도 고전(古篆)이 된다.

이는 지금 신지의 신획으로 써진 평양 법수교 아래 있다는 아들을 낳게 해달라는 기천문이나 창성 조적서비만 봐도 우리 조상의 글자가 전자라 기록된 이유를 짐작할 수 있다.

사실 [진본 천부경] 신지녹도전자(神誌鹿圖篆字)는 사슴 그림과는 아무런 상관이 없다. 다만 사슴의 발자국을 보고 만든 글자니 신지녹도전자라 한 것이다. 그러나 창성조석서비(創聖鳥跡書碑)는 새(鳥) 발자국 같아서 조적서라 하는데 정말 신지녹도문 글자체는 새 발자국 같을망정 사슴이나 사슴 발자국과 같지는 않다.

창성(創聖)이라는 창힐(創詰)은 환숫(桓雄)한테서 글자 만드는 것을 배

운 사람이고 '창성조적서' 비란 이 [진본 천부경] 신지녹도문 하권 풀이
에 해독해 놓았듯이 한자의 창제과정을 말하는 게 아니라 환숫이 밝달
임금의 밝달나라(첫 조선)를 세우는 과정을 보고 역시 신지녹도문으로
적어놓은 일종의 견문록이라 중국의 국보가 아니라 우리의 국보이다.

　이와 같이 같은 글자를 가지고도 글자 이름이 달라진다는 것은 바로
신지녹도문이 진실이라는 증거가 된다. 즉 사슴과 비슷하지도 않은 글
자를 녹도문이라 한 것은 신지는 사슴을 보고 만들었으니 녹도문이라
한 것이 구전된 것이고 그 제자 창힐은 아무리 선생의 글자라도 새 발자
국 같으니 조석서라 한 것을 보면 안다.

　따라서 이 글자들이 녹도전자이니, 조적서이니 말이 달라지는 것은 당
시는 한자나 어떤 글자가 없었고 그 후대에서 전해지는 말을 듣고 한자
로 표현할 때 진시황의 대전 소전이나, 주원장 시대 신지녹도문이 꼬불
꼬불하니 그저 옛 글자란 모두 전서인 줄 알고 전서라 한 것으로 본다. 따
라서 글쓴이는 세종의 자방고전(字倣古篆)의 篆 자란 신지 유기에 나오는
ㄱ ㄴ ㄷ … 등으로 보고 이 글에서는 '신지녹도문' 이라 할 것이다.

신지신획

　…유기(留記)에 이르되 신획(神劃)이 일찍이 태백산의 푸른 바위의 벽에 있
는데 그 모양이 'ㄱ'과 같으니 세상 사람들이 이르기를 신지선인이 전한 바라
하며 혹자는 '이것이 글자 만듦의 시초가 된다' 라고 하는데, 즉 그 획은 직일
(直一)과 곡이(曲二)의 형상이며 그 의의는 관리 통제한 형상이 있고 그 형태와
소리 또한 계획된 뜻에서 나온 것 같다.[1]… (소도경전)

---

1. 형태와 소리 또한 계획된 뜻에서 나온 것 같다. 이것이야말로 천부인 해설에서 자세히 논의되겠
　지만 우리말과 글자가 동시에 천부인을 중심으로 계획되어 창제되었다는 것을 증명하고 있다.

···留記云神劃曾在太白山靑岩之壁其形如　ㄱ世稱神誌仙人所傳也或者以是爲
造字之　始則其劃直一曲二之形其義有管制之象其形其聲又似出於計意然者也···
(蘇塗經典)

---

09 [진본 천부경] 하나 둘 셋 … 열과 최치원 81자

이 [진본 천부경] 은 하나 둘 셋 … 열이고 이것을 대략 4천년 후 갱부 작첩(更復作帖), 즉 이를 토대로 다시 이두로 시첩으로 쓴 것이 최치원의 81자 천부경이다.

그러나 지금 우리는 [진본 천부경] 하나 둘 셋 … 열이 처음부터 아무 뜻 없이 숫자로 만들어진 줄고 최치원의 이두 81자만 천부경인 줄 안다(이 최치원의 이두 81자 해독은 본문 하나 둘 셋 … 열 해석 하권에 자세히 쓴다).

하나 둘 셋 … 열은 밝달임금(檀君) 후 거의 천년이 되도록 숫자가 아니었다는 증거가 있다.

하느님, 환숫(桓雄) 당시 쓰던 그림글자 금문 一 二 三 … 十에서 아무리 원시인이라 하더라도 숫자가 있었다면 그 숫자 표시를 할 때, 예 하나를 들면 둘은 막대 두 개로 표시했을 것이나 금문에는 위 막대가 짧으면 위上 자이고, 아래 막대가 짧으면 아래下 자이며 一 二 三 … 十 자가 모두 그렇다.

따라서 글쓴이는 이 금문이 만들어질 당시나 신지녹도문이 만들어질 당시는 숫자가 없었다는 것이다. 이 금문으로 쓴 밝달임금(檀君) 때 청동기 유물은 지금 많다. 즉 밝달임금 후 거의 천년이 지난 은나라 때나 하나 둘 셋 … 열이 숫자가 되었다는 것이 갑골문상 나타난다.

여기서 숫자가 없이 사람이 살 수 있는가에 의문이 갈 것이나 그런 생각은 지금 20만 어휘를 쓰는 우리의 생각이고, 지금도 아마존 강 유역 나체족이나 아프리카 오지 등 문명이 전혀 들어가지 않은 곳에 가보면 그들은 숫자 없이도 잘 살고, 또 숫자가 있다 해도 하나, 둘, 셋 그리고 많아야 열뿐이며, 그 이상 숫자는 그냥 '많다'고 하는데, 우리 조상도 하나 둘 셋 … 열이 숫자가 된 후에도 더 이상의 숫자는 '온'이라 했고, 그 '온'은 지금 '百'이지만 '백화점'한다면 백화점에 물건이 백 가지 뿐만은 아니듯 '온'은 '많다'의 뜻으로 쓰였다는 것이다. 따라서 지금 쓰는 숫자란 문물이 발달하고 경제 행위가 발달하면서 생긴 것이다.

그럼 숫자가 없던 시절 '하나 둘 셋 … 열'이란 무엇이고 그 뜻은 무엇인가? 이것이 바로 피의 전쟁을 끝내고 인류가 한 가족이 되어 부자로 행복하게 살 수 있다는 하느님의 교훈이다.

이 신지녹도문 [진본천부경] 하나 둘 셋 … 열은 그 원리가 전생, 후생 설이나 말하고, 또 이 세상에 태어난다는 것은 12연기의 시초인 無明을 끊지 못해 태어나 生老病死의 四苦를 거듭할 뿐이니 아예 이 세상에 태어나지 말자는 불경과 다르다.

즉 불경은 2500년 전 과학을 모르던 미개한 사람을 가르치는 임시방편은 될망정 이 지구에서 생식하는 모든 생물의 목적부터 모르는, 즉 지구가 만들어진 목적부터 모르는 모순에 빠진다.

또 인간은 여호와의 피조물로 그 여호와를 위해서는 목숨도 달게 바쳤던 십자군 전쟁이나 순교자들에게서 보듯, 인간이 그 유대인이 만든 신의 종이고 그 주인을 위해 산다면 인간의 신세가 참으로 처참해진다.

코란경도 마찬가지다. 코란경은 바로 마호멧이 기독경을 아랍말로 거꾸로 쓴 것과 같은 것인데, 여기서 알라란 기독경의 여호와와 같고 지금도 중동에서 아무리 성전이라 하나 그 알라를 위하여 자살폭탄을 달게 메게 하니 이런 것들은 인간이 만든 귀신 아래 인간이 굴종하고 있는 것이지 인간을 위한 경문은 아니다.

그러나 우리 하느님의 신지녹도문 [진본 천부경] '하나 둘 셋 … 열'은 그 짧은 말 속에도 불경이나 기독경 같은 반 자연적인 내용이 아니라 이 땅에 만들어진 이유와 그 위에서 사람들이 부자가 되어 잘사는 방법, 그리고 생물의 진화과정까지 말하는 홍익인간과, 때가 되면 물질인 몸의 옷을 미련 없이 벗고 신선으로 올라가는 길이 들어 있으니 이는 아직까지 나온 경전 중에 가장 과학적이고 논리적인 말씀이다.

따라서 하느님의 이 보배로운 경문을 받아가지고 앗선(첫 조선) 개국지로 내려온 환숫(桓雄)님은 그 무리들과 함께 아침저녁으로 이 교훈을 외웠고, 자식을 낳으면 이 교훈부터 가르치다 보니 이것이 우리의 숫자가 된 것이다.

그러나 사대사상과 외제라면 무조건 명품인 줄 아는 우리는 교훈조차도 외제가 명품인 줄 아니 '하나 둘 셋 … 열'은 단순한 숫자인 줄로 알 뿐이다.

10 신지녹도문 [진본 천부경] 하나 둘 셋 … 열이 전해진 동기

그분들이 사시던 바이칼 호 부근에 차츰 인구가 늘자 하느님께서 새 나라를 세우시려는 환숫(桓雄)님께 새나라 백성들의 말과 글자의 근간이 되는 한울글자, 즉 '천부인'인 ㅇㅁ△과, 새 나라 백성이 지키며 살아야 할 교훈도 내려 주시는데 이것이 바로 하나 둘 셋 … 열이라는 이 [진본 천부경]이라 했다. 그러나 당시는 글자가 없었으므로 말씀으로 전해 주셨는데 이를 구전지서(口傳之書)라 한다는 말이 우리 사서에 많이 쓰여 있다.

이 중요한 말씀을, 지금도 그렇지만 말이란 시간이 지나면 변질되므로 환숫께서는 그 신하 신지를 시켜 말을 보관하는 방법을 명했고 신지는 고심하던 중 사냥을 나가 사슴을 발견, 활로 쏘았으나 화살이 빗나가 사슴의 발자국을 보고 사슴이 도망간 방향을 찾다가 문득 말을 보관하는 방법도 이와 같이 하면 될 것이라고 생각하고 만든 글자가 사슴을 보고 만들었으니 신지녹도문(神誌鹿圖文)이라 한다는 말이 규원사화(揆園史話)나 우리 여러 사서에 써 있다.

그러나 이 신지녹도문은 전연 무에서 창작한 글자가 아니라 당시 우리 조상들이 그림을 축소해 그린 금문(金文)을 토대로 만들었으므로 신지녹도문과 금문은 유사한 점이 많다.

그리고 이 신지녹도문은 우리가 아는 "하나 둘 셋 … 열"과 같이 뜻은 열이나 글자 수는 16자인데 이는 하느님 교훈을 그대로 적은 것이니 후에 천제를 지낼 때나 쓰는 신의 글자였지 일반이 쓰는 글자는 아니었다.

그러므로 1940년에 기록된 북한의 영변지에서 자식을 많아 낳게 해달라는 평양 법수교 아래 기천문(祈天文)이나 생식을 최우선시하던 시대성 예찬서 등, 신을 위한 글자도 모두 16자로 써져 있다.

11 최치원의 81자가 전해진 동기

그 신지녹도문 [진본천부경] 하나 둘 셋 … 열은 환숫 당시보다 밝달임금(檀君) 때 가서야 돌에 새겨 놓은 것으로 보이는데 그래서 이를 또한 '단군전비'(檀君篆碑)라 하기도 한다.

그 후 세월이 흐르면서 우리 선비들은 중국이나 사모하다 보니 이 단군전비를 아무도 돌보는 이가 없어 숲속에 버려두었던 것을 대략 4천년 후 고운 최치원이 발견하여 81자로 쓴 것이 지금 우리가 알고 있는 천부경이다. 그런데 이 중 숫자는 당시 숫자로만 알던 우리말 하나 둘 셋 … 열의 음을 한자로 적을 수 없으니 이두로 적은 것이므로 그 이두를 풀어 보면 이는 그 [진본 천부경] 신지녹도문을 그대로 번역한 것이 아니라 그 것을 설명한 설명문이며 또한 예찬시이다.

그러나 지금 시중에 많은 책을 낸 많은 저자들은 '천부경'과 한 쌍이 되는 '천부인'이 무엇인지 전혀 연구도 해보지 않고 '천부경' 해설서를 내놓고 있는데 그것도 [진본 천부경] 하나 둘 셋 … 열의 해석이 아니라, 그 예찬문에 불과한 최치원의 81자 풀이에 집착하고 있으며, 또 그 이두로 써진 것을 한자 뜻대로 해석하다가 자신이 생각해 봐도 말이 되지 않으면 하느님 당시는 있지도 않았던 음양오행설이나 또는 기묘한 기하학적 도표, 그리고 수리학을 동원하여 난해하게 풀어놓고 있다.

글쓴이는 워낙 무식해서 그런지 그런 책 백 권을 읽어 보았으나 도대체 무슨 소릴 하고 있는지 통 모르겠다.

항상 말하지만 '천부경'에 관심이 있는 분들은 모두 다 이 나라 뿌리와 역사를 찾고자 하시는 분들이다. 그런 분들이 이 최치원의 81자를 진짜 천부경인 줄로 잘못 알고, 그것도 무슨 소리인지 이해하지 못한다면 결국 우리의 뿌리와 역사를 찾으려는 분들에게 실망만 주어 우리 뿌리와 역사를 포기하게 하는 이유가 된다.

또 말이나 글은 반드시 듣는 이나 읽는 이가 알아야 한다. 듣는 이나 읽는 이가 아무도 모르는 말이나 글은 말도 아니고 글도 아니다.

즉 아무도 이해하지 못하는 글을 글 쓴 자가 자신만 아는 체한다면 이는 자만일 뿐인데, 그 말이나 글을 쓴 사람조차도 과연 무엇인가 알고나 썼는지 의심이 간다.

그 예 하나를 든다. [환단고기]에 있는 말이다. 선인(先人)들이 위 최치원의 천부경을 풀었답시고 써놓은 글들 중 일부이다.

"옛날 이미 우리 환족이 유목농경을 하던 곳에 신시의 가르침이 열렸는데, 흙으로써 일(一)을 쌓아 다스리게 되었고, 음(陰)으로는 십(十)으로 크게 하였으며, 양(陽)으로는 걸림이 없음을 지었나니, 바름 가운데 봉조(鳳鳥)가 태어나도다"(在昔己爲我桓族遊牧農耕之所而及神市開天以土爲治一積而陰立十鉅而陽作無 而夷生焉鳳鳥). - 마한세기 상 -

이게 도대체 무슨 말인가? 음양오행의 이치를 깨닫지 못해 모른다고 할 것인가? 이 음양오행의 논리를 깨닫겠다고 일생을 허비해 봐야, 아래에서 설명하듯 그 음양오행설은 원론부터 모순에 빠져 있는 학문이다.

12 금문(金文)과 한자

인간은 글자가 생기기 전부터 그 의사를 남겨두려 하였을 것인데 이것이 바로 동굴이나 암벽 등에 그려놓은 벽화 등 그림이고 우리 조상은 그 그림을 좀 더 간단하게 단축시킨 것이 바로 금문이다.

그러나 우리 조상은 그 금문을 더 이상 발달시키지 않고 그 대신 하느님이 주신 천부인 ㅇㅁㅿ으로 신지신획＞가림다를 만들지만 한편 화하족(華夏族)인 지나족은 그 배워야만 아는 가림다보다는 그대로 그림인 금문이 이해하기가 더 쉬웠으므로 그 금문을 가져다가 자기네 음을 붙여 갑골문(甲骨文)으로 때를 묻히고 진시황 때 대전(大篆), 소전(小篆)을 만들며 그 후 예서(隷書), 해서(楷書)를 거쳐 지금 쓰는 한자는 우리 삼국 초에나 들어왔으며 이 한자가 우리에게 정착된 것은 고려 때이니 한자는 우리 금문으로부터 나온 것이다.

그러나 여기서 한자의 원조가 금문이고 금문이 우리 조상이 만들었으니 지금 한자도 우리 것이라 하는 것은 꼭 미국 자동차박람회에 가서 "자동차의 원조는 달구지이고, 달구지는 우리가 먼저 만들었으니 자동차의 원조는 우리다" 하는 것과 같다.

13 명마산 글씨바위

경북 경산시 와촌면 명마산(鳴馬山) 인근 촌로들에 의하면 명마산에는 예로부터 글씨 바위가 있다고 한다. 그 이후로 이 바위는 인터넷상에서 가림토 바위라고도 불리기도 하는데 그 뒤 많은 학자들이 찾아가 확인해 보았다 하나 지금까지 아무런 성과도 없었다.

그 이유는 그 글씨바위에 써져 있는 글씨는 최소한 2,000~2,300년 것으로 첫 조선이 망하고 천제국이었던 신한(辰韓)의 유민들이 마한으로부터 한반도 남단 동쪽 땅을 조금 얻어 신라를 세웠다는 것이 삼국유사 최치원 편에 나오는데 이때 유식한 선비들은 모두 경주로 가고 풍각쟁이, 사당패, 백정, 각설이패 등은 물도 별로 없는 대구 동쪽의 명마산 기슭에서 그들 나름대로 터를 잡았던 것으로 보인다.

따라서 이 글자들을 감정한 지금 학계의 감정위원들은 금문이나 신지녹도문, 그리고 가림토 등을 전연 해독할 줄 모르니 이것을 어떤 애들의 장난으로 알고 무시하여 우리의 상고사와 우리 글자의 발달사가 쓰여 있는, 남한에서는 유일한, 귀중한 유물이 지금도 비바람에 그대로 마모되고 있다.

그러나 글쓴이가 보기엔 그 조잡한 글씨일망정 그곳에 새겨진 글자는 분명 당시 그들이 쓰던, 위에서 말한 금문이나 신지녹도문, 그리고 가림토로 적은 것으로 보아 이는 어느 유물보다 더 우리 상고사를 정확하게 실증한다고 보고 이를 해독했는데 이는 역시 이 글에도 일부가 있다.

14 그간 글쓴이가 쓴 글

글쓴이는 하느님이 그 아드님 환웅께 내리셨다는, 아니 우리 민족뿐 아니라 전 인류에게 내려 주신 교훈의 말씀과, 그것이 그대로 기록된 문서, 즉 구전지서(口傳之書)인 [진본 천부경] 신지녹도문 16자와 그것을 해독하기 위한, 역시 하느님이 인간의 글자를 만들어 주기 위해 전해주신 '천부인 ㅇ ㅁ ㅿ 의 비밀' 세 개 속에서 역사 이래 처음으로 ㄱ ㄴ ㄷ … ㅎ 속에 뜻이 들어 있다는 것을 밝혀내었다.

이에 대해 먼저 졸저 [천부인과 천부경의 비밀]을 써서 시중에 내었는데 이는 [신지녹도전자 천부경]을 해독하여 이것이 우리 숫자 '하나 둘 셋 … 열'이라는 것을 육하원칙으로 밝혀낸 것이었으나 절판되었고 이에 금문 또는 삼국사기의 고구려, 백제, 신라인들이 숫자 이외로 쓰던 하나, 둘, 셋 … 열의 뜻 등으로 보강하여 다시 새로운 판을 내는 것이라 했다.

다음 이 천부경 이론을 논리와 과학적으로 써 글쓴이 카페에 공개한 것이 [참나와의 만남]인데, 이도 책으로 치면 2권 이상이 된다. 이 외 천부경을 부가적으로 설명하기 위하여 [천부경으로 본 반야심경 해설]은 이미 다 써서 카페에 올려놨으며, [천부경으로 본 창세기], [순 우리말 노자 도덕경]은 쓰는 중이지만, 그 요점은 이미 다 써놨다. 이 외 수많은 글이 글쓴이 카페에 공개돼 있다.

이 모든 글들을 모두 합치면 책 20권 이상이 되는 방대한 양으로 이미 출판사에서 출판 권유도 받았으나, 글쓴이는 책을 팔아 돈을 벌겠다는 것이 목적이 아니라 우리 뿌리와 역사를 제대로 알려고 하는 독자들이 보다 쉽고 편하게 읽어보고 토론하여 검증 하게 하려고 공개했던 것이다.

진정 우리는 우리의 뿌리와 역사를 제대로 알아야 다시는 그 치욕의 역사를 되풀이하지 않을 수 있고, 이 하느님의 교훈인 이 [진본 천부경] 신지녹도문을 제대로 알면 부자가 될 뿐 아니라 진정 사람 사는 길을 걷는 성자가 될 수 있을 것이다.

15 글쓴이는 무식해서 육두문자로 쓴다

글쓴이의 글은 거의 무식한 육두문자다. 어려운 글일수록 더 그렇다. 이는 글쓴이가 워낙 무식하기 때문이기도 하지만 어려운 글을 남들처럼 유식하게 써놓으면 읽는 이는 물론 글쓴이조차도 읽을 때 졸음이 오기 때문이다.

또 글쓴이의 글은 거의 생식용어가 노골적으로 등장하는데, 이는 말이 생길 때는 강력한 자극에 의해 생겨나고, 이 강력한 자극이란 다름 아닌 생식용어로 우리말의 80%가 모두 이 생식용어에서 나왔다. 여기서 우리 뿌리 말을 찾는 마당에 한자나 외래어를 쓸 필요가 없어 그대로 우리 생식용어를 쓰니 이 점 양해하시라.

16 맺는 말

위와 같이 '천부인 ㅇ ㅁ △'으로는 지금 우리가 쓰는 우리말과 글자인 ㄱ ㄴ ㄷ … ㅎ이 만들어졌으므로 그 속의 뜻만 알면 지금 우리의 말이 어떻게 형성되었는지 알게 되며, 또 이것으로 우리 뿌리 말을 찾아보면 희미하지만 어느 유물보다도 더 강력한 상고사를 알게 되고, 이 신지녹 도문 [진본천부경] 하나 둘 셋 … 열이란 사람이 살아가는 데 부자가 되고 행복한 삶을 살기 위해 반드시 알아야 할 사람의 길이다.

즉, 이 [천부경 하나 둘 셋 … 열]의 원리는?

첫째 사람은 빛인 '한'을 물질인 몸이 둘러서 만들어진 존재이다.

둘째 이 사람은 땅 위에서 번식하여야 한다.

셋째 사내는 처자식의 집을 일군 다음 씨족의 울타리를 완성시켜야 한다.

넷째 씨족의 울타리가 완성되면 열고 나가야 하는데 여기에는 3가지 이유가 있다.

① 씨족(국가)의 울타리를 열고 타 종족과 다문화 가장이 되면 종족도 우수해지고 피의 전쟁도 막을 수 있다.

② 현대 우리가 사는 세상에 어떤 고민, 어떤 불행이 있더라도 이는 모두 원래 있지도 않은 자아(自我)의 문, 즉 내 것이라는 문을 열지 못해 일어나는 현상이니, 이 문부터 열어라!

③ 내 몸은 하늘인 정신, 즉 혼을 물질이 둘러서 세워진 존재이기 때문에 때가 되면 그 물질의 옷을 미련없이 벗고 물질의 감옥의 문을 열고 우리

가 왔던 하늘로 올라가 신선이 되는 것이다.

　다음은 최치원의 81자는 [진본 천부경] 신지녹도문을 이두로 쓴 해설서이며 예찬시인데 이것이 한자로 써졌다 하여 한자 뜻대로 풀려고 하는 자들에게 한자가 우리 글자가 아니라는 증거를 댄다.

제2장 | 한자는 우리 글자가 아니다

01 세종실록 훈민정음 서문의 中國이란 말이 오기인가?

　신지녹도문 [진본 천부경] 하나 둘 셋 … 열은 천부경도 아니고 최치원의 81자가 진본 천부경이며 이는 한자로 써 있으니 한자 뜻대로 풀어야 한다는 사람들이 많아 글쓴이는 하느님이 천부경을 내릴 당시는 한자도 없었지만 그 후에 최치원이 그것을 풀어 한자 81자로 적었다 해도 그 원본과 같은지 대조하지도 않은 채 한자도 우리 글자라 하기에 그렇다면 세종은 우리 글자가 없어 고생하는 백성들을 위하여 우리 글자를 만들었다고 하자 國之語音異乎中國에서 그 中國을 國中의 오기라 하는 사람들이 너무 많아 이를 밝히고 지나간다.

　세종이 쓰신 [훈민정음 서문]을 보며 中國이 말이 되는지 國中이 말이 되는지 좀 해석해보자.

　원문 '國之語音異乎中國 與文字不相流通故愚民有所欲言而終不得伸其情者多矣 予爲此憫然 新制二十八字 欲使人易習使於日用矣'

　이를 中國으로 본 해석해 보면

　國之語音異乎 中國與文字不相流通故 (나라의 말과 소리가 中國과 달라 문자와 더불어 서로 통하지 않으매)

愚民有所欲言而終不得伸其情者多矣 (우매한 백성이 말하고자 하나 종래는 그 뜻을 얻지 못하는 자가 많으므로)

予爲此憫然 新制二十八字 欲使人易習使於日用矣 (내 이를 민망히 여겨 새로 28자를 지어 사람으로 하여금 쉽게 익히어 일용케 함이라)

이렇게 '中國'으로 해석하면 문장에 무리가 없다. 그러나 이를 만약 '國中'이라 한다면

國之語音異乎國中 (나라의 말과 소리가 나라 가운데에서도 달라)

이 해석대로라면, 지금도 그렇지만 세종 당시에는 더욱더 방언이 심해서 지방마다 말소리가 다르다는 말이고, 또 당연히 그랬을 것이다.

즉, 예를 들면 祖父母를 지방에 따라 '할배, 할매'라고 하기도 하고, '할아버지, 할머니'라고도 하며, 女를 '가시내'라고 하는가 하면 '계집'이라고 한다는 말이다.

그렇다면 다음 글귀와 말이 연결이 되질 않는다.

與文字不相流通故(문자와 더불어 서로 통하지 않으매)

여기서 '문자'란 물론 '기존 한자'다. 즉, '祖父'라는 한자는 '할배'나 '할아버지'라고 말하는 어느 지방에서든지 통한다. 그런데 이 한자가 서로 통하지 않는다고 하는 말이니, 이게 도대체 무슨 말인가? 그래서 훈민정음을 만들었다는 이야기인가?

이것을 새로 만든 훈민정음으로 적었을 때는 '할아버지'라고 말하는 지방에선 '할배'가 뭔지 모르며, '할배'라고 말하는 지방에선 '할아버지'가 뭔지 모르게 된다. 즉 우리말과 문자가 서로 맞지 않아 새로 만들었다는 훈민정음이 오히려 지방마다 서로 달라서 말과 문자가 맞지를 않게 된다.

그러니까 만약 '國中' 이라고 말한다면 이는 완전히 반대가 되는 말이 되고, 따라서 아래 글들과도 완전 딴 소리가 아니라 그 반대 소리가 된다.

지금 중국에서도 각 지방마다 사투리가 심해서 말로 해서 통하지 않으면 글자로 쓰고, 그러면 통한다. 이상으로 볼 때 훈민정음 서문 '中國'을 '國中' 으로 해석하는 것은 엄청난 착각이다. 그런데도 불구하고 세종 당시에는 중국이라는 나라가 없었으니 그것은 완전한 '國中' 의 오기라고 우긴다.

또 최만리 상소문에 '中國' 이라는 단어는 모두 7번이나 나온다. 왕 앞에서 사서를 기록하는 사관이 단 한 자의 오기가 있어서도 되지 않는데, '中國' 이라는 단어를 무려 일곱 번이나 오기했다는 말인가? 따라서 최만리 상소문을 기록하던 사관들이 '國中' 을 '中國' 으로 오기했다고 주장하는 것은, [세종실록]도 보지 않은 경솔한 자들의 경솔한 말이다.

그렇다면 세종 당시에는 있지도 않았던 '中國' 이라는 소리가 왜 나왔을까? 중국은 원래 화하(華夏)족이다. 그래서 현재 국호는 '중화인민공화국(中華人民共和國)' 이다. 즉, 현재 중화민국이 생기기 훨씬 전부터 자기네들은 '중화족' 이라 했다, 다시 말하면 자기네 중화족은 세계의 중심에 있는 화하족으로 생각하고, 자기네 변방의 나라를 다음과 같이 무시해 불렀던 것이다.

東夷: 물론 우리 한민족이다. 지금 우리 민족학을 논하는 학자들은 이 夷자가 弓에 大가 가해진 글자로 큰활을 가진 사람들의 뜻이 있고, 그래서 우리는 예로부터 활을 잘 쏘는 민족이라고 중국인이 붙여준 이름에 감지덕지하고 있다.

더구나 아래 西戎이나 南蠻, 北狄에 비해 버려지나 오랑캐가 아닌 좋은 이름이라고 자위하지만, 어쨌건 세계의 중심이 아닌 '변두리에 사는 오랑캐' 라는 뜻에는 변함이 없으므로 우리조차 東夷族이라고 뽐낸다는 것은 참으로 한심스러운 일이다.

　　西戎: 서쪽에 사는 뙤놈,

　　南蠻: 남쪽에 하는 벌레 같은 오랑캐,

　　北狄: 북쪽에 사는 도적 같은 오랑캐.

이상 우리 민족이 동이족(東夷族)이라고 불리기 오래 전부터 화하(華夏)족은 자신들만이 세계의 중심에 살고 있다 했으니, 그래서 중국(中國)이라는 말은 세종보다 더 올라가서 단군 때부터 있었던 이야기이다.

02 한자는 우리 글자가 아니다

교착어인 우리말과 한문은 그 토씨나 어순에도 맞지 않는다. 글자란 그 민족의 말과 맞아야 그 나라 글자가 된다. 즉, 그 나라 말과 맞지 않는 글자는 그 나라 글자가 아니라 외부에서 수입된 글자이다. 그런데 교착어인 우리말과 한문과는 그 토씨나 어순 등이 전연 맞지를 않는다.

교착어란, 우리말로 보면, 주어나 목적어 동사 다음에 '은, 는, 이, 가' 등이 붙는 언어를 의미한다. 이 교착어는 현재 우리말은 물론 수메르어나 일본어 등 '우랄 알타이 언어' 의 공통된 현상인데, 중국어나 인도어, 영어는 교착어가 아니다.

예를 든다. 우리말로 "나는 학교에 간다."

이것을 우리말 순서대로 한자로 쓰자면 "我 學校 去"가 된다. 그러나 이런 문장은 한문에 없고 주어나 목적어 동사 다음에 오는 '은, 는, 이, 가' 등도 없다. 이를 한문으로 옳게 쓰자면 "我去學校"가 되고, 이것을 한문 어순대로 우리말로 하면 하면, "나. 간다. 학교"이다.

더 예를 들면, 최치원의 천부경 81자 중에 析三極은 한문 어순으로 하면 "쪼개다. 삼극"인데, 우리말로 하면 "三極으로 쪼개다"이다.

한 가지 예를 더 든다. 중국인이 숫자를 쓰려면 "一二三四…"라고 쓰고, 이것을 읽으려면 그대로 "니, 얼, 샨, 스…"라고 하면 된다. 그러나 우리가 "一二三四…"라고 쓰고 읽으려면 처음에는, 一: 한 일 二: 두 이 三: 석 삼 四: 넉 사 … 十, 결국 一二三四…十을 우리말 "하나, 둘, 셋, 넷 … 열"로 번역한 다음에야 이해를 한다.

이와 같이 한자로 만든 한문은 우리말과 그 어순도 맞지 않지만, 그 토씨인 '은, 는, 이, 가' 등도 없다. 그러므로 한문을 우리가 이해하려면 일단 번역해야 한다. 이 '번역해야만 알 수 있는 문자'가 과연 우리 문자인가? 그러나 중국인들은 이 한문 표기가 자기네 말과 어순이 일치하고 있으므로 새겨서 듣고 말고 할 필요가 없다. 뿐만 아니라 인도어나 영어도 교착어가 아니기 때문에 우리는 번역하고 새겨들어야 하지만, 그들에게는 번역은 할 필요가 없음은 물론 자기네 어순과도 맞는다. 이렇게 어순과 토씨와 번역을 해서 이해해야 하는 한자가 우리 글자라고 주장하는 것은 참으로 한심스러운 이야기이고, 세종대왕이 지하에서 통곡할 일이다. 그렇다면 왜 한자가 우리글자라는 말이 생겼는가? 먼저 말했지만 글쓴이는 애초 인류는 그 의사를 남기려면 동굴 속이나 암각화로 남겼고 이 그림을 단축시킨 것이 바로 금문(金文)이다. 따라서 금문이란 그림이나 글자라는 말조차 없던 시대의 그림글자이다.

이것을 바탕으로 신지는 신지녹도문을 만드니 이것이 최초의 문자가 되나 이는 천제를 지낼 때나 쓰는 신의 문자였으므로 신지는 다시 인간의 글자를 만든 것이 바로 [유기]에서 말하는 가림토의 어머니 '신지신획' 이라 했고 이 신지신획은 3세 단군 때 삼시랑 을보륵이 말하는 참글(眞書)이 된다.

따라서 을보륵이 만든 가림토는 일본에 건너가 '신대문자' 가 되었는가 하면, 슈메르 등 인도 지방으로 퍼져나가 인도의 '부라미 문자' 가 되었고, 한편 금문은 중국인들이 자기네 음을 붙이고 때를 묻혀서 은허 갑골문을 지나 소전, 대전을 거처 현재의 한자로 발전했다고 했다.

그렇다면 우리는 왜 세종 전까지는 우리 글자를 발전시키지 못하고 한자에 매달려 오다가 그토록 한자가 우리 글자처럼 친숙해졌을까? 여기에는 몇 가지 이유가 있다. 이는 우선 말과 글자가 몇 개 되지 않던 옛날에는, 그림 글자이며 뜻글인 금문이나 은허갑골문 등은 이해하기가 좋으나 한편 모음이 오직 아래아점인 가림토는 완전한 뜻글도 못 되고 완전한 소리글도 못 되어 이해하기가 더 힘들었기 때문이다.

그러나 가림토도 일종의 상형문자이고 그 어군에나 통하던 소리글은 되었다. 이를 글쓴이 졸저 [천부인 ㅇ ㅁ ▵ 의 비밀]에서 인용하면 'ㅅ'은 그 모양대로 '서거나 솟거나 그 끝이 뾰족' 하므로 서는 동물인 '사람', 그 모양 비슷한 '서까래', '사타구니', 또 그 잎의 모양과 같은 '삼(인삼 포함)', 그리고 그 끝이 뾰족한 '솔(松)' 등에 써졌지, 그 어군이 다른 하늘이나 땅에는 쓸 수가 없다고 했으며 그 이유는 애초 원시한글인 가림토는 물론 지금 한글도 그 뿌리는 '천부인인 ㅇ ㅁ ▵ (ㅅ)' 으로 만들어졌기 때문이라 했다. 그러니까 이런 글은 완전한 상형문자나 소리글로 쓰기에는 한계가 있었고, 따라서 한자만을 신봉하던 학자들은 이 글을 쓸 수가 없었다. 즉 'ㅅ'으로 발음되는 '事物, 事件' 등에는 쓸 수가 없는, 상형문자도 아니고 소리글도 아니어서 혼동되는 글자였다.

따라서 당시 말과 글자가 몇 마디 되지 않던 그 시절에는 차라리 완전한 상형문자, 즉 뜻글인 한자를 쓰는 게 더 편했기 때문이기도 하지만, 그보다 더한 이유는 첫 조선이 망하고 중화족이 강한 나라가 되자 모화사상에 너무 심했던 미친 선비들 때문이다. 그리고 이 미친 선비들의 '문자를 통한 정보의 독점욕' 때문, 즉 현재 우리 정치 언론계나 학자들처럼 영어를 쓰지 않으면 말을 못하는 유식한 체하는 사람들과 같은 자들 때문이라고 본다.

그러나 우리는 역사를 통하여 한자를 너무 오랫동안 대하다 보니 한자가 우리 글자처럼 친숙해진 것도 사실이지만, 위에서 말했듯이, 한자의 시초는 우리가 만들었다 하더라도 우리가 연구 발전시킨 글자가 아니기에 우리말과 맞지를 않으니 우리 글자가 아니다.

또 한자는 글자 하나를 두 가지 음으로 읽는 글자가 많다. 즉, 한자의 인사말 '爾好'를 우리는 '이호'라고 읽지만, 중국인들은 '니 하오'라 하고, 다시 보자는 '再見'을 우리는 '재견'이라고 읽지만, 그들은 '짜이 지엔'이다. 여기서 중국말인 '하오', 즉 好를 우리가 '하오', 再를 '짜이', 見을 '지엔'으로 발음하는 것은 세종 때까지만 해도 우리도 그랬다. 이 세종 때 발음은 위진(魏秦) 시대, 즉 조조와 유현덕이 나오던 [삼국지] 시대의 발음을 그때까지 그대로 쓰는 것이었다. 그러나 지금은 물질문명의 발달과 함께 그들의 발음도 많이 변해서 [훈민정음 서문]에 나오는 中國이 '듕귁'이었으나, 지금은 '듕궈'이다. 그런데 세종은 이 한자음의 두 마디를 한 마디로 축소시켜 '하오'를 '호', '짜이'를 '째', '찌엔'을 '쟨'으로 축소하여 표시하다 보니, 훈민정음 발표 후 바로 써진 [용비어천가], [월인천강지곡]에는 우리가 읽을 수 없는 괴상한 글자들이 많다.

이것을 현재 우리가 읽기 편하게 째(再)를 '재'로, 찌엔(見)을 '견'으로 완전하게 고친 이는 류희이다. 즉 그가 1824년(순조 24년)에 저술한 그의 문집 [文通] 제19권 '한글 한자음'에 대한 연구서에서, 그는 四聲점, 즉 월인천강지곡 등 훈민정음 음에 점을 찍었던 것은 중국인들의 한자음에서는 필요하나 우리말에서는 불필요하며, 된소리도 우리에게는 필요 없다고 주장했다.

류희는 신숙주, 최세진, 박성원, 이광사, 이영익, 정동유 등의 학설을 수용, 비판하여 자신의 학설을 폈다. 그는 이 책을 통하여 한자음을 제대로 표기할 수 있도록 연구를 함으로써 처음으로 우리말 위주의 연구를 시도하여, 조선시대 국어학 연구에 가장 돌출하다는 칭송을 받기도 했다.

그러니까 결국 지금 우리가 쓰는 한자음은 애초 중국인들의 음이 우리 입맛에 맞게 여러 사람을 통해 고쳐진 것뿐이니, 한자가 우리 글자라고 주장하는 이론은 참으로 뚱딴지 캐먹는 이론이 아닐 수 없다.

그러나 위 긴 말은 원론에 불과하고 한자가 우리 글자라며 우기시는 분들께 간단히 말한다.

세종대왕은 우리 글자가 없어 고생하는 일반 백성을 위하여 훈민정음을 만들었다.

그러나 최만리는 물론 그 후 선비들은 훈민정음을 諺文 취급을 하여 부녀자나 썼고 계속 우리 종주국 중국의 한자를 써왔다.

아래 글은 일제 초에 써진 글이다. 만약 한자가 우리글이라면 다음 글이 무엇인지 쉽게 알아야 한다. 그러나 지금 소위 배웠다는 사람들조차 번역해 주지 않는 한 그대로는 무슨 말인지 모르는 사람이 많을 것이다.

桂延壽書搭天符經原本於妙香山石壁送來時書云僕嘗聞之師東方開荒
之祖檀君神人持天符三印自天降世德化大行于今四千餘年事在鴻? 未知
三印爲何物如何寶物而天符卽說敎之經也尙今遺傳處人若得而誦之卽災
厄化爲吉祥不良化爲仁善久久成道則子孫繁昌壽富連綿必得善果但愚昧
者藏之一本可免災禍矣云而僕銘在心中求之不得矣浚乃鍊成爲工採藥爲
業雲遊名山十許年矣昨秋入太白山信步窮源行到人跡不到之處潤上石壁
若有古刻手掃苔蘇字劃分明果是天符神經雙眼忽明拜 敬讀一以喜檀君天
祖之寶經一以喜孤雲先生之奇跡心中充然若有所得始覺吾師-不發虛言乃
百步疊石記其道路歸携紙墨更入山中非復前日經過之處東尋西覓暗禱山
靈三宿而始得時九月九日也…(이하 생략).

뭐라, 일제 초 써진 글이라 모른다? 한자도 우리글이라면 일제 초 써
진 글이라고 모르나 그렇다면 한자가 우리글이라고 우기시는 분들이 지
금도 쓰시는 글이니 무슨 내용인지 쉽게 알겠지.

維歲次己丑二月壬辰朔初一日乙酉 孝子吉童敢昭告于 顯考學生府君
顯妣儒人全州李氏 顯考學生府君 諱日復臨 追遠感時 昊天罔極 謹以 淸
酌庶羞 恭伸奠獻 尙 饗

위 글들이 우리글이라면 누구나 쉽게 설명할 수 있을 것이나 만약 못
하고 번역해야 안다면 이 번역해야 하는 글자가 과연 우리 글자인가?

03 훈민정음이 만들어진 동기 추정

세종은 충령대군 시절 자신은 셋째이므로 왕이 된다는 생각은 꿈도 못 꾸고 왕도보다는 시내 궁궐 밖으로 나와 상것들과 어울려 놀다가 그 상것들이 쓰는 언문을 보고 놀랐을 것이다. 즉 그 상것들이 쓰는 언문만 되살린다면 우리 글자가 없어 고생하는 백성들의 글자를 만들 수 있을 것 같았고 그가 평소 그렇게 만들고 싶어 하던 우리말 사전도 만들 수 있을 것 같아서였다.

이때 맏이인 양령대군은 선견지명이 있었던지 왕도보다는 큰아버지의 후비를 가로채 말썽을 부리자 맏아들을 다음 왕으로 세우려는 그 아버지 태종은 할 수 없이 충령에게 왕위를 돌리니 그가 세종이다

그는 그 후 왕이 되고서도 이 한글제작에 몰두한다(단, 아들 몇 명을 조수로 하여). 그래서 훈민정음을 만들어 반포하고, 바로 [용비어천가], [월인천강지곡] 등 우리 혀로는 돌아가지 않아 폐기된 발음들로 책을 만들고, 여기에 더하여 그간 자기가 그렇게 만들고 싶어 했던 정확한 중국발음사전까지 만들기 위해 신숙주, 성삼문 등을 요동에 수도 없이 보내어 신숙주, 성상문의 엉덩이는 말을 타느라고 군은살까지 박혔다.

왜 요동에 보냈는가 하면, 거에는 중국에서 귀양 온 황찬이란 학자가 있었는데, 그는 발음의 천재였기 때문이었다. 신숙주 등은 그의 한자 발음을 새로 만든 훈민정음으로 적어 왔고, 드디어 훈민정음 반포 후 4년만에 세종이 그렇게 만들고 싶어 하던 한자 발음기호 책을 다시 만드니 그 이름은 [동국정운(東國正韻)]이다.

그리하여 이 통일된 중국 북경음, 괴상한 음을 다시 우리 조상이 쓰던

대로 바꾼 것이라고 하나 글쓴이는 그보다 당시 요동에는 순수한 우리 말을 쓰는 우리 동포가 많이 살았기 때문에 그 음을 찾으러 간 것으로 생각한다.

한자가 우리 글자이고, 그 한자 발음이 우리 발음 그대로라면 세종이 뭣 때문에 그 한자의 정확한 발음기호 책을 만들려고 그 고생을 했겠는 가? 만약 한자가 우리 글자였다면 오히려 중국인들이 우리 발음을 배우 려고 애썼어야 할 것 아닌가? 따라서 한자를 우리가 만들었으니 우리 글 자라고 주장하면서, 비슷한 한자음과 우리말을 연구하고 있는 모 언어 연구소의 이론들은, 마치 미국 자동차박람회에 가서, "달구지는 우리가 먼저 만들었으니 자동차의 원조도 우리다." 라고 하는 말과 같다.

제3장 | [훈민정음 해례본 제자해] 비판

01 들어가는 글

[훈민정음 해례본 제자]해에 의하면 '삼재(三才)로 훈민정음을 창제했다' 고 했다. 국어사전에 의하면 '삼재란 삼극(三極)과 같은 말' 이라 한다. 그러나 [훈민정음 해례본 제자해]에 나오는 삼재(三才)와 삼극(三極)은 엄밀한 의미로 다를 수밖에 없다. 따라서 삼재(三才)와 삼극(三極)이 같다면 이에 나오는 삼극이 天地人 圓方角(ㅇㅁ△)인 줄 몰랐다는 말이 되고, 따라서 ㄱ, ㄴ, ㄷ … ㅎ 속에 뜻이 들어 있다는 것도 몰랐다는 말이 된다.

이는 우리 글자의 생성요인이니 우리 국보 70호인 [훈민정음 해례본 제자해]라도 감히 외람되게 원론적으로 분석해 본다.

우선 삼극이 ㅇㅁ△인 줄 알았다면 당연히 하늘 천부인 ㅇ은 ㆁ, ㆆ, ㅎ으로 분류해놓았을 것이고 땅 천부인 ㅁ은 ㅁ과 여기서 분해된 ㄱ, ㄴ, ㄷ, ㅌ, ㄹ, ㅂ, ㅍ으로 분류해 놓았어야 하며 사람 천부인 △은 ㅅ, ㅈ, ㅊ으로 분류해놓았어야 한다. 그러나 지금 우리 ㄱ, ㄴ, ㄷ, ㄹ, ㅁ, ㅂ, ㅅ, ㅇ, ㅈ, ㅊ, ㅋ, ㅌ, ㅍ, ㅎ은 하늘, 땅 사람 천부인이 뒤섞여 있다.

따라서 삼극이 천지인 ㅇㅁ△인 줄 알았더라면 이런 식으로 우리 자음을 배열하지는 않았을 것이다. 또 이 삼극 ㅇㅁ△으로 만들어진 우리

말, 우리 글자는 반만년이 아니라 일만년이 가더라도 변할 수 없다는 것을 모르고 천부인 ㅇ ㅁ ㅿ 으로 만들지도 않았고, 그래서 '검둥이, 감둥이' 등에서 보듯 말하는 사람에 따라 말이 달라지는 모음에다 삼재(三才)를 붙여 놓았다.

항상 하는 말이지만 [훈민정음 해례본 제자해]를 보면 ㅇ은 사람의 목구멍을 본떴다 하면서 사실상 중요한 '하늘' 은 파리똥만한 점이고, 사람은 ㅣ이며, 땅은 ㅡ이므로 사람인 ㅣ우측에 점이 붙으면 ㅏ가 되고, 좌측에 붙으면 ㅓ가 되는 등 사람은 그대로인데 하늘이 좌우로 왔다갔다하며, 또 땅이라는 ㅡ에 하늘이라는 점이 위로 붙으면 ㅗ가 되는 것은 좋은데, 이 땅인 ㅡ 밑에 하늘이 붙으면 ㅜ가 된다. 즉, 갈릴레이보다 먼저 지구가 둥글다는 것을 알았던 모양인데, 그렇다면 혼천의는 왜 천동설로 만든 것인가?

이 [훈민정음 해례본 제자해]는 세종이 쓰신 것은 아니다. 당시 최만리 등 모화사상에 젖은 완고한 선비들을 달래기 위한 수단으로 훈민정음에 반대하지 않는 정인지 등을 시켜 쓴 것이다. 즉, 당시 최만리 등 집현전 학사들은 세종이 처음 훈민정음을 만들 때는 잘하시는 일이라고 하다가, 막상 다 만들어놓으니 우리에게는 엄연히 우리 상국의 글자인 한자가 있는데 어찌하여 상것들이나 쓰는 언문(諺文)으로 새 글자를 만들었느냐며 중국이 알면 얼마나 큰 실례냐고 반대하는 말을 하며 갈팡질팡하자, 세종은 그들을 하루저녁 감옥에 가두었으나 다음날 풀어주면서 그래도 반대는 하지 않는 정인지 등에게 [훈민정음 해례본 제자해]를 쓰게 한 것이라 했다.

사실상 제자해는 직접 훈민정음을 만든 세종도 쓰기 힘들 정도로 어려운 내용인데도 자신이 직접 쓰지 않고 아무 것도 모를 정인지 등에게 겨우 잠시 설명해주고 제자해를 쓰게 한 것은, 세종 자신도 그 극성스런 신하들이 중국을 팔아가며 공갈치니 할 수 없이 중국의 음양오행설로써서 최만리 등과 중국을 달래려 했던 것으로 보이지만 일단 세종의 사인이 있어서 반포된 것이므로 세종의 책임이 없는 것은 아니다.

따라서 이렇게 애초부터 잘못된 것이 우리 국보 70호인 [훈민정음 해례본 제자해]이다. 이를 좀 더 상세히 알아보려면 글쓴이 졸저 [천부인 ㅇ ㅁ ㅿ]을 보면 된다.

02 세종실록과 최만리 상소문 중 옛 글자가 있었다는 증거

세종실록 중,

계해 25년 "시월초 임금님께서 친히 말글 이십팔자를 제정하시니 그것은 옛 글자를 모방한 것이다"(十月上親製言文二十八字其字倣古篆).

최만리 상소문 중,

먼저도 잠시 말했지만 훈민정음이 반포된 지 50일 만에 당시 최고의 지성인이라는 최만리 등 집현전 학사들은 훈민정음 반포 반대 상소를 올렸는데 이 상소문 속에는 당시 세종이 옛 글자를 모방한 것이냐 아니냐에 대한 논쟁과 훈민정음을 만든 것이 중국에 대하여 얼마나 실례인가 하는 당시 선비들의 생각과 현실을 잘 말해주고 있으므로 그 중 언문이 있다는 일부만 소해한다.

"언문은 다 옛자를 근본으로 했으므로 새로운 글자가 아니라 하시는데 글자의 모양은 비록 옛것을 모방했다고 하나 소리를 사용하는 것이나 글자의 조합은 옛것과 달라서 실로 근거한 바가 없사옵니다(諺文皆本古字非新字也則字形雖倣古之篆文用音合字盡反於古實無所據).

전 조정(고려?) 때부터 있었던 언문을 빌려 썼다고 하나 지금 같은 문명의 치세에는 오히려 글자를 분별하여 도에 이르게 하는 데 뜻을 두어야 하는데 지나간 것을 따르려 하시오니까?(借使諺文自前朝有之以今日文明之治變魯至道之意尙肯因循而襲之乎)

대왕께서 상소문을 다 보시고 최만리 들에게 말씀하셨다. '너희들이 말하기를 소리를 사용하는 것이나 글자의 조합이 옛것과 다르다 했는데 설총의 이두 역시 소리가 다르지 않더뇨?'(上覽疏謂萬里等曰汝等云用音合字盡反於古薛聰吏讀亦非異音乎)

지금 언문은 모든 (옛) 글자를 합하여 아울러 쓰고 그 소리의 해석만 변경하였으니 (한문)글자의 형태가 아닙니다(今此諺文合諸字而並書變其音釋而非字形也).

하물며 언문은 문자(한자)와는 맹세코 서로 아무런 상관됨이 없는 시골것들이 전용하는 글자일 뿐이옵니다(況諺文與文字誓不干涉專用委巷俚語者乎)."

03　훈민정음 자판으로 일 년에 천조 원을 벌어들일 수 있다

1) 매국노는 무엇인가?

　나라를 팔아먹으면 매국노이다. 그러나 그 민족의 말과 글자를 망쳐
놓으면 이는 뭐라고 할까? 반만년 역사를 가진 우리 민족은 자체적 글자
하나 만들지 못하고 중국의 한자를 빌려다 쓸 만큼 멍청하지는 않았다.
그러므로 원시한글이 있었다는 것인데, 잘난 선비들이 이걸 무시하고
중국의 한자를 빌려다 쓰다 보니 우리의 혼이 사라져 고구려 영토보다
도 더 넓던 앗선(첫조선) 영토를 다 중국에 바치고 이제는 손바닥만한 한
반도로 밀려났다.

　잡초처럼 버려진 원시한글을 세종이 재조립하여 제대로 살려내자, 이
번에는 세종의 신하들까지 반대하여 그 뒤로 부녀자나 상민만이 써왔
고, 결국 훈민정음이 창제된 후 500년이 지나 해방 후에나 좀 쓰는가 했

더니 채 50년이 되지도 않아서 또 이 한글을 버리고 이젠 영어를 쓰느라고 혈안이라 TV에서 언론인, 정치인, 학자, 교수, 작가들은 얼마나 유식한지 방송에서 "글로벌 스탠다드에 멀티미디어의 뉴프론티어가 돼야 할 우리가…"라고 한다. 이게 도대체 우리 한국인 들으라고 하는 소리인가?

그러다 보니 기러기 아빠, 조기 유학, 심지어 아기 혓바닥수술을 하기까지 이르렀다.

그러나 이는 한때 유행이라 치고 우리는 언젠가 우리 글자를 세계 공용문자를 만들어 다시 한 번 홍익인간을 해야 한다. 즉 훈민정음 글자로는 어떤 사람의 소리는 그만두고 물소리, 바람소리, 어떤 동물의 소리도 다 적을 수 있는데 중국의 글자나 일본의 글자는 불과 400음밖에 적을 수 없다.

한 가지 예를 들면 한자로는 '서울' 소리를 적을 수 없으니 아직도 경성특별시(京城特別市)이며 알파벳도 마찬가지라 서울이 '세우르'라 하며 그 외 지명이나 사람을 제대로 적을 수 없다. 즉 외국인들이 모여 서로 상대의 이름을 자기네 글자로 적으라 하고 나중에 읽어 보라고 하면 엉뚱한 소리가 되는데 그때 한글로 적으면 못 적을 소리가 없다.

또 지금은 글자가 기계화된 시대이고 또 초를 다투는 시대인데 중국이나 일본에서는 그 수도 없이 많은 한자를 일일이 올려놓을 자판이 없어 한자의 변으로 한참이나 찾다가 안 되니 알파벳을 빌려다 쓰고 전환키를 누르는 경우가 많은데 그래도 시간이 걸리기는 마찬가지. 예를 들면 北京인 '베이징'을 써야 하는데 P로 찍어야 할지 V로 찍어야 할지, 또는 B로 찍어야 할지 배워야 하며 알파벳을 쓰는 사람들 역시 칼이라는 나이프는 왜 K자가 먼저 붙어야 하며 또 이름이라는 네임(NAME)은 '나메'라고도 할 수 있고 시간이라는 타임(TIME) 역시 '티메'라고 할 수도 있으니 이를 배워야 하는 외국인들은 물론 자국민들조차도 처음에는 한자 배우듯 배워야 한다.

그러나 우리 한글, 특히 훈민정음으로 적는다면 다른 글자로 적고 싶어도 적을 글자가 없는 단 한 글자로 적을 수 있으니 앞으로 시간을 다투고 경제가 하나로 묶이는 무역자유화 시대에는 우리 글자를 배우지 않고는 어느 나라 어느 민족도 견디기 힘들 것이다.

따라서 이에 대해 글쓴이는 멀리 갈 것도 없이 고종황제의 옥새도 찍히지 않은 간도조약은 무효이니 얼마 전까지도 우리 땅이었던 간도를 되찾아 우리가 반도삼천리가 아니라 대륙 일만 리가 되고 또 거기에 무진장 묻혀 있는 천연가스 자원으로 우리가 부자가 되려 할 때 우리가 중국과 무력으로 상대할 수는 없으므로 이 훈민정음 자판을 특허를 내었다가 이것으로 상대하면 간도를 내주지 않으면 일 년에 천조 원을 내주지 않을 수 없고 이뿐 아니라 중국의 동북공정, 일본의 독도는 물론 세계 자유무역 경쟁시대에 무역을 하려는 나라들은 모두 한글 자판을 써야 하니 그들도 모두 훈민정음 자판을 써야 하는데 그렇다면 우리는 어림잡아 일 년에 그야말로 천문학 숫자의 돈을 거둬들일 수 있다는 계산이 나왔다.

즉 알기 쉬운 그림 글자 금문으로 시작된 한자는 아직까지는 성공적이었을지 모르나, 글자가 기계화되는 현재 세상에서 컴퓨터 자판은 글쓴이가 제안한 훈민정음 자판 이외는 더 좋은 방법이 없을 것이다.

따라서 이것을 특허를 내어 한 30년간 무한 복제하도록 내버려둔다면 중국, 일본은 물로 영어권까지 세계는 훈민정음 자판을 쓰지 않을 수 없게 되고, 그때 간도를 달라면 중국은 간도를 내주지 않을 수 없다. 즉, 우리가 지금 쓰는 이 한글을 누가 못 쓰게 한다면 차라리 제주도 하나쯤은 내주고도 쓰려 할 것이기 때문이다.

그러나 그래도 중국이 간도를 내주지 않는다면 그 특허료로 1년에 천조 원을 우리에게 바쳐야 한다. 즉 우리는 지금 그 쓰지도 못하는 핵보다 총 한 방 쏘지 않고 간도를 찾든가, 아니면 1년에 천조 원을 벌어들이는 방법은 훈민정음 자판밖에 없다. 여기에 현재 옛 글자판으로는 안 되고 특허 문제나 그 외 기술적 문제는 생략한다.

04 글자가 그 나라를 지배한다

그간 우리 민족이 그 넓던 중국 대륙을 지나족에게 다 내준 것은 이 [진본 천부경] 신지녹도문의 아홉, 열을 잘못 이해한 데도 있지만 모음 등이 불분명하여 헷갈리는 가림토 등보다 차라리 그림 글자이었던 금문으로 시작되는 갑골문, 소전(小篆), 대전(大篆), 예서(隷書), 해서(楷書), 또 삼국 초에나 정착되는 지금 한자 등이 일반이 이해하는 데는 더 쉬워서 우리 글자를 다 없애다 보니 우리가 지나인들에게 먹힌 것이고, 세종이 쉬운 글자를 재정리했을 때는 이미 한자를 쓴 그간 습관과 오직 중국만을 섬기고 그 도덕률만을 섬기던 이조 선비들의 사대사상, 또 쉬운 언문은 상것들이나 쓰는 글이 되었으므로 소위 사대부들의 정보 독점욕 같은 것 때문에 그 정착이 거의 불가능했던 걸로 본다.

청나라 역시 자기네가 사실상 지나인들을 정복하고도 지나인들에게 먹힌 것은 청나라에서도 자기네 글자가 있기는 있었으나 너무 불편하여 지나인의 한자를 쓰기 시작한 데서 자기네 뿌리를 잊고 중국화가 되었기 때문이었다.

이 '문자가 그 민족을 지배한다'는 말은 일본 글자를 보면 안다. 일본인은 애초 혀가 반도막이 아니다. 그러나 글자가 그 모양이다 보니 김치가 '기무치'가 되고 택시가 '다꾸시'가 되는 것이다.

05 맺는 말

지금 우리가 쓰는 말이나 글자는 하느님이 개국하려는 환숫(桓雄)께, 아니 우리 민족, 더 나아가 전 세계인이 쓰라고 내려주신 천부인에서 나왔다.

그러나 후손들은 우리 글자를 발달시키지 못하고 지나인들의 한자를 구걸해다가 써 왔다.

그러나 지나인들이 우리 역사를 적을 때 우리말을 한자로 적을 수 없으니 절름발이 이두로 쓴 것이고, 이것을 우리도 따라 쓸 수밖에 없었으니 밝달임금이 檀君이 되고, 아사선)앗선이 朝鮮이 되므로 밝달임금은 단군이 어느 놈인지 朝鮮이 어느 놈이 세운 나라인지 모른다는 것이다.

우리 '원시한글 가림토'는 우리와 동족인 수메르를 통하여 '우르문자'가 되었고, 이 수메르의 우르문자가 침략군에 의해 '쐐기문자'가 되었으며, 인도 구자라트 지방까지 가서 '브라미 문자'가 되었는가 하면, 한편 일본으로 건너가 '신대문자'로 발달했다.

제4장 | 원론부터 잘못된 음양오행설

01 원론부터 잘못된 음양오행설

이 글은 그간 음양오행설을 신봉하시는 분들로부터 엄청난 비판을 받았던 글이나 냉정히 생각해 볼 일이다.

아직도 음양오행설이 모두 우리 것이니 그걸로 이 천부경을 풀어야 한다고 반론을 펴는 사람들이 너무 많아서 여기서는 음양오행설이 그 원론부터 모순된 이론이며, 우리 것이 아니라는 증거를 자세히 설명하려 한다.

음양의 이론으로는 태극(태허)은 존재할 수 없다. 다음 음양의 원론적 이론부터 보자. 이 이론을 공정하게 하기 위하여 제3자의 입장인 야후에 올라온 글을 인용한다.

[역경(易經)] '계사전(繫辭傳)'에 "역(易)에 태극이 있어 이것이 양의(兩儀)를 낳고, 양의가 사상(四象)을 낳으며, 사상이 팔괘(八卦)를 낳는다."라고 한 데서 시작된다. 이 글은 역의 팔괘도형 성립을 말하고, 동시에 우주만물의 생성을 설명한 것으로 해석되어 이후 한(漢)나라에서 당(唐)나라에 걸쳐 여러 계통의 생성론에 태극이라는 말이 사용되었다.

이 경우 태극이란 원기(음·양 2기로 분화되기 이전의 근원이 되는 기)로 여겨졌는데, 태극·원기를 만물생성의 최고 근원이라고 하는 설과, 그 위에 다시 형이상(形而上)의 도(道)와 무(無)를 세우는 설이 있다. 또 태역(太易) → 태초(太初) → 태시(太始) → 태소(太素) → 태극의 단계를 거쳐 만물이 성립한다는 오운설(五運說)의 생성론도 있었다.

그 뒤 북송(北宋)의 주돈이가 [태극도설(太極圖說)]을 저술하여 태극은 송학(宋學)의 철학 이론과 깊은 연관을 맺게 되었다.

음양이란 서로 상반(相反)되는 두 가지 기운, 즉 음기(陰氣)와 양기(陽氣)를 우주의 근본원리로 삼은 고대 중국의 철학에서 유래된 것으로서, 음양설(陰陽說)이라고도 칭한다. 음양론은 태극(太極)이라는 원기(元氣)가 변화해서 음양이기(陰陽二氣)를 낳고, 다시 이 음(陰)과 양(陽)이 대립, 교체, 소장(消長)을 통해 우주만물이 생성(生成)하고 소멸한다는 논리이다. 그리고 원래 강(剛)과 유(柔)의 원리에 의해서 만물의 생성변화를 설명한 역학(易學)에서 강유(剛柔)를 대신해 음양(陰陽)이 받아들여져 만물의 이치가 설명되었다.

양(陽)을 대표하는 것으로는 하늘(天), 해(日), 낮(晝), 남(男), 동(動), 밝음(明) 등이 있고, 음(陰)을 대표하는 것으로는 땅(地), 달(月), 밤(夜), 여(女), 정(靜), 어두움(暗) 등이 있다.

02 [훈민정음 해례본 제자해]에 등장하는 음양오행설

우리 훈민정음은 세종이 옛 글자를 모방하였다는 자방고전(字倣古篆)이나, 또 최만리 상소문에서 훈민정음은 옛 상것 등이 쓰던 언문이니 반포를 철회하라는 등 [세종실록]은 무시하고, 훈민정음은 중국의 음양오행설로 세종이 창작했다는 정인지 등이 쓴 제자해만 보고 이것만을 고집하는 이 제자해의 서문에서 음양오행의 근원을 설명하고 있으므로 이를 참고해 본다.

天地之道 一陰陽五行而已. 坤復之間 爲太極.而動靜之後爲陰陽….

(천지의 도(道)란 하나의 음양과 오행일 따름이다. 곤복(坤復)괘의 사이가 태극이 되고 움직이거나 정지한 후에 음양이 되는데…).2)

03 양 태극, 사괘, 팔괘의 모순

이 음양이 생성된 이론은 얼핏 보면 그럴 듯한 것 같기도 하다. 그러나 그렇다면 음양이 생기기 전 태극(태허, 아무 것도 없이 비어 있는 것)이 있었다는 말은 모순이 된다.

무엇인가 움직이려면 반드시 에너지가 필요하고, 그 에너지는 음양의 대립에서 나온다는 것은 꼭 전기 작용을 말하지 않더라도 알 것이다.

그렇다면 태극에 어떤 에너지가 있었다면 이는 태극이 이미 음양인 양의(兩儀)로 분리됐거나 혼재된 것이며, 그렇다면 태극은 이미 태허가 아니고, 또 태극에 에너지 따위가 없었다면 움직일 수가 없다. 즉, 태극이 분리되기 전 태극, 즉 태허가 음양을 잉태하고 있었다 해도, 이는 완

2_ 곤(坤)이나 복(復)은 易의 괘명이고, '곤 복 사이' 란 역의 괘도상 곤괘에서 복괘에 이르는 사이이며, 無極이라 하는데 이 무극이 바로 太極이다.

전히 비어 있는 태허가 아니다. 그렇다면 아무런 에너지가 없는 돌멩이는 천만년을 두어본들 그냥 돌멩이일 뿐인데, 만약 그 돌멩이가 변했다면 어떤 에너지가 이미 있었거나 외부 에너지가 간섭했다는 말이 되고, 어떤 에너지가 있었다면 아무 것도 없는 태허, 즉 태극이 아니다. 따라서 태극(태허)란 애초부터 존재하지도 않는 이론이다. 역(易)에 태초에 태극이 있어 이것이 양의(兩儀)를 낳고, 양의가 사괘(四卦)를 낳으며, 사괘가 팔괘를 낳는다는 그림을 보자.

우리 태극기 중심이 태극이고 그 주변에 사괘가 그려져 있다.

양(陽)	적	위	존귀	왼쪽
음(陰)	청색	아래	희망	오른쪽

위 음양설이야 말로 우주 창성과 운행원리를 밝히는 학문이라 하여 위 태극이 그려졌다. 그러나 이는 극을 초월하는 태극인 태허가 아니다. 이미 음양이 대립되어 있고, 태허에서 음양이 대립되도록 생성된 원인이 없다.

또 과연 우주의 물질이 애초 태극(태허)에서 음양 양극만으로만 갈라지는가? 예를 들면, 원자도 음양 극 이외에 중성자가 하나 더 있어서 음양 양극을 안정시킨다. 즉, 중성자가 없이 음양 양극만으로는 우주 만물이 형성되지도 못하겠지만, 만약 형성되었다 해도 그 순간에 소멸한다. 그러니까 위 태극설은 허구일 수밖에 없다.

사괘 [四卦]				
사괘				
이름[卦名]	건(乾)	곤(坤)	감(坎)	이(離)
방위[方位]	동(東)	서(西)	북(北)	남(南)
자연[卦象]	천(天)	지(地)	월(月)	일(日)
계절[季節]	춘분(春分)	하지(夏至)	동지(冬至)	추분(秋分)
사덕[四德]	인(仁)	의(義)	지(智)	예(禮)
가정[家庭]	부(父)	모(母)	딸(女)	아들(子)
요일[曜日]	금(金)	목(木)	수(水)	화(火)
의미[意味]	정의	풍요	생명력과 활력	지혜와 정열

04 사괘, 팔괘가 과연 우주 운행의 진리인가?

애초 태극에서 나왔다는 것은 음양 양의(兩儀)이고, 여기에서 건곤감리(乾坤坎離) 사괘(四卦)가 나왔으며, 이 사괘에서 다시 8괘가 나왔다는 것이며 64괘와 그 이상으로 분화되어 만물이 생겼다는 것이다. 그러나 그 태극과 음양으로 인하여 생긴 존재 중에 형이상학(形而上學), 즉 정신적 문제는 여기서 증명할 수 없으니 형이하학(形而下學)인 물질적 측면만 보고 논하자.

우선 음양 양극은 꼭 4괘로만 갈라지는가? 원자의 수는 중성자 수를 가지고 원자 번호를 매기며, 자연 속의 원자 수는 1, 2, 3…으로 증가하여 135까지 있다. 꼭 태극이 양극이 되고, 4괘가 되고, 8괘…가 되는 곱하기 순서가 아니다.

또 사람이나 짐승은 꼭 양성이 4괘대로 새끼 넷을 낳는 것이 아니다. 외아들, 외딸도 낳을 수 있고, 열 명의 아들, 또는 딸만 낳을 수도 있다.

그렇다면 이런 현상은 사람이 인위적으로 위 태극음양설을 위배해서 그런 것인가? 그러므로 이 음양설의 易은 공상가의 이론에 불과하다.

또 위 사괘 설을 보면 자연에 있어서 天, 地, 日, 月이 되는데, 옛날사람의 눈으로야 당연히 우주 운행이 天, 地, 日, 月밖에 보이지 않을지 모르지만 사실은 하늘의 모든 별들은 다 해들이고, 우리 태양계만 하다라도 그 해에 붙어 있는 위성들도 하나가 아니며, 목성 등 그 위성에 붙어 있는 달들도 하나가 아니다. 따라서 이 태극음양설은 우주의 운행원리는 그만 두고 우리 태양계 이론에도 맞지 않으므로, 이것으로 우주의 운행을 알 수 있다는 것은 공상가의 이론에 불과하다. 그러므로 이런 태극이 음양이 되고 4괘, 8괘가 아니라 64괘로 풀이해보고 공자의 십익(十翼)을 붙여 봐도, 易으로는 사물의 진리나 내일의 일기예보, 그리고 점괘 하나도 제대로 알 수 없기 때문에 여기에 오행설로 보강한 것이 음양오행설이다. 그렇다면 이 태극 설은 원래부터 잘못된 이론이다.

05 언젠가는 폐기해야 할 태극기

우리 국기의 태극원리는 원래부터 존재하지도 않았고, 또 그 원리가 잘못되지 않았다 하더라도 우리는 통일을 앞두고 있다. 이때 남한 태극기나, 우리 한민족과는 아무런 관계가 없는, 중국이나 서양에서나 쓰는 별이 그려진 인공기가 통일 민족의 국기로 사용될 수 있을까? 절대로 되지 않을 것이다. 양쪽 국기의 제작 원리는 그만 두고 서로 자기네 기를 쓰자고 하든가 아니면 양쪽 기를 모두 폐기하고 새로운 통일 국기를 만들자고 할 것이기 때문이다.

그렇다면 우리가 지금까지 그렇게 신성시해 오던 위 태극기를 폐기할 수밖에 없다. 아니, 통일 전인 지금도 남북회담을 한다거나 남북공동 경기 등을 할 때 마땅히 걸어놓을 국기가 없으니 한반도 기를 걸어 놓고 있다.

그러나 지금 한반도 삼천리는 우리 영토가 아니다. 멀리 고구려, 고조선까지 갈 것도 없다. 일제가 만주철도 개발권을 따내기 위해 고종황제의 직인도 없이 청나라와 맺은 간도 조약은 무효가 된 지 오래고, 2002년 반기문 외교부장관은 북한과 합의, 간도반환 국제재판을 제소라도 한다고 했으니 언젠가 우리는 '반도 삼천리가 아니라 대륙 일만 리' 가된다.

그런데 지금 우리가 남북 행사시에 한반도 기를 쓰고 있는 것은 세계 만방에 "우리 국토는 한반도뿐이요." 하고 선언하는 것이나 마찬가지고, 또 중공의 동북공정의 장단에 따라 춤을 추는 것이 된다.

따라서 우리가 통일 전 새로운 통일국기를 제작해 남북이 머리를 맞댈 때 사용하고 남북공동 행사에도 사용한다면, 통일 의지를 한 발짝 앞당길 수도 있고 이 의지를 세계만방에 선포도 할 수 있을 것이니 남북한 현재 국기는 지금 폐기하고 남북공동 통일국기를 사용해야 할 것이다.

우리 태극기가 만들어진 경위도 참으로 굴욕적이다. 음양오행설이 본격적으로 우리에게 들어온 것은 이씨조선 초 정도전의 성리학이며, 이것을 더욱 발전시키어 우리에게 익숙하게 한 사람은 퇴계 이황의 성학십도(聖學十圖)이다. 고종황제는 일본에 의하여 개항이 되고 배가 출입을 하게 되자 일본인들은 배에 그 나라 국기를 달게 했고, 고종은 신하들과 상의하여 처음에는 태극만을 그려놓았다. 그러나 일본이 이것은 멀리서 보면 자기네 일장기와 흡사하니 고치라고 하였고, 이를 가지고 고심하던 고종과 신하들은 그 기에 팔괘를 그려 넣었다. 그런데 이 팔괘는 너무 복잡하므로 지금과 같은 사괘로 한 것인데, 이것도 일본이 그만하면 됐다고 싸인을 해줘서 된 것이다.

이상 감히 우리 태극기가 잘못 만들어진 제작 원리와 경위를 설명하고, 다음은 오행설의 부당함을 말하고자 한다. 우선 오행의 출구부터 한번 보자.

06 음양오행설이 만들어진 연대와 제작자

우선 음양설은 중국 문왕이 사물의 상반된 성질을 말하며 괘를 만들 때 나온 말이고 따라서 그 전의 은나라 시대의 은, 허 갑골문이나 금문 등 어떤 자료에도 괘가 나타나지 않고 있으며 여기에 공자가 십익(十翼)을 붙인 것이 현재 주역(周易)이다.

다음 음양오행설은 춘추전국시대 이전에는 음양이나 오행이라든가 하는 말이 매우 드물게 나타나고 있고, 그 의미도 극히 평이한 것이었다. 또 이 두 가지 말이 함께 연용된 적도 없었다. 오행설을 지은 사람은 그 시원이 연나라와 제나라의 방사에게서 비롯되나, 그 이론을 구축하고 전파한 세 사람은 추연(鄒衍)과 동중서(董仲舒), 유향(劉向)이다.

양한 시대의 이른바 금문경학자들의 학설 중 오행에 대한 취향으로부터 벗어난 것은 이삼 할도 되지 않으며, 한유들의 오행학은 동중서에서 시작되어 유향과 유흠 부자에 의해 완성되었다.

또 다른 이론에서는 팔괘와 음양오행설이 만들어진 시기와 작자를 다음과 같이 정리하기도 한다.

관자	------ 관중	------ B.C. 645
주역십익	------ 공자	------ B.C. 479
황제내경	------ 전국시대	------ B.C. 403~220
여씨춘추	------ 여불위	------ B.C. 235
회남자	------ 유안	------ B.C. 122
춘추번로	------ 동중서	------ B.C. 104
태현경	------ 양웅	------ A.D. 18
백호통의	------ 반고	------ A.D. 92

이상의 음양오행설을 만든 사람과 경위는 다 중국 사람에 의해서이다.

07 음양론에 오행설을 삽입한 음양오행설[3]

고대 중국의 세계관의 하나이었던 음양설(陰陽說)과 오행설(五行說)은 발생을 달리하는 다른 사상이었으나, 전국시대(戰國時代) 말기 이후 융합되어 음양오행설이 되었고, 특히 한(漢)나라 때 사상계에 큰 영향을 끼쳤다.

인간의 모든 현상을 음, 양 두 원리의 소장(消長)으로 설명하는 음양설과, 이 영향을 받아 만물의 생성소멸(生成消滅)을 목(木)·화(火)·토

___
3_ 이 이론도 공정을 기하기 위해 제3자의 이론인 야후에 올려 있는 글을 인용한다.

(土)·금(金)·수(水)의 변전(變轉)으로 설명하는 오행설을 함께 묶어 이르는 말. 즉, 음양이란 사물(事物)의 현상을 표현하는 하나의 기호(記號)라고 할 수 있다.

음과 양이라는 두 개의 기호에다 모든 사물을 포괄, 귀속시키는 것이다. 이는 하나인 본질(本質)을 양면으로 관찰하여 상대적인 특징을 지니고 있는 것을 표현하는 이원론적(二元論的) 기호라고도 할 수 있다.

오행은 우주만물을 형성하는 원기(元氣), 곧 목, 화, 토, 금, 수를 이르는 말인데, 이는 오행의 상생(相生). 상극(相剋)의 관계를 가지고 사물간의 상호관계 및 그 생성(生成)의 변화를 해석하기 위해 방법론적 수단으로 응용한 것이다.

① 오행상생(五行相生): 오행의 운행에 따라 서로 다른 것을 낳는 관계이며, 곧 목생화(木生火), 화생토(火生土), 토생금(土生金), 금생수(金生水), 수생목(水生木)이 된다.

② 오행상극(五行相剋): 상극에는 억제(抑制)·저지(沮止)의 뜻이 내포되었고, 그 상호관계는 목극토(木剋土), 토극수(土剋水), 수극화(水剋火), 화극금(火剋金), 금극목(金剋木)으로 되었다.

그러니까 이 오행 이론은 위 易의 사괘(四象)로 사물의 운행이치를 정확히 알 수 없으니 누군가 오행을 만들어 본 것이고, 그렇다면 위 천하의 진리 같은 음양 사괘의 진리가 무너지며, 따라서 팔괘, 64괘 모두가 무너진다. 즉, 오행의 원리를 따르면 음양 양극, 사괘, 팔괘 등 易의 이론이 무너질 수밖에 없다. 또 음양 역의 원리를 오행으로 보강한다는 것은 음양의 이론이 완전치 못하다는 것을 증명하는 것이다.

또 이렇게 易의 음양 양극, 사괘, 팔괘 이론이 미흡하여 대입시킨 오행설이 그래도 사물의 이치와 미래를 정확히 알 수 있는 점술로서의 가치가 불분명하다면, 혹 후에 어디서 7행의 이론이 나오면 또 그 7행의 이론을 삽입할 것이며, 그래도 맞지 않으면 서양의 점성술 원리나 하다 못해 고스톱 원리라도 삽입하지 말라는 법도 없다.

이처럼 처음부터 모순된 이론, 그것도 우리 것도 아닌 중국 것을 가지고 언제까지나 우리는 매달려 혹세무민할 것이며, 이것으로 천부경을 해석할 것인가? 또 오행은 우주만물을 형성하는 원기(元氣), 곧 목, 화, 토, 금, 수를 이르는 말이라 했는데, 이는 오행의 상생(相生)·상극(相剋)의 관계를 가지고 사물간의 상호관계 및 그 생성(生成)의 변화를 해석하기 위해 방법론적 수단으로 응용한다는 것이다. 그렇다면 金水木火土는 분명 '形而下學인 물질적 작용'이고, 그렇다면 이는 '陽이 아니라 陰'에만 속한다. 그러니 이도 논리에 맞지 않는다.

아무리 오행론은 易과 다른 이론이라 하더라도, 또 보완한다는 이론이라 하더라도 이 역시 우주만물을 형성한다는 이론인데, 음과 양이 변하고 합쳐지면 양도 되고 음도 되어야 할 텐데 위 오행설처럼 음만 되고 양은 없다는 것은 음양의 균형에도 맞지 않는다.

그러나 이 金水木火土는 꼭 어떤 물질적 形而下學인 陰만으로 볼 것이 아니라 우주 운행의 어떤 부호로 보아 形而上學인 陽에도 응용할 수 있다고 해보자. 그래서 정신적 사고에도 쓸 수 있다 해보자. 그러나 金水木火土 오행설에는 형이상학적 陽의 이론은 없다.

08 성리학의 理와 氣

　사람은 세상에 태어날 때 이미 이성(理性)과 감성(感性)을 함께 타고 태어난다는 것이 퇴계의 이기이원론(理氣二元論)이다. 理는 불쌍함을 아는 측은지심(惻隱之心), 부끄러움을 아는 수오지심(羞惡之心), 양보하는 마음인 사양지심(辭讓之心), 옳고 그름을 판단하는 시비지심(是非之心)이다. 이에 반해 기(氣)는 얼굴에 나타나기 쉬운 칠정(七情)의 성격을 말하는 감성인데 기에는 희(喜: 즐거워함), 노(怒: 노여워함), 애(哀: 슬퍼함), 구(懼: 두려워함), 애(愛: 사랑함), 오(惡: 미워함), 욕(慾: 욕심 부림)이 있다.

　여기에 비해 화담 서경덕은 理氣一元論을 주장하지만 거기서도 사단 칠정은 마찬가지이다.4)

　그렇다면 이조 5백년을 지배하여 우리 하느님의 신선도인 조의(皁衣) 소리만 나와도 몰매를 맞고 관직에서 잘리던 성리학 시대에서조차도 金水木火土 오행을 형이상학인 정신적 작용으로 논한 것이 없다. 즉, 사단 칠정에는 오행은 없다. 이상과 같기 때문에 음양오행설은 모순과 자가당착에 빠지지 않을 수 없는데, 이것을 가지고 이 음양오행설이 우주 운행의 섭리이며 따라서 이것으로 천부경을 풀어야 하다고 주장하고 있다.

　4_자세한 이론은 글쓴이 카페 게시판에 공개되어 있는 '참나와의 만남' 62번 참조.

09 병자호란과 일제에게 국권을 빼앗기게 했던 성리학과 음양오행설

임진왜란이 일어나자 발해 유민이었던 만주족, 즉 여진족인 청태조 누르하치는 그래도 우리가 동족이라고 원군을 3만 명이나 보내준다고 제안했다. 그러나 조선 정부에서는 지나 족인 명나라가 말하듯 오랑캐한테는 지원을 받을 수 없다며 일언지하에 거절하고 명나라에 원군을 청했다. 그러나 명나라는 늑장을 부리다가 오긴 왔는데, 와서 한 일이라 곤 이순신을 죽이지 못해 안달하던 무리들과 부화뇌동한 것으로 사실상 도와준 것이 없다.

결국 이순신이나 의병에 의해 임진왜란이 끝이 나고 선조가 죽자, 전쟁터를 따라다니던 광해군이 왕이 되어 다 망해가는 명나라보다 청나라와 교류를 하려 하니 대신들은 광해군이 의리도 없는 자라며 내쫓고 인조를 세웠다.

그래도 청나라에서는 교류를 청해 왔으나 대신들은 또다시 오랑캐라며 사대문 안에 들어오지도 못하게 내쫓았다. 드디어 12만 대군의 청병이 몰려왔고, 인조는 남한산성에서 3개월도 버티지 못하고 삼전도에서 굴욕을 당했다.

예나 지금이나 남의 나라에 쳐들어가 그 나라 부녀자를 능욕하면 즉결 처분감인데 청병은 달랐다. 그 청나라를 오랑캐로 몰며 의리를 따지던 선비들은 자기 눈앞에서 자기 처와 며느리와 딸들이 그 청병에게 능욕을 당했으니, 그때 하룻밤만 자고 나면 남산이 하얗게 됐는데, 이는 모두 그 청병에게 능욕을 당한 그 선비들의 계집들이었다.

이렇게 되자 협상이 벌어지고 그 협상에 따라 수많은 우리 처녀들을 지금 정신대와 같은 공녀로 바쳐졌던 것인데, 이것이 바로 지금 우리가 욕하는 '화냥년' 이라는 말이 만들어진 '환향녀(還鄕女)' 들이다.

그러고도 우리 선비들은 명나라가 망한 몇백년이 지난 후까지도 계속 명나라를 잊지 못하고 숭배하고 청나라를 오랑캐 취급했다는 것은 연암 박지원의 [열하일기]에도 잘 나타난다. 오죽했어야 명나라가 망한 지 몇 백년 후 청나라 사신으로 가던 그들은 국경을 넘자마자 청나라 몰래 산 속에 명나라 종묘사직을 만들고, 거기에 제사부터 지내는 의식부터 치 렀을 것인가? 그래도 박지원 등 실학자들은 청으로부터 망원경, 자명종 등 서양 문물을 받아들이려 했으나 당시 선비들로부터 엄청난 비난의 화살을 받았고 고종 때까지 그러다가 결국 우리는 일제한테 먹혔다.

그렇다면 그 이유가 무엇인가? 이는 모두 우리 선비들은 易을 만든 문 왕, 공자의 음양론과 연나라에서 만들어진 오행설 그리고 이것을 근간 으로 송나라 때 주(朱), 정(程)자가 창시자인 그 성리학, 음양오행설만을 숭배하여 曰理曰氣, 신문물은 배척한 때문이다. 그런데 이것으로 끝이 난 게 아니다. 그렇게 우리 민족에게 치욕의 역사를 준 음양오행설은 지 금도 숭상하는 사람들이 너무 많아 글쓴이를 공격하는 것이다.

10 의학적으로 본 음양오행설

의학에서 양의, 한의 어느 것이 낫다고 단언할 수 없다. 양의는 당면 부위, 즉 환부만 보는 반면, 한의학에서는 그 병이 일어난 원인까지 봐 가며 그 원인을 치료하려고 하니 일종의 예방의학이라고 해도 과언이 아니다.

예를 들면, 폐에 이상이 생기면 양의학에서는 폐만 치료하려 하지만. 한의학에서는 폐가 나빠진 원인, 즉 폐에 水를 공급해줘야 할 신장이 제 구실을 못하니 폐까지 이상이 생겼다며 우선 신장을 강화시키는 음식이나 약재를 쓴다. 이는 매우 옳을 것 같으나, 꼭 식물 속에 음양오행을 맞추지 않더라도 고기 등을 너무 먹어 너무 비만, 당뇨, 고혈압에 걸린 사람은 다이어트 식품을 먹어 살을 빼야 한다는 이론과 크게 다르지 않다.

이 식물로 병을 치료한다는 이론은 중국 [황제내경] 등으로 시작되고, 우리는 허준의 [동의보감]으로 완성시켰다. 즉 [황제내경] 등이 부실했기 때문에 허준이 오랜 경험으로 임상실험을 하여 완성시킨 것인데, 허준이 꼭 인체를 음양오행으로 구분하고 또 각 식물도 음양오행으로 구분하여 임상실험을 했을 것인가? 아니면 임상실험을 하다 보니 어떤 병에는 어떤 식물이 유효하다고 정한 것일까?

지금 의사는 양, 한의를 물론하고 상대방의 의술을 무시하고 있다. 즉 양의는 "한의학도 의술이냐"면서 한의 알기를 무당 알듯하고 있으며, 한의는 "제까짓 것들이 음양오행이 뭔지도 모르며 무슨 병을 치료하느냐"고 양의를 욕한다. 그러나 이는 밥그릇 싸움이다. 어떤 병은 양의학으로 고칠 수 있지만 어떤 병은 한의학으로 고쳐야 하는데, 환자는 그것을 모르니 어떤 병에 걸리면 양방, 한방 병원을 전전하며 이 치료, 저 치료를 받아가며 돈은 돈대로, 고생은 고생대로 해야 한다. 따라서 의학은 중국에서처럼 양, 한 의학이 서로 보완, 협조해야 할 것이다.

원래 명의란 양, 한의를 물론하고 환자 얼굴만 보면 벌써 그 사람의 병명과 치료 방법을 안다. 양의의 청진기나 CT, MRI는 사실 장식품에 불과하고, 한의 역시 청문, 진맥 등은 환자에게 믿음을 주기 위한 수단에 불과하다. 그러니까 오랜 경험이 있는 명의는 꼭 관상쟁이 같다는 말이고, 이제마의 사상의학 역시 이런 맥락에서 나온 것이지 꼭 음양오행설로 병을 고치는 것은 아니다.

11 사주 관상으로 본 음양오행설

사주 관상학에서 음양오행으로 본 사주팔자는 고칠 수 없는 것이라 하여 자연분만은 하지 않고 개복수술까지 하여 사주팔자를 잘 타고 나게 하려는 세태에 이르렀다. 여기서 개복 수술하는 의사는 물론 양의이지만 수술비가 들어오니 그렇게 배척하던 음양오행설의 사주 팔자론을 은근히 부추기기까지 한다.

처녀 총각이 아무리 사랑해도 궁합이 맞지 않으면 결혼을 시키지 않는 것이 우리 풍습이었다. 그래서 그런지 전에는 우리 신혼부부의 이혼율이 서양보다 적었으나, 요즘은 오히려 늘어가고 있다.

그럼 요즘 처녀 총각은 음양오행으로 궁합을 보지 않는다는 말인가?

오히려 궁합은 더 보며 또 궁합을 보기 전에 속궁합부터 볼 것인데 이혼율은 더 많으니 부부가 잘 살거나 이혼하는 것은 궁합 문제가 아니다.

사주팔자를 보며 그것으로 밥 벌어 먹는 사람은 분명히 다음과 같이 말하는데, 또 이 말은 진리이다.

"사주팔자는 관상만 못하고, 관상(觀相)은 심상(心相)만 못하다!' 즉, 마음 쓰임새가 얼굴을 바꾸고, 이는 사주팔자보다 낫다는 말이다.

12 선천역 후천역이란?

음양오행설이 아무리 해도 맞지 않자, 일제 때 김일부에 의하여 '선천역, 후천역' 소리가 나왔다. 즉, 易이란 정확한 것인데, 다만 문왕, 공자 때 易은 시효가 다 되었으니 이젠 후천역을 만들어 써야 한다는 것이다. 그렇다면 우주의 섭리를 논하는 역도 참으로 한심하다. 아무리 지구의 자전축이 변한다 해도 그것은 수만년에 걸쳐 조금씩 변하는 것인데, 우주의 섭리를 논하는 易에서 불과 기천년 사이에 선천역의 시효가 다하다니 … 그럼 또 수천년 후에는 다시 후후천역을 만들어야 한단 말인가? 그리고 미래를 예측한다면 미래역도 만들어야 한단 말인가?

13 음양오행설은 우리의 것도 아니다

이 易의 팔괘를 우리 조상 복희씨가 처음 만들었다 가정하더라도 이미 우리 것이 아닌 중국 사람들이 연구, 발전시킨 것이며(문왕, 공자가 동이인이라 하더라도), 이는 이미 중국인이 발전시킨 것이고, 위에서 보았듯이 음양오행설도 중국인들이 만들고 발전시킨 사실이 명확히 드러나니 이 음양오행설로 우리 천부경을 해독할 수는 없다. 여기에서 글쓴이는 게시판 자유 토론 방에 쓰인 있던 글을 군더더기로 올린다.

14 고기는 맛있게 잡수시며 백정을 욕하는 양반님네들처럼

양반님네들은 고기는 맛있게 잡숴가면서 소를 잡는 백정은 얼마나 무시했는지 사람 취급을 하지 않았다. 요즘 자신은 전기, TV, 냉장고, 컴퓨터, 핸드폰은 즐겨 쓰면서 과학문명을 비천시하며 음양오행 등으로 우주의 섭리를 알아야 한다고 한다.

우리는 복희씨가 처음 팔괘를 만들었다 하고 복희씨가 우리 조상이라 하지만, 중국에서는 자기네 조상이라 하니 복희씨를 비렁이 자루 찢듯한다.

[주역]에 대해서 30년간 연구한 서울대 김경탁 박사에 의하면, 은나라

시대에도 팔괘가 없었고 따라서 복희씨는 완전한 전설적 인물에 불과하다고 했다. 또 팔괘를 가지고 만들었다는 [주역]도 중국 문왕, 공자가 만들었으니 우리 것이라고 할 수도 없다고 했다.

글쓴이 역시 은나라 때 쓰던 갑골문, 또 금문을 아무리 찾아봐도 사괘, 팔괘는 없었으니 문왕이 음양 양극과 사, 팔괘를 만들고 공자가 십익을 붙여 역을 만든 것이 확실하다.

아래 금문들은 다같이 우리 조상들이 점을 치던 그림이므로 금문, 갑골문 유래를 말하는 중국 금문, 갑골문 서적에는 같은 것으로 분류되어 있다.

■卜, 占

占、卜

"占"是占卜。"卜"是占卜时出现在龟版上裂痕形。古人从火烧龟甲骨上的裂纹形状来揣测吉凶。《说文》:"卜,灼剥龟也。象灸龟之形。""占,视兆问也。从卜,从口。"甲骨文(1)写作"占",上边是卜,下边是口。表示以口问卜;(2)写作"図","占"是占卜用的牛胛骨,里边是"占"字。字形字义更加完整。楚简,小篆字形略同甲骨文(1)。隶书(元·吴散等)写作"占卜"。虽属今文但基本结构未变。

출처: [圖釋古漢字](能國榮 著, 濟魯書社刊)

여기서 갑골문과 금문만을 보시라. '占'자와 '卜'자가 지금 팔괘와 비슷한 흔적이 있는가? 단순한 막대를 이리 저리 놓은 것뿐이다.

卜, 卦, 占甲金篆隷大字典　여기서도 갑골문과 금문에 '卜'자와 '卦'자와 '占'자가 지금 팔괘와 비슷하기라도 한가?

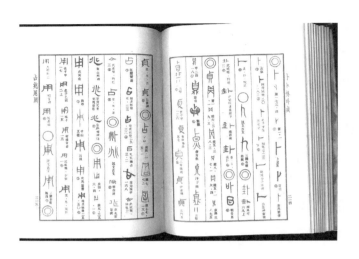

그러므로 卜, 卦, 占 자의 유래는 우리 태극기의 사괘나 팔괘하고는 아무 상관없는, 그저 막대 몇 개를 이리 저리 놓아보는 것뿐이었다.

결론은 지금 우리가 쓰는 [주역]의 팔괘는 밝달임금 때는 차치하고 몇 천년이 흐른 은나라 때에도 없었으니, 우리 조상과 아무런 관계가 없다.

먼저 말했듯이 음양오행설이 본격적으로 우리에게 들어온 것은 이씨 조선 초 정도전이 성리학을 들여올 때이고, 이것이 본격적으로 꽃을 피운 것은 퇴계의 성리학에 의해서다. 그리고 우리는 이씨조선 500년간 왈리 왈기(日理日氣)하며 그 애매모호한 성리학의 음양오행설만 따지다 보니 동인, 서인, 남인, 북인, 노론, 소론으로 갈려 싸우기만 해왔다.

그 틈에 서양에서는 물질의 성질을 관찰하여 위에서 말한 전기, TV, 냉장고, 컴퓨터, 핸드폰 등 과학문명을 만들어 지금 우리까지도 편하게 쓰고 있다.

글쓴이의 카페 게시판에 공개되어 있는 '참나와의 만남'에서 서양 사람들이 이 물질의 성질을 알려고 얼마나 노력했는지 한번 보시라! 그때 우리는 왈리왈기 하며 싸우다가 나라까지 빼앗겼다. 그런데 지금 뭐 도사입네 하는 사람들은 그 음양오행설을 들먹여가며 자기 혼자 아는 이론으로 과학문명을 비웃고 있다. 이것이 먼 원시인류 시대로부터 전해지던 어떤 점술 같은 것을 중국인들이 발달시킨 학문이란 것도 모른다.

이것이 이씨조선 초에 우리에게 들어왔고, 중국을 종주국으로 섬기는 사람들이 깜박 죽었었다는 것도 모른다.

죄송하지만 우리 태극기도 그렇게 만들어졌다고 했다. 그러나 지금 우리는 우리의 종주국은 중국이 아닌 미국으로 알고 있다. 따라서 만약 미국에서 어떤 점성술이 들어오면 우리는 또 그 점성술에 깜박 죽으며 이것만이 우주 진리라고 할 것이다. 우리 전통 사상인 천지인 삼극 사상은 관심도 없다.

도대체 음양오행설이 무엇인가? 그들은 그것으로 우주 운행의 섭리를 알 수 있다지만 100년 후의 일식, 월식 등이 어디서 언제 일어날지는 요즘의 기상대 청소부도 알 것이다. 그러나 그 음양오행설로는 그 일식 등은 고사하고 내일의 일기예보 하나 알 수 없다. 도대체 그 음양오행설로 우리 인간에게 뭐 하나 응용되는 것이라도 있는가?

도사들의 자기만 아는 아리송한 말과 점쟁이밖에 더 있는가? 그러나 점이란 그 사람의 잠재의식을 읽는 것이기 때문에 그 음양오행 팔괘가 아니더라도 별을 보고 점치는 점성술도 있으며, 쌀이나 엽전, 화투나 트럼프를 가지고도 얼마든지 점칠 수 있다. 우주는 음양의 섭리로 운행되고 모든 물질도 그 음양의 이치로 존재한다나? 그러나 물질의 기본 단위인 원자는 양성자, 음전자 중성자, 즉 우리의 천지인 삼극으로 존재한다.

인간도 음양에 의해 태어나고 살아가고 있다나? 이것은 암수가 있어 새끼를 치니 초등학생도 아는 말이다. 도대체 언제까지 그 옛날 우리 종주국에서 들어온 음양오행설로 혹세무민을 할 것인가? 언제까지 고기는 맛있게 잡숴가며 소 잡는 백성을 욕하는 가증스런 짓을 계속할 것인가?

15 기상대, 인공위성 발사대에도 음양오행쟁이들을 쓸 것인가?

지금 인공위성의 전파를 타는 TV도 보고 휴대폰을 쓰는 세상에 살고 있으면서도, 음양오행의 신비함만 즐기려는 사람들이 많다. 즉, 별들의 운행이 궁금하면 천문대로 가는 게 아니라 음양오행설을 보며, 천둥번개가 치면 피뢰침을 생각을 하는 게 아니라 음양오행설로 피하려 하며, 풍랑이 심하면 기상관측을 잘하는 게 아니라 역시 음양오행설로 점을 치며, 하늘을 날고 싶으면 새들이 나는 원리는 생각해 보지는 않고 음양오행설로 도사가 되어 하늘을 날 생각을 한다.

이와 같이 음양오행의 원리가 되는 역의 원리로 무엇인가 풀려고 한다는 것은 결국 신비한 것만 동경하는 사람들의 호기심이라고 보므로 이 이론은 받아들일 수가 없다는 것이다.

또 음양오행설이 우주 천체의 운행원리를 너무 정확히 표시하는 이론이라고 하는데, 그렇다면 인공위성을 쏘아 올리는 나사나, 나로호 발사대에서도 우주 천문학 등 과학자들을 내쫓고 음양오행설 점쟁이들을 써야 하며, 기상대에서도 일기예보를 하려면 음양오행쟁이들을 써야 한다.

자고로 일식, 월식이 나타나는 것조차 수학자들의 천체운행 주기 계산으로 알아낸 것이지, 음양오행설로 알아내었다는 기록은 없다. 그래서 그 음양오행설이 그렇게 정확하다면 그걸로 로또 복권이나 사보라고 하는 것이다.

16 코에 걸면 코걸이 귀에 걸면 귀걸이식인 주역의 해석

주역이나 연말연시에 재미로 보는 토정비결, 예언서 등에서 나오는 말을 인용한다. 어떤 사람이 역으로 점 풀이를 해보니까 새로 집을 지을 운이 있었다. 그런데 그 사람이 봄에 결혼을 하여 아내를 얻었다. 그러니까 역술인들은 그 점괘가 정확하게 맞았다고 했다. 즉, 아내란 바로 집이기 때문이다.

그는 여름에 새 집으로 이사를 갔다. 그러자 역술인들은 먼저 아내를 얻은 것은 잘못 푼 점괘이고, 새로 집을 샀으니 이것이 정말 주역 점괘가 맞는 것이라 했다. 그런데 그 사람이 가을에 교통사고로 죽었다. 그러자 역술인들은 먼저 아내를 얻은 것이나 새로 집을 산 것은 점 괘를 잘못 푼 것이고, 새 집이란 바로 묘를 말한다고 하며 그 주역 점괘가 정말 놀랍게도 잘 맞아떨어진다고 했다.

주역이나 토정비결, 또 누구누구의 예언서는 모두 이 모양이다. 이 따위 예언 같으면 바보 천치도 백 권의 예언서도 더 쓸 수가 있다. 대개 예언서들은 위 '새 집을 짓는다'는 뜻의 여러 가지 풀이처럼, 지나간 다음에 때려 맞추면 맞지 않는 것이 없다. 그러나 미래는 절대 알 수 없게 쓰여 있다. 왜냐하면 그 음양오행설이 맞는다 하고 죽을 팔자라도 아내가 과부가 될 팔자가 아니면 죽을 수도 없고 새로 태어난 아기가 조실부모할 팔자가 아니면 죽을 수 없기 때문이다.

그래서 어떤 예언서나 주역, 토정비결은 코에 걸면 코걸이, 귀에 걸면 귀걸이란 것이다.

사람들은 논리적인 것보다 허황되지만 신비한 것을 즐긴다. 그래서 사이비 종교가들이 혹세무민 하여 배를 불리고 있다. 이 역 등 음양오행설은 과학이 뭔지도 몰랐던 원시에서 신비한 우주 운행을 점쳐보려던 하나의 수단이었고, 이는 잠재의식의 작용을 필요로 하기 때문에 어느 정도 맞는 것도 사실이다.

17 음양오행설로 이름을 지으면 좋은가?

SBS에서 취재한 바에 의하면, 어느 사람이 서울에서 가장 유명하다는 작명가 백 아무개에게 3백만 원을 주고 귀한 손자의 이름을 이 음양오행으로 지었다. 그런데 이 아이가 중병에 걸리자 방송국 기자와 함께 다시 그 작명가를 찾아가 그 아이의 병과 이름과 사주를 감정해달라고 내밀었다.

작명가는 3년 전의 일이므로 자신이 지어준 이름인 줄도 모르고 대뜸 "음양오행이 어떻게 돌아가는지 '음' 자도 모르는 어떤 미친놈이 아이 이름을 지어주었다"며, 3백만 원만 자기에게 주면 당장 그 이름을 고쳐주어 병을 낫게 해준다고 했다.

그때 그 사람이 가지고 간 영수증과 그 이름의 해설서를 보여주자 그 작명가는 "그때엔 내가 술을 먹었나?"라고 했다. 이 작명가는 지금 그 이름을 대면 누구나 다 아는 유명한 사람이다.

방송국 기자와 그 사람은 다른 작명가들한테 찾아가 보았다. 그 작명가들은 사주를 보더니 어떤 사람은 개똥이, 어떤 사람은 쇠똥이 등 다니는 곳마다 말이 달라졌다. 그리고 각자 자기가 말하는 대로 이름을 고쳐야 병이 나을 수 있다고 돈을 요구했다. 이 모두 방송까지 탔던 내용이다.

위 글은 물론 점을 보거나 이름 등을 지어주는 것에 관한 것이었다. 그러나 이 역으로 우주 운행의 원리를 본다거나 개인의 운명을 본다는 것도 원리가 이렇게 귀걸이 코걸이 식과 다를 바 없다고 생각된다. 이런 엉터리 음양오행설로 천부경 풀이를 하는 것이 얼마나 황당한 일이며, 또 그 풀었다는 것조차 백이면 백 다 다른 소리를 하는데, 그 중 그게 무슨 소리인지 독자가 이해할 만한 것이 있으면 한번 제시해주시기 바란다.

글쓴이는 단언하건대 그게 무슨 소리인지 읽는 이는 그만두고 그 해석했다는 사람조차 무슨 소리인지 모르고 해설서를 썼으리라는 결론을 내린다.

18 음양오행설로 이름을 짓는 코미디

귀한 아기가 태어나고 이름을 지으려면 몇백만 원씩이라도 주고 유명한 작명가한테 찾아가는 게 인지상정이다. 물론 글쓴이도 40년 전에 아이들 이름을 지었을 때 그랬다. 글쓴이는 당시 돌팔이 작명은 했으나,

그래도 더 좋게 이름을 지으려고 유명하다는 작명가를 찾아갔다. 그런
데 이 작명가가 아이 이름의 획수를 잘못 계산하는 것 같았다. 글쓴이
성이 具가이고 글쓴이 돌림자가 會자이므로 아이들 돌림자는 滋 자이니
당연히 삼수변(氵)으로 시작되고, 이는 3획이다. 그런데 이 작명가는 삼
수변(氵)이 4획이라는 것이다. 그리고 덧붙여 돌팔이 작명가는 3획으로
알지만, 원래 자기 같은 도사는 氵은 원래 물 水 자이므로 4획으로 지어
음양오행설에 맞추어야 한다는 것이었다. 그런데 이 한자의 획수를 세
어 음양오행설에 맞추는 제자 원리가 얼마나 코미디 같은지 한번 보자.
한 독자님이 아래 泉 자의 제자 원리에 대하여 질문을 하기에 금문을 보
았다. 이 泉 자는 아래에서 보듯 原, 源 자와 같은 글자이고, 이는 사람이
름에 많이 쓰는 글자다.

출처: [圖釋古漢字](能國榮 著, 濟魯書社刊)

여기서 우선 金文 1, 2를 보자. 이는 어떤 절벽 아래 옹달샘에서 물방
울이 솟는 그림으로, 그 획수를 보면 金文 1은 5 획이고, 금문 2는 7획이
며, 甲骨文 1은 4획, 갑골문 2는 8획 … 도대체 그림을 획수로 센다는 것
이 말이 되지 않는다.

그런데 그 유명한 작명가는 氵은 원래 水이니 4획을 써야 한다고 했
다. 그렇다면 현재 水 자는 楷書 > 隸書 > 小篆 > 大篆. 甲骨文 > 金文으
로 올라가야 하니, 원래 水 자가 몇 획인지 보자.

[甲金篆隷大字典]

이건 5획도 되고, 6획도 된다. 그렇다면 원래 水 자라는 氵의 획 수를 4획이 아닌 5획, 6획으로 세어 음양오행이론에 맞추어 이름을 지어야 도도사의 작명가가 된다. 그러나 이런 항변이 있을 수도 있다. "옛날 원 글자를 만들 때 획수는 무효이고 지금 쓰는 획수로 써야 한다." 그렇다면 왜 지금 氵를 꼭 4획으로 세어야 도사인가? 그리고 그놈의 음양오행설은 시대에 따라 제자 원리조차도 달라진단 말인가?

다음 글자를 하나 더 보자. 이 東자도 흔히 이름에 많이 쓰는 글자다. 현재 東자는 8획이다.

東[东]

"东"指太阳出来的方向，是假借。甲骨文、金文都是上下打结，装满东西的口袋形。
"橐"(古时有底的口袋叫"囊"；无底，用绳扎紧两端的叫"橐")的初文。《说文》称："从日在
中。"是小篆的字形，非初文。隶书(汉《史晨碑》)据小篆结构，使笔画平直，脱离了象形字，
化字写作"东"。

출처: [圖釋古漢字](能國榮 著, 濟魯書社刊)

그러나 위 금문 1을 보면 셀 수도 없고, 금문 2는 9획이다. 그리고 지금 중국에서는 東 자는 쓰지 않고, 우리도 약자로 쓰는 东 자는 5획이다. 그렇다면 작명가는 이 東 자를 과연 몇 획으로 세어 음양오행과 맞출 것인가? 东 자는 중국에서 쓰니 음양오행설에 맞지 않는다고 할 것인가? 그럼 중국에 갔다가 아기를 낳았다고 하자. 그리고 중국 작명가한테 이름을 지었다고 하자. 그놈의 음양오행설은 국가, 지방에 따라 달라지는가? 또 지금은 東보다는 东으로 쓰는 시대이니, 음양오행설이 시대에 맞지 않는다고 할 것인가?

따라서 원초적 이론부터 잘못된 음양오행설로 이름을 짓는다는 것은 코미디 중에 상코미디가 된다. 이제는 제발 그 음양오행설과 중국의 한자를 더 이상 숭상하지 말고, 옛 조상이 그랬듯이 우리 말 우리 글로 아름다운 이름을 지어야 할 것이다.

19 易으로 점치기

음양오행설의 점술에 대하여 말하면, 우선 易으로 점을 칠 때 가장 정확한 방법은 공자님 十翼의 繫辭傳의 방법이다. 우선 마음을 가라앉히고 장난이 아닌 진심을 다한 다음 무의식에서 나오는 마음으로 점대 50개를 왼손에 잡고, 다시 마음을 가라앉힌 다음 그 중 한 개를 뽑아 책상 위에 놓는다. 이는 태극을 상징한다. 다음 기도하는 마음으로 49개의 점대를 양손에 갈라 쥔다. 여기서 왼손에 있는 것을 陽인 天策이라 하고, 오른손 것을 陰인 地策이라 한다. 여기까지가 第 一營이다. 다시 기도하는 마음으로 … 결국 四營에서 남는 것은 5 아니면 9. 나머지 점대로 다시 기도하는 마음으로 四營을 계속 … 이렇게 세 번을 되풀이하면서 얻어진 점대의 합은 25, 21, 17, 13의 어느 하나. 이것을 태극을 제외한 수, 즉 49에서 빼면 32, 36 중 어느 하나. 이것을 4로 나누어 얻어진 수가 6이면 老陰. 이렇게 해서 여섯 개의 爻를 얻으려면 똑같은 동작을 8번 해야 하므로 이 本策法을 十八 變法이라고도 한다.

이 점보는 방법은 절대로 장난으로 해서는 안 되고 좋지 않은 수가 나왔다고 다시 봐서도 안 된다. 그리고 정성을 다해서 해야지 절대 다른 마음을 먹고 해도 안 된다. 그렇다면 이것은 그 사람이 잠재의식 작용을 보는 것이다. 만약 이것이 정확한 확률이 있거나 과학, 또는 수학이라면 아무렇게나 백 번 해봐도 그 결과는 같을 것이다. 그러니까 역이란 그 형식을 취해서 그 사람의 잠재의식을 보는 것이니, 이 易이 아니고 그냥 정신과 의사나 무당 등 상대의 잠재의식을 읽을 수 있는 사람 앞에 가더라도 같은 결과가 나올 것이며, 또 잠재의식은 이것이다 하기도 힘이 들 것이므로 가변성이 많아 점을 볼 때마다 달라진다고 보는 것이다.

이 잠재의식으로 점을 보는 방법은 세계 각지의 풍습마다 다르다. 어느 나라(우리도 그랬지만)에서는 점성술이 발달했다. 가만히 있는 별들이 어떤 때 대기 불안정으로 흔들리면 그 별에 의하여 태어난 사람은 병이 생긴다 했으며, 그 흔하게 떨어지는 별똥별을 보고 어느 누가 죽었다 했다. 또 트럼프나 화투장 가지고도 점을 보고, 무당들이 상 위에 쌀알이나 엽전을 던져 놓고 그 흩어지는 모양을 보고 점을 친다. 그런데 이때 절대로 장난 같은 마음으로 해서는 안 된다. 성심성의껏 해야 한다. 이와 같이 이 역으로 얻어진 爻로 해당되는 괘를 찾아보는 것도 순전히 점 보는 이의 잠재의식 작용이고, 또 그 결과도 완전 토정비결식이라 코에 걸면 코걸이, 귀에 걸면 귀걸이 식이다.

20 '삼극' 만이 우리 것

우리는 그간 음양의 태극이 아닌 천지인의 삼극을 써 왔으며, 그 근거는 먼저 낸 졸저 [천부인과 천부경의 비밀] 표지 뒷면에 제시했듯이 신라시대 보검, 기왓장 등 그 예가 수없이 많으나, 글쓴이가 알기로 이조 전 태극문양 유물은 아직 발견하지 못했다. 어디엔가 있으면 제시해 보시라!

그러나 천지인을 상징하는 삼극은 아직까지 점서로 써진 일도 없고, 물질의 기본 단위인 원자도 음전자, 양성자, 중성자 등 존재의 기본 사상을 말하는 데만 쓰이는데, 이 삼극은 그간 우리 조상들이 홍살문이나 북 그리고 심지어 부채문양에도 써왔다. 이는 우리 민족이 잠재적으로 삼극을 써왔다는 증거가 아닌가?

다음 그림은 글쓴이 음양오행설의 태극 그림이 고려 말에도 보이긴 하지만 본격적으로 우리에게 쓰인 것은 이씨조선이라는 말에 반론을 단 그림들인데, 한번 참조해 보시기 바란다.

중국의 태극 + 팔괘문양

회암사 터의 돌계단 태극문양

회암사 터의 돌계단에 태극문양이 새겨지기 시작한 것은, 태조 이성계가 조선왕조를 창건하자마자 때마침 마땅히 사용할 종묘가 없어, 개국공신 무학대사가 불사를 일으키고 있던 회암사를 임시종묘로 정하면서부터였다. 그렇다면 현재 회암사 터에 남아 있는 태극문양들은 적어도 600여 년이 넘지 않는다. 따라서 위 사진들은 고려 말 전부터 우리가 태극 문양을 써왔다는 증거는 되지 못한다.

뉴욕 메트로폴리탄 미술관 소장하고 있는 홍산 문화 유적지에서 나온 삼극 옥지환

아래는 보물 제635호 신라시대의 장식보검(경주 미추왕릉지구 계림로 14호분 출토, 국립경주박물관, 103쪽) 우리 민족이 사용하던 삼극 무늬는 신라시절 기왓장뿐 아니라 보검자루에도 있다.

아래 쌍계사의 금강문은 840년(신라 문성왕 2년) 眞監禪師가 지은 것이다. 이 쌍계사를 지을 무렵만 해도 불교가 들어오면서 우리 토속종교를 없애지 않으려고 산신각 등을 만들어 놓았으며, 특히 이 쌍계사에는 환

웅과 단군을 예찬하는 난랑비가 있었다. 여기 삼극은 '천지인을 뜻하는 천부인'을 뜻하며, 위의 삼지창은 '사람 천부인'이고, 아랫것은 '극이 반대로 도는 삼극'이다.

이상과 같이 우리는 그간 음양의 태극이 아닌 '천지인의 삼극'을 써 왔으며, 그 근거를 찾아보면 이미 제시했듯이 홍산문화 옥지환, 신라시대 보검, 기왓장 등 수없이 많다.

허블 망원경으로 본, 우주를 생성하는 또 하나의 삼극

21 모순이 있는 것은 진리가 되지 못한다

우리가 TV, 라디오, 핸드폰을 사용할 때 그 원리가 몇만 분의 일만 틀려도 그 기기는 작용하지 않는다. 과학은 아직은 미숙하나 신의 섭리를 밝혀 나가는 학문이고, 그 증명을 필요요건으로 하고 있으므로 확실한 진리가 된다.

이렇게 완전한 것만이 진리라고 볼 때, 엉거주춤한 이 음양오행설은 원시에 귀걸이 코걸이 식으로 갈팡질팡 쓰던 학문이니 혹 통계학적 재미로 본다면 몰라도, 이를 불가변의 진리로 신봉한다는 것은 논리에 맞지 않는다. 그러므로 지금까지 음양오행설로 '천부경' 해석들을 한 이론은 글쓴이는 우리 천부경과는 무관하다는 것이고 따라서 [진본 천부경]은 신지녹도문이고, 최치원의 81자는 그 예찬문인 것은 다음 [진본 천부경] 신지녹도문, 금문 해독을 보면 밝혀진다. 그런데 아직도 절름발이 문법인 이두로 써진 최치원의 81자만을 천부경으로 아는 사람들이, 그 81자를 우리말로 해독을 하자니 할 수가 없으니까 어느 누구도 이해하지 못할 음양오행설로 풀이해가며 자신의 해석만이 옳다고 하는 사람이 너무 많기에, 이상으로 이 음양오행설이 얼마나 허황한 것인가를 자세히 밝혀본 것이다.

제5장 | **잘못된 우리 사서**

01 우리 사서는 가필이 많다

우리 조상이 동굴이나 암벽 등에 그렸던 그림을 단축시켜 쓰던 금문은 갑골문을 거치면서 중국인들이 들여다가 자기네 말과 맞추어 자기네 글자를 만들었으니, 진시황 때만 해도 글자란 대전(大篆), 소전(小篆)뿐이라 했다. 그 후 다시 예서(隸書), 해서(楷書)를 거치면서 한자가 지금과 비슷하게 정립된 것은 삼국 때였으며, 우리 글자인 가림토 등은 모화사상에 젖을 대로 젖은 선비들에 의해 더 이상 발전하지 못하고 이 한자에 밀려 사라지고 말았다 했다. 따라서 우리 상고사를 알려면 금문, 갑골문, 소전, 대전 그리고 예서 등을 보면 되는데, 이런 글자는 거의 없어졌고 또 남은 것들도 지금 한자하고는 무척 달라 번역하기 힘이 들었으니 지금 우리 상고사는 중국, 일본인이 훼손시키지 않았다 하더라도 어차피 정확히 알 수가 없는 것이다.

우리 상고사는 거의 중국 측의 엉터리 금문, 갑골문 등 번역물로 쓰였다고 해도 과언이 아니다. 왜 엉터리인가는 이 글을 읽다보면 그 근거가 너무나도 많이 나온다.

일연의 [삼국유사]는 단군의 내력을 [古記]라는 중국 기록을 인용하고 있고, 그 내용도 하늘에서 환웅이 내려와 곰과 결혼하여 단군을 낳는다는 내용이고, 김부식의 [삼국사기]에는 단군의 기록은 조잡하다고 찾아

보기도 힘이 들지만 그래도 당시 삼국인들은 하나 둘 셋 … 열이 숫자 이외로 써졌다는 근거와 환숫을 木이나 七村이라 하는 것을 보면 [삼국사기]의 이두도 환숫을 말하고 있는데 자세한 설명은 하권에 있다.

[환단고기]는 이 땅이 일제 식민시기로 접어든 후인 1911년 계연수(桂延壽)에 의해 쓰이나, 이는 자기가 창작한 것이 아니고 신라 때 승려인 안함로(安含老)의 [삼성기] 상권과 행적이 분명치 않은 원동중이 쓴 것을 하권으로 하고 있는데, 내용은 주로 하느님과 환웅 때 이야기이고, [단군세기]는 고려시대에 살았던 행촌 이암이 1대 단군으로부터 47대 단군 이야기를 써놓은 것이며, [북부여기]는 고려 말의 학자인 범장이 전한 책이라 하지만 그 진위는 분명치 않다.

다음 [태백일사]는 연산군과 중종 때 사람인 이맥이 전한 책으로 하느님 때로부터 고려 때까지의 이야기를 쓴 책인데, 이 책들을 계연수가 한데 묶어 [환단고기]를 만든 것이다. 그렇다면 이 [환단고기]도 중국인들이 금문, 갑골문 등 서적을 엉터리로 번역한 것을 인용했을 수도 있다.

02 부도지의 마고는 중국 도교(道敎)에서 나온 중국 신화다

어떤 분들은 [부도지]를 인용하며 이것이 참 우리 역사라고 국정교과서에 올려주지 않는다고 불평이 많지만 [부도지]는 말의 논리나 특히 과학적 유물로 뒷받침할 수 없는 그저 만화 같은 신화에 불과하다. 그렇다면 이 부도지가 써진 경위와 내용에 대해 대강 알아본다.

1) 부도지가 전해진 동기

영해 박씨 종가에서 필사하여 대대로 비밀리에 전해져 내려온 [징심록] 내용을 당시 영해박씨와 친분이 두터웠던 조선 세조 때의 매월당 김시습은 [징심록추기]를 지었고 그 [징심록추기]는 영해박씨 종가에 전해지다가 함흥에서 부산으로 피란 간 영해박씨 종손인 박금(朴錦)이 자신들의 족보를 복원할 때 그 책을 근거로 한 것이 아니라 전에 읽었던 내용을 기억하여 등사판에 밀어 발표한 것이 바로 지금 우리가 아는 부도지이다. 그렇다면 우선 그 부도지에 얼마나 신빙성이 있을까?

2) 부도지 첫머리 간추린 내용

제1장(第一章) 마고성(麻姑城)은 지상(地上)에서 가장 높은 성(城)이다. 천부(天符)를 봉수(奉守)하여, 선천(先天)을 계승(繼承)하였다. 성중(成中)의 사방(四方)에 네 명의 천인(天人)이 있어, 관(管)을 쌓아 놓고, 음(音)을 만드니, 첫째는 황궁(黃穹)씨요, 둘째는 백소(白巢)씨요, 셋째는 청궁(靑穹)씨요, 넷째는 흑소(黑巢)씨였다. (麻姑城은 地上最高大城이니 奉守天符하야 繼承先天이라, 成中四方에 有四位天人이 堤管調音하니 長曰 黃穹氏오 次曰 白巢氏오 三曰 靑穹氏오 四曰 黑巢氏也라.)

두 궁씨의 어머니는 궁희(穹姬)씨요, 두 소씨의 어머니는 소희(巢姬)씨였다. 궁희와 소희는 모두 마고(麻姑)의 딸이었다. 마고는 짐세(朕世)에서 태어나 희노(喜怒)의 감정이 없으므로, 선천(先天)을 남자로 하고, 후천(後天)을 여자로 하여, 배우자가 없이, 궁희와 소희를 낳았다. 궁희와 소희도 역시 선천의 정을 받아, 결혼을 하지 아니하고, 두 천인(天人)과 두 천녀(天女)를 낳았으니 합하여 네 천인과 네 천녀였다.

(兩穹氏之母曰穹姬오 兩巢氏之母曰巢姬니 二姬는 皆麻姑之女也라. 麻姑는 生於朕世하야 無喜怒之情하니 先天爲男하고 後天爲女하야 無配而生二姬하고 二姬도 亦受其精하야 無配而生二天人二天女하니 合四天人四天女야라.)

(이하 한자 원문 생략)

이로부터 기(氣)와 화(火)가 서로 밀어 하늘에는 찬 기운이 없고 수(水)와 토(土)가 감응하여 땅에는 어긋남이 없었다.

백소씨족의 지소씨가 땅에서 솟는 젖(地乳)을 마시려고 젖샘에 갔는데 사람은 많고 샘은 작으므로 여러 사람에게 양보하고 자기는 마시지 못하였다. 이런 일이 다섯 차례나 되었다. 집에 돌아와 배가 고파 어지러워 쓰러졌다. 귀에서 희미한 소리가 울릴 정도였는데 그 소리는 마침 집 난간에 포도 넝쿨이 내려와 낸 소리인 모양이었다. 배고픔에 포도 열매를 따 먹었다. 오미를 맛보았다. 먹어보니 과연 그러하므로 포도를 먹은 자가 많아졌다. 백소씨의 사람들이 듣고 크게 놀라 금지하고 지키니 이때에 열매를 먹는 습관과 수찰하는 법이 시작되었다. 그전에는 금지하지 아니하더라도 스스로 금지하는 자재율이 유지되고 있었는데, 그 자재율이 파기된 것이다. 화가 난 마고가 성문을 닫고 대성의 기운을 거두어 버렸다. 열매를 먹고서는 사람들은 모두 이가 생겼으며, 그 침은 뱀의 독과 같이 되어 버렸다. 이는 강제로 다른 생명을 먹었기 때문이었다. 그런 까닭으로 사람들의 피와 살이 탁해지고 심기가 혹독해져서 마침내 천성을 잃게 되었다. 만물을 생성하는 원기(胎精)가 불순하여 짐승처럼 생긴 사람을 많이 낳게 되었다. 수명이 조숙하여 그 죽음이 천화(天花), 즉 우화등선 하지 못하고 썩게 되었다. 이는 생명의 수(數)가 얽혀 미혹하게 되고 줄어들었기 때문이었다.

결국 황궁씨를 포함해 모두 마고성을 떠날 수밖에 없었다. 성을 떠난 사람들 가운데 전날의 잘못을 뉘우친 사람들이 성 밖에 이르러 원래의 모습으로 되돌아오고 싶어서 젖샘을 얻고자 성곽 밑을 파헤쳤다. 성터가 파손

되어 샘의 근원이 사방으로 흘러내렸다. 그러나 곧 단단한 흙으로 변하여 마실 수 없었다. 그러한 까닭으로 성안에 마침내 젖이 마르니 모든 사람들이 동요하여 풀과 과일을 다투어 취하므로 혼탁이 지극하여 맑고 깨끗함을 보전하기가 어렵게 되었다. 황궁씨가 모든 사람들 가운데 어른이었으므로 곧 백모를 묶어 마고 앞에 사죄하여 오미의 책임을 스스로 지고 복본(複本)할 것을 서약하였다. 물러나와 여러 종족들에게 고하기를 "오미의 재앙이 거꾸로 밀려오니 이는 성을 나간 사람들이 하늘과 땅의 이치와 법도를 알지 못하고 다만 어리석음이 불어났기 때문이다. 청정은 이미 없어지고 대성이 장차 위험하게 되었으니 앞으로 이를 어찌할 것인가라고 하였다. 이때에 천인들이 나누어 살기로 뜻을 정하고 대성을 완전하게 보전하고자 하므로 황궁씨가 곧 천부를 신표로 나누어주고 칡을 캐서 식량을 만드는 법을 가르쳐 사방으로 나누어 살 것을 명령하였다. 이에 청궁씨는 동쪽문을 나가 운해주(지금의 중원지역)로, 백소씨는 서쪽문을 나가 월식주(달이 지는 곳, 중근동 지역)로, 흑소씨는 남쪽문을 나가 성생주(별이 뜨는 곳, 인도 및 동남아 지역)로, 황궁씨는 북쪽문을 나가 천산주(천산산맥 지역)로 갔다. 천산주는 매우 춥고 위험한 땅이었다. 맏이인 황궁씨가 스스로 가장 춥고 험한 땅을 택한 것이다. 맏이로 강한 책임감과 함께, 모든 고통을 이겨내고 기필코 복본을 이루겠다고 맹세하는 강한 의지다. 황궁씨가 천산주에 도착하여 미혹함을 풀고 복본할 것을 서약하고 무리에게 천지의 도를 닦고 깨달아 실천하는 일에 근면하라고 일렀다. 곧 첫째아들 유인씨에게 명하여 인간세상의 일을 밝히게 하고 둘째와 셋째아들에게 모든 주를 돌아다니게 하였다. 마고성을 떠나 분거한 종족들이 각 주에 이른다. 먼저 성을 나간 사람들의 자손이 각지에 섞여 살면서 그 세력이 자못 강성하였다. 그러나 거의가 그 근본을 잃고 성질이 사나워져서 새로 온 분거족을 보면 무리를 지어 추적하여 그들을 해하였다.

천년이 지나 분거족이 이미 정착하여 거주하니, 바다와 산으로 멀리 떨어져 있어서 거의 왕래가 없었다. 황궁씨가 곧 천산에 들어가 돌이 되어 길게 조음을 울려 인간세상의 어리석음을 남김없이 없애고 기필코 대성 회복의 서약을 성취할 것을 도모하였다. 이에 유인씨가 천부인을 이어 받으니 이것이 곧 천지본음의 상으로 진실로 근본이 하나임을 알게 하는 것이었다. 그때 유인씨는 사람들이 추위에 떨고 밤에는 어둠에 시달리는 것을 불쌍하게 여겨 나무를 뚫어서 마찰시켜 불을 일으켜 밝게 비춰주고 몸을 따뜻하게 하고, 음식물을 익혀서 먹는 법을 가르치니 모든 사람들이 대단히 기뻐하였다.

유인씨가 천년을 지내고 나서 아들 환인씨에게 천부인을 전하고 곧 산으로 들어가 나오지 아니하였다.

환인씨가 천부인을 이어받아 인간 세상의 이치를 증거하는 일을 크게 밝히니. 이에 햇빛이 고르게 비추이고 기후가 순조로워 생물이 거의 편안함을 얻게 되었으며, 사람들의 괴상한 모습이 점점 본래의 모습을 찾게 되었다.

이는 3세(황궁, 유인, 환인)가 하늘의 도를 닦아 실천하는 삼천년 동안 그 공력을 거의 없어질 만큼 썼기 때문이었다.

환인씨의 아들 환웅씨는 태어날 때부터 큰 뜻을 가지고 있었다. 천부인을 계승하여 계불의식을 행하였다. 웅대한 하늘의 도를 수립하여 사람들에게 그 유래한 바를 알게 하였다. 어느덧 사람들이 입고 먹는 일에만 편중하므로 환웅씨는 무여율법 4조를 제정하였다 환웅씨가 처음으로 바다에 배를 띄워 타고 사해를 순방하니, 천부인을 비추어서 수신하고 모든 종족의 소식을 소통하여 근본을 잊지 않을 것을 고하고 궁실을 짓고 배와 차를 만들고 화식하는 법을 가르치기 위함이었다.

환웅씨가 돌아와 팔음이문을 익히고 역법을 정하고 의약술을 수업하며 천문과 지리를 저술하니 널리 인간세상을 이롭게 하였다.

이는 세대가 멀어질수록 법은 해이해져서 모든 사람들이 몰래 거짓을 모색하는 일이 늘어났기 때문에 날마다 쓰는 사물 사이에서 근본의 도를 보전하여 분명하게 밝히기 위한 것이었다. 이로부터 비로소 학문을 하는 풍조가 일어나니, 인성이 어리석고 사리에 어두워서 배우지 아니하고는 알지 못하기 때문이었다. 드디어 환웅께서 상원 갑자 상달 상날에 하느님께 천제를 올려 고천하시고 천황에 올랐으니 제1대 천황이시다.

환웅이 배달나라를 세운 것이 5902년 전이다. 우리 조상들은 천산지역에서 환인시대 수천년, 수만년을 살다가 이곳이 사막화되자 더 살 수 없어서 살만한 곳을 찾아 동남쪽으로 내려가 새 나라를 세웠다(이하 생략).

이상이 영해박씨 박금이 함흥에서 부산으로 피란 나와 전에 읽었던 [징심록추기]의 기억을 더듬어 등사판에 자신의 족보를 쓴 첫머리다.

따라서 환웅씨는 동남쪽으로 내려가 곰네족과 동화 단군을 낳고 단군의 후손이 박혁거세이며 다시 박혁거세의 후손이 영해박씨의 조상인 박제상이 된다는 것이니 이 영해박씨의 세보는 마고(麻姑)〉궁희(穹姬), 소희(巢姬)〉황궁(黃穹)〉유인(有因)〉환인(桓因)〉환웅(桓雄)〉단군(檀君)〉박혁거세(朴赫居世)〉영해박씨 조상 박제상(朴堤上)이 된다는 것이다.

그러나 대략 몇만년 전의 위 영해박씨의 세보에서 마고성(麻姑城)은 지상(地上)에서 가장 높은 성(城)이고 거기에 마고가 살고 있었으며 그 마고는 사내 없이도 궁희와 소희를 낳았고 그 궁희와 소희 역시 사내 없이 사람을 낳았다는 이야기와 "지소씨가 땅에서 솟는 젖(地乳)을 마시려고 젖샘에 갔는데…" 등은 모두 만화 같은 전설이니 그렇다 치고 "기(氣)와 화(火)가 서로 밀어 하늘에는 찬 기운이 없고 수(水)와 토(土)가 감응하여 땅에는 어긋남이 없었다."는 말은 아무래도 중국 문왕, 공자 때

생긴 음양설과 춘추전국 연나라 때 생긴 오행설을 따르고 있으며 또 "열매를 먹고사는 사람들은 모두 이가 생겼으며, 그 침은 뱀의 독과 같이 되어 버렸다." 하니 그전 사람은 이빨도 없는 갓난아기나 우주인이었던 모양이고 또 아무리 젖이나 먹고사는 아기라도 일단 젖을 소화하려면 침이 있어야 하는데 그 침이 뱀의 독과 같았다는 말은 상식이 아니며 또 아무리 구석기인이라도 풀이나 열매를 먹어야 했을 것인데 "모든 사람들이 동요하여 풀과 과일을 다투어 취하므로 혼탁이 지극하여 맑고 깨끗함을 보전하기가 어렵게 되었다." 해놓고는 그 뒤는 "황궁씨가 곧 천부인을 신표로 나누어주고 칡을 캐서 식량을 만드는 법을 가르쳐 사방으로 나누어 살 것을 명령하였다."는 앞뒤 말이 모순이 되며. 또 "그 죽음이 천화(天花), 즉 우화등선 하지 못하고 썩게 되었다."는 이 땅덩이의 죽음은 반드시 썩게 하여 다시 풀 등의 영양소가 된다는 자연법칙을 무시한 글이다.

또 글자란 대략 5~6천년 전 환인 하느님 때나 환웅 때도 없어서 하느님 말씀이 환웅께 전해질 때도 말로 전해졌기 때문에 구전지서(口傳之書)라 한 것이 바로 [신지녹도문 천부경]이고 이는 지금 대약 5천년 전의 청동기 유물이나 금문에서도 나타나는데 대략 몇만년 전 사건을 말하는 이 부도지에는 벌써 麻姑, 穹姬, 巢姬, 黃穹氏, 白巢氏, 靑穹氏, 黑巢氏, 有因이 등장하니 한자는 그때부터 있었단 말인가?

그러나 위 모든 만화 같은 내용은 어차피 신화이니 그렇다 치더라도 이 신화는 우리의 신화가 아니라 중국 도교의 신화이니 우리의 상고사는 될 수가 없다.

이 근거는 백과사전에 나오는 마고에 대한 설명과 그 마고 선녀를 그린 간송(澗松)미술관 소장 여신(女神) 마고(麻姑)상, 그리고 그 외 마고 선녀를 그린 춘산채지도(春山菜芝圖)에 나오는 마고상은 노자, 장자가 세운 도교에서 나온 옥황상제의 시녀임을 증명해 주고 있다. 따라서 노자 장자는 공자님 때 사람이니 2,500년 전 사람에 불과하다.

3) 백과사전의 마고

중국 여신선(女神仙). 《신선전(神仙傳)》에 한(漢)나라 환제(桓帝)시대 신선인 왕원(王遠)과 함께 마고가 채경(蔡經)의 집에 강림하여 연회를 베풀고 신선세계의 이야기를 했다는 내용이 있다. 마고의 말 중에도 오래 살아서 동해(東海)가 3번씩이나 뽕나무밭이 되는 것을 보았다는 〈창해(滄海)의 변(變)〉의 이야기는 유명하다. 마고 강림의 환상적인 이야기는 도교교단(道敎敎團)이 7월 7일에 행한 주방 의식과 관계가 있다고 한다. 또한 마고는 손톱이 길어, 채경이 등이 가려워할 때 긁어주면 기분이 좋으리라고 생각했다고 하며, 이른바 〈손자의 손〉은 사실은 〈마고의 손〉이었다고 한다.

🐚 위키백과사전

부도지(符都誌)는 신라 눌지왕 때 박제상이 저술했다는 사서인 [징심록]의 일부이다. 1953년에 그 후손인 박금(朴錦)이 그 내용을 발표함으로써 일반에 공개되었고, 1986년 번역본이 출간되어 널리 알려졌다. 조선시대에 김시습에 의해 번역되었고, 그 필사본이 보관되고 있었다고 하지만 확인할 수 없다. 현존하는 [부도지]의 내용은 원본의 내용을 연구했던 기억을 복원한 것이라고 한다.

• 시대는 짐세, 선천, 후천의 세 가지로 구분하고 있다. 선천(先天)의 시대가 열리기 이전에 짐세(朕世)라는 시대가 있었으며, 후천의 말기에 임검

씨(단군)가 등장한 것으로 기록되어 있다.

- 각 지방의 전설로 남아 있는 '마고'가 민족의 시조로서 등장하고 있으며, 소리에 의해 세상이 창조되고, "오미의 화"로 말미암아 12부족이 나뉘게 되는 과정, 대홍수, 황궁·유인·환인·환웅씨의 계승과, 요와 순임금에 의해 동방(단군조선)과 화하(하나라)가 분리되는 과정이 자세하게 서술되었다.
- 단군조선의 치세는 1천년 간이며, 1천년에 걸쳐 각 부족이 자리잡은 이후로 '단군조선을 포함한 치세'가 7천년으로 기록하고 있다. 즉, [부도지]에 기록된 우리 민족의 기원은 1만 1천년보다 이전이 된다.
- 박제상(朴堤上, 363년~418년 추정)은 신라의 충신이다. 자는 중운(仲雲), 호는 관설당(觀雪堂)·도원(挑園)·석당(石堂) 등이다. 혁거세 거서간의 9세손, 파사이사금의 5세손이며 영해 박씨(寧海朴氏)의 시조이다. [삼국유사]는 김제상(金堤上)이라고 기록하고 있다.

4) 간송(澗松)미술관에 소장된 여신(女神) 마고(麻姑)

바구니에는 도교에서 장수 불사 한다는 천도복숭아가 들려 있으며 위 부도지에서 말하는 여자하고는 천지 차이다.

5) 춘산채지도(春山采芝圖)의 마고

KBS 진품명품에 선녀도가 한 점 출품되었는데 이 선녀는 중국 도교 전설에서 나온 마고였고 그녀도 천도복숭아 한 바구니를 들고 있었으며 이를 감정한 감정위원도 이 그림은 대략 2백년 전에 우리 화공이 중국 도교의 전설을 그린 것이라 감정했으니 우리 민속에도 그 도교는 퍼져 있었다.

즉 우리는 누구나 옥황상제가 누구인지는 잘 알 것인데 그 옥황상제

는 바로 도교의 가장 높은 신이고 마고는 그 옥황상제의 시녀 중 한 사람이다

따라서 부도지의 마고는 그 도교가 만들어낸 만화 같은 신화이니 이것을 우리 상고사로는 쓴다는 것은 또 다른 중국을 우리 상국으로 만드는 것에 불과하다. 따라서 이 신화는 꼭 삼족오 중국신화 태양 속에 사는 까마귀를 후예 (后羿)란 사람이 활로 쏘아 떨어뜨렸다는 [후예사일(后羿射日)] 전설과 같다.

출처: 간송문화(澗松文華) 제77호 도석(道釋), 한국민족미술연구원 발행.

6) 실증이 있어야 그것이 역사다

역사에는 반드시 실증할 수 있는 유물이 있어야 비로소 그것이 역사다. 아무 실증도 없이 이것이 역사라 한다면 읽는 이는 물론 외국인들로부터 비웃음만 살 뿐이다

첫 조선 유적지에서 나타나는 청동기 유물도 그렇고, 우리의 피 속에 흐르는 유전자도 증거가 될 수 있다. 그러나 어떤 유물보다도 더 확실히 상고사를 알 수 있는 것은 바로 우리의 뿌리 말이다.

이를 예로 들면, 지금 '씨름'이라는 말은 '씨놀음'에서 나온 말이며, 그렇다면 당시는 결혼제도가 없이 짐승들의 각축전처럼 씨름에서 이긴 자가 씨를 퍼뜨렸다는 말이 되므로 당시의 성생활까지 짐작할 수 있는 것이다.

따라서 글쓴이는 천부인 ㅇ ㅁ ㅿ 으로 만들었다고밖에는 볼 수 없는 ㄱ, ㄴ, ㄷ … ㅎ 속의 뜻을 밝혀 어떤 유물보다 더 확실한 우리의 뿌리

말과 신지녹도전자, 그리고 금문, 갑골문을 해독하여 우리 상고사를 확실하게 밝혀보려는 것이다.

또 역사란 논리가 맞아야 한다. 우선 삼성기 안함로의 상편에는 환인 하느님이 무려 7대나 이어졌고 그 통치 연대는 알 수가 없다 했으며, 원동중의 하편에는 인류의 조상을 나반(那般)과 아만(阿曼)으로 시작하여 일세 환님(桓因)으로부터 지위리(智爲利)환님까지 환님들 이름도 한자로 상세히 쓰여 있고, 그 역대 역시 7대가 이어지며 그 재위기간도 3,301년 혹은 63,182년이라 하는데 어느 것이 맞는지 알 수가 없다고 했다.

따라서 위 사서만 가지고 우리의 상고사를 정확히 알 수는 없으므로 이런 것 저런 것을 종합하여 우리 상고사를 추리해본다.

03 환웅은 치우 한 사람뿐?

[환단고기]에서는 환국 말기에 안파견(安巴堅)이 산위태백을 내려다보시면서 "모두가 가히 홍익인간을 할 곳이로다." 했다 하는데, 그 안파견은 위 7대 환님 명단에는 없다.

다음 환웅의 신시가 1대 환웅(桓雄) 천황(일명 居發桓) 환웅을 거쳐 18대 거불단(居弗檀) 환웅까지 각 환웅의 이름도 당시 있지도 않았던 한자로 써 있고, 재위 연도까지 상세히 기록되어 그 신시가 무려 1,565년이나 지속되었다는 것이다. 그런데 '神市' 란 우리 뿌리말로 풀어보면 '검은 벌' 이라는 뜻의 '검불' 이고, 혹 배달국(倍達國)을 세웠다 하는데 '배달' 도 우리 뿌리말로 '밝달' 즉 단군의 '밝달나라' 가 전음된 것이다. 또

18대 환웅이 있었다는 기록에 의심이 가는 것은 다음과 같다.

(1) [고기(古記)]를 근거로 썼다는 [삼국유사]에 보면 환웅은 그 아버님 하느님에게 나라를 세울 것을 청했고, 하느님은 그 나라 세울 땅을 조사해보니 과연 홍익인간을 할 만한 땅이라 천부인 세 개와 삼천 여 명의 백성들을 주었다. 환웅은 이것을 받아가지고 고조선 개국 지에 내려와 곰족과 단군을 낳는다. 그러나 [환단고기]에 보면 환웅님은 제1대 居發桓 한웅으로부터 제18대 居弗檀 환웅까지 무려 1,565년간 배달국이 이어진다.

(2) 여기서 하느님의 천부인과 천부경을 받아가지고 오신 환웅님은 누구인가? 물론 '초대 환웅님' 이겠지.

(3) 곰족과 단군을 낳은 환웅님은 누구인가? 물론 마지막 '거불단 한 웅님' 이겠지. 그렇다면 무려 18대 환웅이 1,565년간 기다려 하느 님 말씀을 실현했단 말인가?

(4) [참전계경]에 따르면 그 중간 6대 多儀發 환웅 때 부자 상속제가 이 루어졌다면 태호복희 씨에 해당하며, 특히 치우 천왕은 제14세 자 오지 환웅(慈烏支 桓雄)인데 그는 황제헌원과 탁록에서 싸운 분이 다. 그런데 황제헌원의 손자가 요임금이다.

(5) 요임금은 단군보다 50년 먼저 임금이 되는데, 치우 천왕과 단군의 아버지인 마지막 환웅 거불단 사이는 재위 기록상 374년…. 여기 서 황제 헌원의 손자가 요임금이라면 2대 60년, 넉넉잡아 100년을 빼고 요임금은 50년 빨랐다니 또 50년을 더 빼봐도 224년 차이…. 그렇다면 최소한 4대의 환웅이 날아간다. 가장 정확하게 기록한 것 같은 [환단고기] 환웅 역대 표에 이런 허점이 있는 것이다.

(6) 물론 옛 기록에 그만한 차이는 있을 수 있다 하더라도 그 연대와 재위기간, 그리고 각 환웅님들의 수명까지도 정확히 기록했는데, 그때 그 정확한 기록이라는 것이 오히려 의심이 간다.

왜냐하면 다음 장에서 밝히듯이 당시에는 말이라고는 불과 30단어 이하였음이 우리 어근상 밝혀지고 앞으로 이 [신지녹도문 천부경] 하나 둘 셋 … 열의 해독에서 밝혀지지만 당시는 '하나 둘 셋 … 열'도 숫자가 아니었으며 이것이 숫자가 된 것은 그로부터 천년 후라는 것이 은허갑골문으로 밝혀진다. 이는 또하나 글쓴이 졸저 [천부인 ㅇ ㅁ △] '숫자가 만들어진 순서'를 보시라.

(7) 환웅의 '배달국'은 결국 '밝달국'이고, 단군의 檀 역시 '밝달'로 같은 이름인데, 왜 1,565년이 지나서야 밝달임금인 단군(檀君)이 등장할까?

(8) 하느님 시대에 동경 등 천부인을 준 것으로 보나 단군 유적지, 즉 고조선 유적지에서 수많은 돌화살촉 등이 발견되는 것으로 보아, 하느님(桓因) 시대나 단군 시대는 긴 시간이 아니고 거의 동시로 신석기문명과 청동기 문화가 병행하던 시대로 유물상 보이는데, 만약 1,565년의 차이가 난다면 단군 시대는 청동은 그만두고 철기 문화가 완전히 정착될 시기이다.

(9) 언어 발달로 보더라도 하느님 시대는 불과 20여 단어, 3세 단군 때 가서 가림토를 만들었어도 불과 160단어 … 만약 하느님 시대로부터 3세 단군 때를 대략 계산하면 1,700여 년이 되는데, 그때 겨우 140개 단어가 늘어날 뿐이라니….

(10) 돈으로 계산할 수 없는 보물 천부인 세 개와 '하나, 둘, 셋 … 열'이라는 '천부경'을 받아가지고 내려오신 환웅께서 제1차 홍익인

간의 위대한 사업을 펼치신 일은, 바로 짐승과 같은 토착민 곰족을 사람을 만들어 그들과 피를 섞어 동화되는 것이었다. 이 위대한 사업을 '천부경'을 직접 하느님으로부터 받은 1대 환웅이 하지 않고 18대나 기다려 1,565년 만에 한 이유는 무엇인가? 그렇다면 그 1,565년간 그간의 환웅님들이나 그 토착민인 곰족들은 무얼 하고 있었나?

(11) 차라리 하느님으로부터 '천부인' 세 개와 '천부경'을 받아가지고 바로 태백산에 신단수(소도의 솟대, 남근상, 서낭나무)를 세우고 곰과 결혼, 단군을 낳았다는 [삼국유사]의 [고기] 기록이 더 신빙성이 있지 않을까?

(12) [참전계경]에 태호복희씨로 나타나는 이는 [환단고기]에 6대 다의발(多儀發) 환웅인 것 같기는 하나, 태호복희씨는 중국 측에서는 자기네 조상이라고 우기니 과연 누구네 조상인지 알 수 없는 인물인데다가, 먼저 한 말이지만 주역을 30년간이나 연구한 서울대 김경탁 박사의 [易의 해석]이란 책을 읽어보면, 팔괘는 은나라 시대에도 없었고 복희씨조차도 전설적 인물이라 하며 글쓴이가 아무리 찾아보아도 은허 갑골문 시대에는 팔괘가 없었다. 따라서 치우천황만은 실존적 존재가 차츰 밝혀지니 치우천황 한 분만을 환웅으로 보는 것이 옳지 않을까?

(13) 치우천왕을 제외한 다른 환웅님들은 [환단고기] 기록에도 역대표 말고는 나타나지 않고 있다. 아래 〈단군세기〉를 보자.

〈단군세기〉 16세 단군 위나: "무술28년(BC 1,583년) 구환(九桓)의 모든 칸(큰=汗)들이 영고탑에 모여 삼신상제와 그 배위에게 제사지

냈으니 환인과 환웅치우 및 단군왕검이었고, 5일 동안 큰 연회를 베풀었는데 대중과 더불어 불을 밝히고 밤을 새우며 경을 부르고 마당 밟기를 했다. 한편으로는 횃불을 나란히 하고 한편으로는 환무(環舞, 강강술래)를 하며, 애환가(愛桓歌, 환인, 환웅 등 '환한 것'을 사랑하는 노래)를 불렀는데, 이 애환가는 바로 옛날 하느님을 사랑하는 노래류이다. 선인들은 환화(桓花)를 가리켜 이름을 부르지 않고 그냥 꽃이라고만 하였다. 애환의 노래가 있는데 이르되 '산에는 꽃이 있네 산에는 꽃이 있네. 작년에 만 그루 심고 금년에 만 그루 심으니 불함산에 봄이 오면 온 세상은 붉은 빛 천신을 섬기고 태평을 노래하리.'

(十六世 檀君 尉那: 戊戌二十八年會九桓諸汗于寧古塔祭三神上帝配桓因桓雄蚩尤及檀君王儉而亨之五日大宴與衆明燈守夜唱經踏庭一邊列炬一邊環舞齊唱愛桓歌愛桓卽古神歌之類也先人指桓花而不名直曰花愛桓之歌有云山有花山有花去年種萬樹今年種萬樹春來不咸花萬紅有事天神樂太平).

여기서 '구환(九桓)의 모든 칸(큰=汗)들이 영고탑에 모여 삼신상제와 그 배위에게 제사지냈으니 환인과 환웅치우 및 단군왕검이었고…' 18명이나 되는 환웅 중에 왜 환인과 환웅치우와 단군만을 삼신으로 모시고 제사를 지냈는가?

(14) 현재 바이칼 호 부근에 있었을 것으로 추정되는 하느님 나라에서 독립 국가를 세우러 곰족이나 다른 부족들이 우글대는 고조선 개국지로 내려오실 용감하고 담력이 세신 분은 [환단고기]만 보더라도 치우천황밖에는 없다. 즉, 다른 환웅님들은 뭔가 한 흔적이 전연 없다.

(15) 그렇다면 하느님한테서 직접 천부인과 천부경을 하사받아 가지고 고조선 개국지로 내려오신 분은 바로 치우천황이고, 그는 탁

록에서 황제헌원과 싸웠으며 그가 곰족과 동화하여 단군을 낳는 게 아닌지?

(16) 사실상 우리 민족은 곰족과 혼혈된 단군 때부터 시작되는데, 씨족사회만을 중시하는 우리 선열 누군가가 애족심에 불타 우리 상고사를 늘리는 가필을 하고, 그것도 아주 정확한 체 연대를 세세하게 밝히며 가필을 하여, 이런 어설픈 가필로 오히려 진서인 [환단고기]를 망쳐 위서 취급을 받게 하는 건 아닌지?

이는 물론 추리이기 때문에 좀 더 연구를 해볼 문제이지만, 글쓴이의 추측으로는 환웅은 그렇게 용감했다는 치우천왕 한 분뿐이라고 생각되고 나머지 환웅들은 필사가가 우리의 역사를 늘리느라고 가필을 한 것으로 보이는데, [환단고기]는 중요한 사료적 가치가 되는 진실된 내용도 많지만 혹 필사가들에 의하여 가필이나 윤색의 흔적이 있다. 이 [환단고기]가 가필되었다는 증거 중 두 가지만 예로 든다.

04 환단고기가 가필이 많다는 증거

(1) 三神五帝本紀: 王儉氏承徑一周三徑一(두르잡)四之機

(삼신오제본기: 왕검씨는 지름에 3.14를 곱하여 둘레를 만드는 기계로…)

단군왕검 때 그런 수학 공식이 있었다. 이는 이씨조선 중기 연산군 때 〈태백일사〉를 쓴 이맥도 몰랐던 수학공식이라고 생각되므로 일제 초 계연수나 이유립 선생의 가필로 추정된다.

(2) 三韓管境本記 馬韓世家上: 昔者桓雄…曆以三百六十五日五時四十

　　八分四十六秒爲一年也

　　(삼한관경본기 마한세가 상: 옛날에 환웅께서는 … 달력을 365일 5시간

　　48분 46초로 일년을 만드시고….)

이 역시 이씨조선 중기 이맥의 가필이 아니라, 계연수나 이유립 선

생의 가필로 보인다. 아니, 환웅시대 그러니까 5~6천년 전에 일년

이 365일 5시간 48분 46초라니… 그때 태양력을 썼고 시계가 있어

초를 말했다는 말은 초등학생도 믿지 않을 소리로 본다.

(3) 이상을 근거로 환웅은 치우천황 한 분이나 많아봐야 그 위아래 한

　　분씩 세 명으로 추정한다. 그러나 글쓴이는 그렇다고 [환단고기]가

　　위서라고는 하지 않는다. 글쓴이는 [환단고기]가 위서일 수가 없다는

　　근거를 현재까지 32개나 밝혀놓고 있다. 단, [환단고기]는 누군가 조

　　상을 찬양하려는 사람들에 의해 가필이 많았을 것이라는 것이다.

05 우리 사서가 가필이 될 수밖에 없는 이유

물론 고대의 그림 글자같이 불명확한 글자 등을 현대 상식으로 해석

한 데에서 비롯한, 불확실한 역사서 기록 때문이라고 본다.

그렇다면 단군 이래 거의 3천년 동안 우리 역사 기록은 어떤 글자로

쓰여 왔을까?

단군 3세 가륵 때 만들어진 가림토로 쓰여 왔을까?

"발해 등에 원시 한글 같은 글자의 흔적이 있었다"는 것을 볼 수 있는데, 먼저 말했듯이 원시한글이라는 가림토는 모음이 없다시피 한 자음의 나열이다. 또 종이는 고구려 중엽에나 중국으로부터 들어오고, 중국에서도 죽간(竹竿)이라는 책(冊)과 같이 대나무를 쪼개어 엮어 만든 것을 사용하기도 했다.

그러니까 우리 역사의 기록은 중국 기록을 좀 바꾸어 썼거나 아니면 구전되어오는 말에서 그 죽간에 써진 원시한글 자음과 부호에서 힌트를 얻어 한자로 써진 것으로 보아야 한다. 그리고 그 글들은 계속 필사가 된 것으로 보아야 한다.

그리고 이 글에서 우리가 냉정해야 할 것은, 환인 하나님, 환웅 때는 물론 단군 때도 글자가 없었고, 지금 한자 같은 한자는 진시황 때 대전 소전, 또 예서, 해서를 거쳐 우리 삼국중엽에나 나오며, 우리의 역사서가 써진 것은 고려 때인데, 그 기록에 하느님 이름이나 환웅 이름 또 연대가 그렇게 정확하게 써져 있다는 데 유의해볼 일이다.

따라서 이 필사 과정에서 필사가들은 먼저 중국의 글이나 죽간에서 힌트를 얻었을 것이고, 구전에 의지해 써졌던 불확실한 글에 의심이 가면 자기 의견을 계속 덧붙인 것이 지금 우리의 역사서로 본다.

이렇게 누군가 추정하여 써놓은 사서이기 때문에 이를 그대로 믿는다는 것은 달에 계수나무와 토끼가 살고 있다는 말을 믿는 것 같으므로 누군가가 인류의 발달사와 유물 등으로 그 진실을 밝혀보아야 하는데, 글쓴이는 그 유물도 중요하지만 우리의 뿌리 말은 무엇보다도 중요한 증거가 되기 때문에 졸저 [천부인 ㅇㅁㅿ의 비밀]에 쓴 ㄱ, ㄴ, ㄷ … ㅎ의 뜻을 연구하여 우리 뿌리 말부터 찾자는 것이다.

제6장 | 남근과 업구렁이를 숭배했던 우리 조상

01 우리 조상은 남근을 상징하는 업구렁이를 신성시하고 숭배했다

이 글을 삽입하는 이유는 그래야 뒤에 설명되는 [진본 천부경] 하나 둘 셋 … 열의 풀이가 되기 때문이다.

환숫(桓雄)의 '숫' 이란 바로 '수컷' 을 말하고, 사람에게는 남근인데 그 남근의 상징물이 바로 '뱀' 이다.

첫 조선 유적지에서 출토된 청동기 유물 을미고(乙未觚)에 새겨진 명문에는(남근을 겨집(계집)) 둘이서 받들고 있다.

다음 그림 역시 고조선 유적지에서 발굴된 청동기 안의 그림으로 미 보스턴 박물관에 있는 것인데, 그 해독 역시 우리 상식, 우리말과 우리 상고사를 전혀 모르는 미국학자들은 물론 소위 내로라하는 중국의 금문

학자들도 이것이 무슨 그림인지 전연 몰라 지금까지 의문으로 남겨놓고 있다.

위 그림은 뱀 두 마리가 서로 노려보는데, 뱀에게 세로 줄이 있어 뱀의 행동을 제한하고 있다. 즉, '뱀'은 '남근'을 상징하고, '제한된 뱀'이란 씨노름(씨름)같이 어떤 '규약'이 있다는 말이며, 둘이 겨루듯 노려보는 것은 '씨놀음'을 하겠다는 것이고, 그 아래 몽둥이 같은 것은 '남근'이며, 그 남근을 잡는 손은 겨집의 손이고, 그 아래 반달 같은 것은 바로 씨름에 이긴 사내의 씨를 받겠다는 ㅂ지, 바로 '女陰'이다.

02 남근의 상징물이 '뱀'이라는 금문 그림들

이런 그림들은 중국 산동성 무씨사당 고대 석벽의 그림으로 조선의 신화를 새겨놓은 것인데, 자세한 설명은 이 '신지녹도문자 하나, 둘, 셋 … 열' 중 '아홉'에서 한다.

아래 그림은 우리 상식과 우리말을 모르는 중국인들이 '복희, 여와

도' 라고 명명하자, 우리 사학계에서는 자신들이 연구해볼 생각은 하지
않고 그들이 붙여준 대로 '복희 여와도' 라고 하기에 글쓴이가 '환웅, 웅
녀도' 라고 하자 반발이 심한데 그렇다면 뱀 꼬리와 손에 들고 있는 물
건은 무엇인가?

이는 분명 환웅과 웅녀로 추정되는 반인반사(半人半巳)의 신화 그림으
로 천부인을 들고 있다고 본다.

아래 그림 역시 뱀의 성기는 두 개인데 이처럼 두 다리가 뱀의 꼬리로
되어 있다.

이상으로 볼 때 고대 그림이나, 문자 특히 고조선 유적지에서 출토되
는 청동기에 새겨진 금문 등은 우리말, 우리 상식으로 연구하면 신화로
남아 있는 우리의 상고사가 실화가 된다는 것이다. 이 외 수많은 증거
사진들이 있지만 다음에서 설명하기로 하고 여기서는 생략한다.

03 중국인들은 금문 해독을 잘못하고 있다

위에서 보았듯이 이 자료는 중국 [圖釋古漢字](熊國榮 著, 齊魯書社 刊) 사전을 주로 인용한다. 이 외에도 甲金蒙隷大字典(四川辭書出版社 刊) 등 수많은 금문 갑골문 서적 자료가 있지만 거의 대동소이하고, 또 같은 글자에 너무 방대한 글자가 실려 있는 것보다 보편적이고 편집이 간단한 아래 책을 주로 인용한다.

그러나 아래 이 금문, 갑골문 해독 서적에서 그려진 그림이나 앞으로 나올 서적에서 모든 그림들은 중국인들의 생각일 뿐이니 절대 참고하지 마시라. 단 그 아래 써진 금문, 갑골문만 참고하시라.

아래 우리 조상이 만든 그림글자 金文 1, 金文 2와 甲骨文 6을 보면 이는 아직 子가 아니라 '하늘을 나는 정령'이다. 그러나 아래 그림 '뱀 巳' 자가 왜 하늘을 나는 정령, 또는 요즘 현미경으로나 볼 수 있는 정액

중국인들이 뱀이라는 巳자 금문

巳
"巳"与"子"同源,本指未出生的胎儿。甲骨文写作"𠃑、𠃑、𠃍、𠃊、𠃌",与"蛇"字近似。故借作地支的第六位,在十二生肖中属蛇。《说文》称:"故巳为蛇,象形"。金文、小篆的字形与甲骨文变化不大,写作"𠃑、𠃍、𠃊"。或直接写作"𠃌"(子)。《三体石经》写作"𠃌",形如精子,尤为奇妙。隷书(汉《朝侯小子残石》)写作"巳"已失胎儿形状。

출처: [圖釋古漢字](能國榮 著, 濟魯書社刊)

의 정자 같은지는 중국인들의 상식으로는 도저히 설명이 되지 않을 것이다.

여기서는 중국인들이 생각하는 子 자와 같은 글자가 있고, 또 무슨 정액 속의 정자나 또 올챙이 같은 글자도 있는데, 여기에서 유의해볼 것은 갑골문 3의 '口 밑에 十' 자이다. 여기서 口은 머리이고 그 아래 十은 몸통이다.

따라서 중국인들은 사람의 머리까지 口으로 표시하니 한자에는 ㅇ과 같이 둥근 글자가 없다. 즉, 우리는 하늘 천부인도 ㅇ이고, 이는 걸림이 없는 것이라 하여 좋아하고 口은 땅 천부인으로 이는 물질이기 때문에 걸림이 있어 '모진 것, 몹쓸 것, 못된 놈' 등 주로 모가 진 것은 좋지 않은데 쓰지만, 중국인들은 ㅇ이면 모가 없어, 즉 개성이 없어 ㅇ을 口으로 바꿔버렸다. 따라서 위 갑골문 3은 중국인들이 변경시킨 글자이다.

아래는 위 중국인들은 ㅇ을 口으로 변경하여 썼다는 증거를 제시하기 위해 금문과 갑골문을 비교하며 그 변하는 과정을 설명한 [甲骨文字形字典](北京長征出版社 발행)을 인용하여 설명하는데, 이는 비단 그 책뿐 아니라 중국의 금문을 설명한 책이 거의 그렇다.

04 사람 머리를 口 으로 그려놓는 중국인들

天 자 설명문이지만 夫 자 같은 글자도 많고, 아래에는 아예 사람 머리까지 그려놓았는데, 어떤 사람머리는 口자 같다. 여기서 주의할 것은 이 그림들은 금문에서 갑골문, 그리고 대전(大篆), 소전(小篆)으로 변하

는 순서대로 정리해놓은 것이 아니다. 즉 우리 민족이 만든 초기 금문은 하늘 천부인 ㅇ모양대로 맨 아래 그림과 같이, 사람은 머리인 ㅇ에 아래 大를 쓰고, 땅은 보통 땅 천부인대로 □를 쓰지만, 지나 족들은 머리가 ㅇ이면 개성이 없는 멍청이라 하여 머리도 □자를 썼다.

따라서 아래 글자 중에 머리를 □자로 그린 것은 우리 조상이 만든 글자가 아니라 후세에 중국인들이 제멋대로 그린 그림이다.

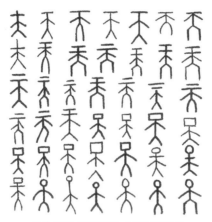

출처: [甲骨文字形字典], 北京長征出版社.

이런 글자들은 앞으로도 더 자세히 설명되겠지만 우선 이것을 이해하기 위해서는 위 정령, 정액과 같은 그림을 중국인들은 子 자로 보고 있는데 이 子자와 뱀 巳 자가 왜 비슷한 그림인지 우리말에서 '업 뱀' 부터 알아보는데 이는 우리 숫자 '아홉'에서 해독할 말을 여기서도 한다.

05 옛 조상들은 현미경 없이 정자(精子)를 본 것인가?

〈고려팔관잡기〉에 또한 말하되, '삼랑(三郞)은 배달의 신하이다. 씨를 뿌리고 재물을 관리하는 자를 업(業)이라 하고, 교화와 복에 대한 위엄을 주관하는 자를 랑(郞)이라 하며, 무리를 지어 공 이름을 주관하는 자를 백(伯)이라 하니, 즉 옛날 하느님 시대에 발달된 풍습이다(高麗八觀雜記亦曰三郞倍達臣也主稼種財理者爲業主敎化威福者爲郞主聚衆願功者爲伯卽古發神道也).'

그러니까 '업'이란 말은 한자가 만들어지기 전 하느님 때, 그러니까 환인 때부터 있었다는 이야기이고, 이는 한자가 아닌 우리말을 한자로 기록한 것뿐이다. 이렇게 하늘을 받는 그릇 'ㅇ+ㅂ', 즉 '업'은 '압〉아비〉어비〉에비〉애비夫'와 같으므로 결혼제도조차 없어 특정된 내 남편, 네 마누라 없이 그저 사내와 계집이 뒤엉켜 살았을 원시 산야에서는, 맹수와 싸워 이기며 또한 씨놀음(씨름)의 장사도 되는 사내가 먹을 것, 걸칠 것도 잘 구해오고 또 즐길 것(?)도 잘 제공했을 것이다.

이 건장한 '아비(어비, 夫)'가 바로 '복(福)'이었을 것이며, 그 힘세고 거대한 '아비'의 상징물(솟)이 바로 굵고 긴 거대한 뱀이 되는 것이다. 그러니까 만약 작거나 힘 없는 압(업)이 그 집단에 들어온다면 '압'이 왜소하여 힘이 없는 사내가 될 테니 이는 만족하게 가득 찬 것, 즉 완성된 것이 못 되고 자연 복을 의미하는 '업'으로도 볼 수 없다.

따라서 어린 아기에게 겁주는 '어비'란 바로 거대한 '아비'의 솟을 상징하는 거대한 뱀이었을 것이다.

또 우리 풍속에 살기가 곤궁하여 아기를 키울 수 없을 때 아이가 없는 집 문전에 아기를 버리는 풍습이 있었는데, 이 아이를 '업둥이', 즉 '복덩어리' 라 하여 자기네 문전에 버려진 아이는 결코 버릴 수 없게 한 것도 이 '업' 이 바로 '복' 을 의미했기 때문이었다. 그러니까 '福' 의 우리말은 바로 '업' 이다.

중국인들이 뱀이라는 巳자 금문

출처: [圖釋古漢字](能國榮 著, 濟魯書社刊)

그렇다면 위 금문에서 정액의 정자를 현미경도 없었을 때 어떻게 꼭 지금의 정자처럼 그려놓았을까? 이는 미스터리가 될 수도 있겠지만 원리는 간단하다. 즉, 물질문명에 찌들지 않았을 그때 선조들은 '올챙이가 개구리가 되는 것' 을 보고 영감적으로 사내의 정액 속에도 올챙이 같은 것이 있으리라고 추리해낸 결과로 본다.

이상으로 볼 때 위 금문에서 사람의 정수인 정액을 뱀으로 그려놓은 것은 우리말, 우리 상식으로는 설명이 가능하나 중국인들의 말이나 상식으로는 절대적으로 설명이 불가능한 것이며, 따라서 금문, 갑골문을 만든 이들이 우리 조상이라는 증거가 되므로 그 해독도 우리말과 우리 상식으로 해야 한다는 것이다.

06 지금 ㅌ자와 ㄹ자는 서로 뒤바뀐 글자

다음 ㄹ는 '몸 기(己)', '자기 己' 자로 보아 아래 그림을 중국인들은 '아버지 자신' 이라는 '父己' 로 해독하고 있다.

재고집고록 21책 父己

먼저 야구 방망이 같은 것을 손(금문에서 손은 반드시 손가락이 3개뿐)으로 잡고 있는 듯한 그림부터 보자.

이 글자를 그간의 중국학자들은 [설문해자]를 근거로 '父' 자로 보았고 그래야 말이 된다. 그래서 이 글자를 '父', 즉 '아비'로 보는 것까지는 좋은데 그 이유가 엉터리다. 즉, 위 야구방망이 같은 것은 몽둥이이고, 그 밑에 것은 손이니 막대를 손으로 잡고 아들을 훈계하기 때문에 父로 본다는 것이다.

그러나 소위 금문의 권위자라는 낙빈기는 손으로 막대를 잡고 있는 것은 도둑을 쫓는 표현일 수도 있다고 해독하고 있으니 잘못되어도 한

참 잘못된 해독이고, 염제 신농이 그때까지 물과 풀을 따라 유랑하던 유목민들을 정착시키어 농사를 짓게 하느라고 기둥을 박는 모습이라 풀기도 하였고 그 낙빈기로부터 사사 받은 국내의 제자들의 여기에 대한 금문 의견은 아직까지 찾지를 못했다.

그러나 글쓴이의 의견은 이 낙빈기의 이론도 한참 잘못됐다고 본다. 즉, 막대나 기둥이라면 구태여 그 끝이 꼭 야구방망이처럼 그렇게 불룩하지는 않다. 그리고 낙빈기의 이론대로라면 이 정착을 뜻하는 기둥 그림이 父가 될 이유가 없다. 즉, 이 글자는 '父'라야 말이 이어지고, 그래서 고대문 해독에서 가장 권위 있다는 위 [설문해자]에서도 父로 표현한 그 이유에 적당한 반론이 되지 않는다.

07 남근의 상징물이 업구렁이가 된 이유 분석

이것도 중국 상식이나 한자풀이로 풀 것이 아니라 우리말, 우리 상식으로 풀어보자.

지금과는 달리, 아니 지금도 그렇지만 생명이 이어가는 데 가장 중요한 것은, 즉 생명체들이 살아가는 목적은 먹으려고 사는 것도 아니고 살려고 먹는 것도 아니다. 오직 '번식' 하기 위하여 먹고 크고 아름다운 모습으로 이성의 눈길을 끌며 사랑이라는 이름으로 황홀해하다가 번식이 끝나면 추하게 늙고 병들어 흙으로 돌아가는 것이 생명체들이고, 이것은 사람도 예외가 아니다. 즉, 성은 요즘처럼 즐기기 위해 있는 것도 아니고, 원시 조상들은 즐기기 위해서 성생활을 한 것이 아니라 오직 번식 때문이었다.

여기서 이 생명의 씨를 뿌리는 것이 바로 남근이다. 그러니까 남근이야말로 생명인 神의 거룩한 연장이고 기구이다. 따라서 우리의 신체 중에서 가장 위대한 기관은 얼굴이나 두뇌가 아니고 이 남근이 되는 것이며, 다른 기관은 오직 이 남근을 먹여 살리기 위한 보조 장치에 불과하다. 그러므로 이 남근을 겨집 손으로 받들어 모셔 잡고 있는 그림이 바로 위 금문 그림이다,

그러나 중국인들의 말과 상식으로는 이것도 통하지 않는다. 따라서 낙빈기조차도 유목생활을 끝내고 정착할 집을 지으려고 말뚝을 밖는 것으로밖에는 해독할 수 없었던 것이다.

다음 그 말뚝 아래 그 말뚝의 뜻을 보강하기 위하여 그려진 '근' 자는 어떻게 해석할 것인가?

낙빈기를 비롯한 현재까지의 학자들은 이 근 자를 '이미 기', '자기 기'로 해석하여 父근를 '이미 아비', '아버지 자신'으로 해석하고 있다. 그러나 [설문해자] 등을 보면 원래 뱀 사(巳) 자의 시초는 뱀처럼 적당히 구부러진 근 자나 신지녹도 문자에서 '아홉'과 같이 꾸불꾸불한 글자이었다. 따라서 지금의 근와 巳는 완전히 뒤바뀐 자가 되었다.

그렇다면 父근의 근는 '이미 근'나 '자기 근'가 아니고 '뱀'을 그린 글자이다. 즉, 뱀사 자는 巳가 아니고 근 자이다. 그러므로 이 근 글자는 글쓴이가 먼저 야구방망이 같은 그림을 '업', 즉 '남근'이라 한 말을 보강하는 글자가 된다.

또 글쓴이는 먼저 [천부인ㅇㅁㅿ]으로 만들었을 수밖에 없는 ㄱ, ㄴ, ㄷ … ㅎ의 뜻이나 [신지녹도전자 천부경] 해독에서 ㅅ은 '서다, 세우다, 솟다' 등의 뜻이 있고, 따라서 우리 숫자 '셋'은 '남근이 솟는 것'이라

했으며, 남근이 뿌리는 씨조차 'ㅅ' 이라 했고 지금, 우리말 씨름의 뿌리 말은 '씨놀음' 이니 이는 짐승의 각축전 같은 것이라 했다. 따라서 씨놀음으로 씨를 퍼뜨릴 때이니 그때는 당연히 결혼풍습이 생기기 전이었고, 이것으로 선조들의 성생활까지 유추해볼 수 있으므로 ㄱ, ㄴ, ㄷ … ㅎ 속의 뜻은 어떤 유물보다도 더 강력한 증거가 된다고 했다.

그러나 이것은 그저 우리 뿌리 말을 찾아 추정해본 것뿐이었고 실증이 없었다. 그런데 아래 그림은 그 실증이 밝혀지는 그림으로 글쓴이는 물론 우리 사학계의 경사가 아닐 수 없다. 더욱 놀라운 것은, 이 '씨놀음으로 이긴 사내들이 그 동네 겨집들과 성관계를 가질 때 은밀히 하는 것이 아니라 애초부터 그 장소에 깃발까지 내걸고 한다' 는 것이다.

08 씨름은 씨놀음에서 나온 말

[천부인 ㅇㅁㅿ의 비밀]에서 인용한다. 다음 사진은 미국 보스턴 박물관에 진열되어 있는 청동기 유물인데 글쓴이의 독자님 중 밝달님이 찍어 오신 사진이다. 이 사진과 설명은 뒤에 해당 부분에서 여러 번 반복 제시되지만 우선 여기에도 올린다.

여기서 치우천황을 뜻하는 도깨비상 청동기 유물 아래 우측의 명문은, 영문으로 쓰여 있듯이 이 그림의 의미를 미국 학자는 물론 중국 금문 해독가들도 모른다. 그 이유는 먼저 말했듯이 이 유물이 고조선 유적지에서 출토되었으므로 반드시 우리 상식, 우리말, 우리 상고사로 해독

해야 풀릴 것이나, 미국인이
나 중국인은 이것을 모르니
절대 해독할 수가 없다 했
고, 했다 해도 90%가 엉터리
라는 것이다. 위 금문 해독
은 이 [신지녹도문 천부경]
하나 둘 셋 … 열 중 여섯 해
독 부분에서 다시 그림과 함

첫 조선 유적지에서 출토된 보스턴 박물관의 청동
유물

께 하기로 하고 여기서는 위 그림을 더욱 보강하기 위하여 아래 금문도
제시한다.

출처: [圖釋古漢字](能國榮 著, 濟魯書社刊)

이 글자는 무엇인가 베푼다는 '베풀 시(施)' 이다. 여기서 금문만 보시
라. 좌측은 '깃발' 이고, 우측은 '가랑이' 아래 구멍으로 뱀이 들어가는
그림이다.

다음 그림을 보시라.

蛇、它

"它"本指"蛇"。甲骨文"它"(虫)写作 "🐍"、"🐍"、"🐍",十分象形。"蛇"写作 "🐍",象蛇在 "彳"(行的省文,表示路和行走)旁爬行。《说文》:"它,虫也。从虫而长,象宛(弯)曲垂尾 形。上古艸居患它,故相问无它乎……蛇、它或从虫。" 面"他"字只出现在秦汉以后 的隶书上。且由"佗"转化而来,属转注字。已是今文。隶书(帛书、《张景碑》等)分别写 作"蛇"、蛇"。

蛇
shé

출처: [圖釋古漢字](能國榮 著, 濟魯書社刊)

위 金文 1, 2, 3 역시 가랑이 아래 뭔가 들어가는데, 그것을 뱀(蛇)이라
했다. 그럼 뱀은 무엇인가?

다음 그림은 위에서 깃발을 세워놓고 씨름인지 뭘 해서 이긴 자들이
받는 상(賞)이다.

賞[赏]

"赏"是上级将财产官爵奖励给有功劳的下级。《说文》:"赏,赐有功也。"甲骨文写作
"🦴",与"商"是同一字(因甲骨文字数较少,不敷用时常有互借)。金文(1)在甲骨文下加
"贝",出现了物质奖励的字素,形成了"从贝,尚声"的形声字。(2-6)字形虽异,但不外乎把
"商"或"尚"作声符(兼表"上"义),"贝"字的演化痕迹十分清晰。小篆与金文(5)近似,传承
关系明显。隶书虽属今文,但字形结构未变。

赏
shǎng

출처: [圖釋古漢字](能國榮 著, 濟魯書社刊)

위 金文 1, 2, 3을 보시라. 씨름에서 이겼다고 지금처럼 황소를 주는
것이 아니라 '조개(여음)'를 준 것이다. 따라서 씨름은 '씨놀음'이 단축
된 말이다. 그렇다면 '씨'는 무엇인가?

지금 씨름은 황소 한 마리를 걸고 한다. 즉, 이긴 자가 황소를 타가는 것이다. 그렇다면 이는 황소 노름이지 씨노름은 아니다. 따라서 씨놀음이란 '씨를 다투는, 즉 씨를 누가 뿌릴 것인가를 경기화한 것'이고, 여기서 이긴 사내의 강인한 유전자를 전승시킬 목적이 있었을 것이다. 그런데 놀랍게도 이 씨놀음은 후방위 교접이었으며 은밀히 하는 것이 아니라 왕이나 판정관 앞에서 했다는 것이 밝혀진다.

09 후방위 교합을 한 우리 선조

역시 [천부인 ㅇ ㅁ ㅿ 의 비밀]의 내용을 미리 말한다. 아래 기절초풍할 유물 사진도 밝달님이 제공한 사진인데 풀치마를 입은 왕 앞에 엎드린 계집들과 그 뒤에서 엉거주춤 서 있는 사내들이다. 이 그림도 다음 해당 부분에서 여러 번 제시된다.

첫조선 유적지에서 출토된 보스턴 박물관의 청동유물

즉, 우리 선조들은 씨놀음을 통하여 기형이나 무지렁이들의 씨는 전수시키지 못하게 했었을 때, 이 씨름에 이긴 자가 한 여자에게만 씨를 뿌렸을 것인가? 그 덕분에 우리도 건강한 건 아닌지?

하여간 5,000여년 전 선조들의 성생활을 두고 현재 우리가 이조 500년의 타성에 젖은 현재의 예의와 도덕이라는 잣대로 비도덕적이라고 폄하할 수는 없다는 것이다.

지금도 각축전을 하는 아프리카 종족

2010년 10월 13일 (수) 밤 11시30분 KBS1 방송

동아프리카 에티오피아의 남서부, 수단과의 국경에 위치한 오모강 유역. 이 지역에 살고 있는 20여 소수부족 중에서도 외부의 영향을 받지 않고 옷도 전연 입지 않은 채 완전 나체족으로 사는 부족이 있다 한다.

그들은 '아프리카 최후의 전사'로 알려져 있는 '피의 부족'이라는데 그 별명답게 수르마족 사내들은 사내들 끼리 소를 치면서 살며 용맹스럽고 호전적인 기질을 기른다는데 이는 우리 조상이 사내들끼리 살았다는 서자부(庶子部)와 같은 모양이다.

그들은 어렸을 때부터 소위 몽둥이 싸움이라는 '동가축제(Donga Fighting)' 연습을 하다가 성년이 되고 매년 추수가 끝나면 부족들의 용맹함과 강인함을 과시하는 싸움이 벌어지는데 이때 무수한 부상자가 생기고 목숨을 잃는 경우도 있다 한다.

이는 전에야 소나 자기네 부족 여인을 타 부족에게 빼앗기지 않으려 한 싸움이지만 지금에 와서도 전통 때문에 한다는 것이며 또 그 부족 중 가장 아름다운 여인을 마음대로 고르기 위해 한다는 것이다.

　수르마족 여인들은 성년이 되면 입술을 찢어 진흙으로 둥글게 만든 접시를 끼운다. '에삐'라고 하는 입술접시는 과거 타부족의 침입시 적군에게 혐오감을 불러일으키기 위해 시작되었다고 하는데, 언제부턴가 부족들 사이에서 미의 척도가 되고 있다 한다. 처음엔 작은 것으로 시작해 점차 큰 것으로 갈아 끼우는데, 입술접시가 클수록 미인으로 대접받으며 이상적인 신부감이라 한다.

　또한 가시로 반달형의 상처를 내는데 피부를 장식하기 위한 것으로, 이러한 흉터도 아름다움의 상징으로 한다니 현대 우리의 미녀 기준과 완전히 다르다.

그녀들이 그 고통을 참아 가면서 입술 접시와 피부에 상처를 내는 것은 그래야만 '동가축제' 목숨을 건 몽둥이싸움에서 이긴 사내에게 선택될 수 있기 때문이니 이것도 일종의 각축전이다.

단 한 가지 5~6천년 전 우리 조상과 다른 것은 우리 조상은 져봐야 엉덩이 모래나 털어내는 씨놀음(씨름)을 통하여 강인한 사내를 선택했는데 그들은 목숨을 건 몽둥이 싸움을 한다는 것이다.

또 글쓴이가 젊어서 본 영화(제목은 잊었음)에 의하면, 우리와 사촌인 에스키모들은 전에 낮도 아니고 밤도 아닌 백야가 6개월쯤 계속되기 때문에 심심한 사내는 옆 동네 자기네 친족, 친구네 얼음움막(이글루)을 찾아간다. 그러면 손님을 맞이한 주인은 제일 먼저 대접하는 것이 자기 아내이고, 이 손님이 만약 이것을 거절하면 자기네를 무시했다며 큰 싸움이 벌어진다.

이때 이글루란 오직 방 한 칸이므로 이 성교장면을 남편을 물론 아이들까지 모두 구경한다. 그리고 여자가 임신을 하여 태어난 아기는 같은 씨이므로 그 애비를 따지지 않고 자기 자식으로 기른다. 이는 그들이 없는 풍속을 만든 것이 아니라 우리 선조들도 그랬다는 말이고, 이의 증거는 지금 우리도 부인네들이 자기 남편한테만 서방님이라 해야 할 것을 남편의 형제한테 큰 서방님, 작은 서방님이라 하는 것만 봐도 알 수 있다.

다음 사진은 우리 선조들은 신라 때까지도 후방위 교접을 했다는 근거가 되는 사진이다.

10 무덤에서 발견된 후방위 교합 토우(土偶)

아래 사진은 경주 박물관에서 사진으로 찍은 것이다.

후방위 성교 토우

그렇다면 우리 선조들은 왜 여성에게 전연 쾌감이 없을 후방위 교접을 했단 말인가? 이 역시 교접이란 오직 생식수단이었기 때문이다.

또 지금 처를 넷이나 얻는 것이 종교 교리이며 국법인 아랍 사내들이 장가를 가게 되면 아버지로부터 성교육을 받게 되는데, 그 제1조로 주의해야 할 것이 바로 후방위 교접만 하라는 것이 전통이란다. 즉, 전방위 교접을 하여 여자가 음핵으로 인한 쾌감을 알게 되면 부인들 간에 질투와 싸움으로 절대 평안한 가정을 이룰 수 없다는 것이다.

그리고 역시 종족번식만을 최우선으로 아는 아프리카 오지에서는 아이를 낳으면 사내아이는 할례를 해주고 계집아이는 불에 달군 돌로 음핵을 아예 지져 없애버린다. 만약 그렇게 해두지 않으면 부인을 여러 명 얻는 그곳 그 풍습에서 절대로 현모양처가 될 수 없다는 것이다. 이런 풍습은 사실 여성을 아이 낳는 기계로 취급하는 것이지만 오직 생식만을 최우선으로 알던 시대의 풍습을 현재 우리의 잣대로는 잴 수 없는 것이다.

이상 근거를 보면 아래 그림을 [설문해자]에서 '父己', 즉 '애비' 와 '업뱀' 은 제대로 표시한 것이다.

이렇게 제대로 표시한 것을 오히려 후세 중국 금문학자들이 글자 그대로 '아비 뱀' 이라고 해서는 말이 되지 않으므로 "아비 자신이 몽둥이를 들고 아들을 교육시킨다" 로 잘못 해석을 하는 것이다.

다만 글쓴이는 父를 '夫' 로 했으면 더 좋지 않았을까 하는 생각이다.

그러므로 글쓴이의 '父己' 해독은 우리말로는 '업구렁이', 그리고 이것을 군이 한자로 표시한다면 '父己' 가 아닌 '夫己' 가 된다.

이제 이 말을 다시 우리 고전에서 보강하여 '환숫(桓雄)' 이라는 이름을 우리말로 풀어보자. 즉 환숫 때는 한자나 어떤 글자가 생기기 전이니 우리말로 뭐라고 했을까? 환웅이 우리말로 '환한 부족의 숫컷' 인 '환숫' 이라고 주장한다면 아마 우리 사학계에서 불경스럽다고 몽둥이를 들고 쫓아올 것이다.

그런데 그 불경스럽다는 생각이 왜 들게 되었을까? '숫' 의 'ㅅ' 은 글쓴이 졸저 [천부인 ㅇ ㅁ ㅿ]에서 말한 대로 사람 천부인 'ㅿ' 이며, 이는 'ㅅ' 뿐 아니라 'ㅈ' 과 'ㅊ' 의 원형이다(ㅊ은 ㅈ의 말이 강해지면서 나중에 나온 글자).

그렇다면 '숫'은 'ㅈ'도 되고 이는 다시 우리 옛말에서 모음이 혼동되니 '좆'이 될 수도 있고, 여기에 우리 약방의 감초격 접미사 '이'가 붙으면 '좆이〉조지'도 되며, '잦이〉자지'도 된다. 즉, 사내의 남근이란 24시간 항상 서 있는 것이 아니라 필요할 때만 서 있고 다른 때는 잠을 잔다. 즉, 서 있는 뜻의 ㅅ 위에 'ㅡ'을 덮어놓으면 '잠잔다'는 뜻의 ㅈ이 된다.

그러니까 '환숫(桓雄)'은 바로 '환한 부족의 생명을 전하는 서 있는 남근'을 말하는 것이다. 또 이 '숫'이 진화하여 '스승'이나 '스님'이라는 말까지 만들어지는데, 스승이나 스님은 그 학문이나 정신이 서(立) 있기 때문이다. 즉, 깨달은 중은 스님이고, 깨닫지 못한 중은 그냥 중인 이유도 이와 같다.

이 존경스럽던 '숫'이 짐승의 수컷한테까지 붙여지며 불경스럽고 천하다고 생각한 것은 신성한 이 성 기구를 후세 중국인들이 오직 즐기는 데만 사용했기 때문에 생긴 자가당착적 사고에서 비롯된 것이 아닐까?

이 '숫'이, 특히 '환숫(桓雄)'이 얼마나 숭배의 대상이었는지를 다음 예에서 보자. 우리는 지금 '환웅'이니 '신단수'니 '소도'니 '솟대' 그리고 '서낭당'이나 '서낭나무'를 한자 발음이나 한자 해석대로만 이해하려니 도대체 이해가 안 된다.

중국의 가장 오래된 산수 지리서 [산해경(山海經)]에 나오는 '산상웅상(山像雄常)'이 뭔지도 모른다.

[산해경]의 '北有樹名曰雄常先八代帝於此取之'를 저 유명하신 안호상 박사도 모르고 자신도 모른다고 [한단고기]를 번역하신 임승국 박사는 솔직히 고백하고 있다(한단고기 201쪽). 이 산상웅상이 한자로 山像雄

常이라고 써 있으니까 한자 해석대로 '山 형상의 숫컷 형상'이라고 중국인들 상식으로 번역하려니 말이 안 되는 것이다.

우리 옛말에서 山은 '산'이라 하지 않고 '오름'이라 했다. 지금 제주도 한라산 중턱에서 오름세가 '위세오름'인데 이 '오름'이 바로 우리말이 그대로 살아 있는 것이다. 그렇다면 위 글에서 山은 무엇인가? 우리말 '산'이란 400년 전 한자사전인 [훈몽자회(訓蒙字會)]에도 丁을 '산정'이라 했다. 즉, 장정(壯丁) 젊은 '사내'를 그냥 '산'이라 했다. 즉, 산에 접미사 '애'가 붙어 산애〉사내가 단축된 말이다. 그러니까 그때는 한글이 없었으니, 아니 원시한글이 죽지 않고 살아 있었다 하더라도 중국인들이 이 우리 원시한글로 자기네 글들을 쓸 수도 없었겠지만, 이는 틀림없이 우리 발음 '사내〉산'을 그 발음을 따 '山'으로 적은 것이다.

즉, 처용가에서 '다리가 네 개어라'를 한글이 없으니까 한자로 '脚烏伊 四時於羅'라고 이두로 적은 것과 같다. 그렇다면 늙은 남자나 애들은 왜 '사내'가 아니란 말인가? 이는 발기할 수 있는 숫(남근)을 가진 자가 바로 '사내〉산'이기 때문이다. 그렇다면 위 [산해경]의 대석학들도 풀지 못한 '山象雄常'의 비밀은 풀린다.

이것이 바로 '남근 형상의 숫이 恒常하는 것, 常態, 常形'이란 말이고, 이것이 당시 얼마나 귀중한 신앙이며 기도의 대상이었는가는 그 웅상을 만들어 기도한 우리 민족이나 이 웅상의 풍속을 중국의 8대 제왕들이 취해 갔다는 기록(先八代帝於此取之)으로 보아 짐작할 수 있다.

그런데 지금까지 우리 어문 역사학계에서는 이 중요한 것들을 연구할 생각은 못하고 고대 우리 사서를 거의 다 빼앗아 소각한 중국이나 일본을 원망이나 하고 있을 것인가? 이병도가 친일 사학으로 우리 역사를 말살했다고 계속 그나 원망하고 있을 것인가?

먼저 말했듯이 우리 어문 사학계에서는 만여 점이나 되는 고조선 유물들에 새겨진 글자들을 왜 해독해볼 생각을 하지 못하고 있는가? 이는 중국인이나 일본인, 그리고 우리가 그렇게 믿고 의지하는 미국인들은 절대로 풀 수 없는 우리 뿌리말로 쓰인 글자들인데, 이 뿌리 말들을 연구하여 아직 신화로밖에 치부되지 못하고 있는 단군이나 고조선을 왜 실화로 만들지 못하고 있는가?

절판되어 보강 재출판 중이지만 글쓴이의 졸저 [천부인 ㅇ ㅁ ㅿ]에서는 우리의 이 뿌리 말들을 밝히고 있고, 지금 여기에 나오는 '산상웅상'의 뜻도 무려 20여 쪽이나 할애하여 설명하고 있다.

이는 글쓴이가 잘나서가 아니라 ㄱ ㄴ ㄷ … ㅎ 속에 개체적 의미가 있음을 연구해서 우리말의 뿌리를 연구했기 때문에 이 '산상웅상'의 비밀이 해독된 것뿐이다.

역사를 바로 잡자고 떠들기보다는 먼저 쥐뿔부터 알아보는 것이 순서일 것이다. 쥐뿔도 몰라 가지고서 떠들면 이는 허공에 외치는 공염불이 될 것이다. 여기서 쥐뿔이란 '제뿌리〉제뿔〉쥐뿔' 이고, 그것은 우리말의 뿌리 말에서 나온다.

12 지금도 믿고 있는 교합상

곰네(熊女)가 신단수(神壇樹) 아래에서 아이 배길 빌었다는 신단수도 바로 '남근상' 이고, 이는 다시 '소도(蘇塗, 솟터)' 안의 솟대가 되며, 이 신단수, 솟대, 산상웅상 등은 서낭당의 당집에서(사전의 城隍堂은 잘못된 표현) 삼시랑(三侍郎)이 지키던 것이 지금의 서낭당으로 전래되어, 6.25 때까지만 해도 동네어귀 산등성 고개 위 큰 나무에 새끼줄을 두르고, 그 새끼에 오색실이나 천 등을 찢어 끼워 나무둥치에 둘렀고, 나뭇가지 위에는 곡식자루나 북 같은 것을 달았으며, 그 나무둥치 밑에는 돌무더기를 쌓아 놓았는데, 이는 '여음'이므로 지금 민속촌의 나뭇가지에 건 오색 천들은 잘못된 것이고 나무둥치에 둘러야 하며 그 나무아래 돌로 여음 상을 싸야 한다.

따라서 6.25 때까지만 해도 우리는 이 '남근이 바로 여음에 삽입한 상'을 만들어놓고 오가는 사람들이 절을 했던 것이다.

이는 우리 민족뿐 아니라 우리와 뿌리를 같이하는 지금 바이칼호 부근의 에벤키족이나 부라이트족, 그리고 몽골 등에도 이와 같은 것을 만들어 놓고 있는데, 그들은 이것의 이름을 '오보'라 한다.

그런데 이 '오보'란 바로 '옵'으로서 우리말 '업)어비'와 모음이 혼동된 말이니 이렇게 남근을 숭배한 민속의 풍습에서 위 남근을 손으로 받드는 위의 그림 글자는 당연한 것이고, 이렇게 보아야 위 금문이나 앞으로 전개될 [신지녹도문 천부경] 하나 둘 셋 … 열 해독이 제대로 된다는 것이다.

13 생식도에 대한 독자와의 토론

이 글은 글쓴이 카페 독자 토론란에서 독자님과 토의하던 내용이다.

(1)번 그림 질문

우리님(글쓴이)이 올려주신 글 속에서 발췌한 사진입니다. 몇날 며칠을 위 그림과 싸웠습니다. 손에 든 것이 과연 무엇인가! 아래 그림 왼쪽 팔 … 둥근 팔의 모습과 원을 그리는 컴파스의 모습 … 아래그림 오른쪽 … 직각을 만들어 놓은 팔의 모습과 각도가….

(1)번 그림 해설

우선 위 그림의 연대나 진위는 잘 모르지만 이 그림은 신화와 같이 전수되던 말을 그림으로 나타낸 것으로 봅니다.

님은 위 그림을 가지고 많이 생각해 보신 모양인데, 남의 이론이라고 무조건 따라가지 않고 자신이 좀 더 생각해보는 습관은 참으로 좋은 것이며 토론 형식도 일단 묻는 형식을 취했으니 퇴계와 고봉의 토론처럼 참으로 아름답습니다. 저는 이 그림들이 '복희 여와도' 라는 것을 부정하고 '환숫과 곰네가 우리말과 글자의 원본인 천부인 ㅇ ㅁ ㅿ, 즉 ㄱ ㄴ ㄷ…의 원형이 될 천부인을 들고 있는 것' 으로 보았습니다. 그 이유는 환숫의 숫은 일단 남근이며, 그 남근의 상징물은 뱀이고, 그 뱀은 생식을 의미합니다. 또 그 들고 있는 물건이 왼쪽은 '숫' 을 의미하는, 사실상 ㅅ의 기본 의미인 ㅅ을 들고 있고, 우측 그림은 그 '숫의 껍질이며 가

장자리' 인 ㄱ을 들고 있기 때문입니다. 즉 이 그림은 천부인을 들고 생
식행위를 하고 있다는 말이며, 이는 우리 환숫을 의미하는 서낭나무 아
래 돌로 곰네의 여음을 표시한, 노골적 생식행위를 하는 그림과 같다고
볼 수 있습니다.

(2)번 그림 질문

왼쪽 … 세 개의 원점을 갖는 막대 … 여기서 점은 구멍이 뚫어진 것
으로 보입니다. 좌하점과 상중심점은 60" … 상중심과 우하점은 30" …
밑에 치마를 붙들고 있는 사람은 조수.

"내가 60"를 재야 하니 너는 저 아래에 가 있어 … 아니 더 뒤로…."

오른쪽 그림 … 90"로 보입니다 … 수평과 수직을 만들기 위한 … 삼
각형의 모습은 3:4:5 … 피타고라스의 정리가 보입니다. 각도기 상의 근
접수치로.

그래서인지 조수는 각도기의 수평면에 머리가 닿습니다….

또 운삼사성환오칠(여기서 七은 十과 비슷하여 제 기준에 칠을 십으로 합
니다)과 3:4:5인 피타고라스의 정리(절대불변의 진리. 예나 지금이나)도 생
각 중입니다…. 제곱수 9:16:25 = 50…. 운삼사성환 오십….

또 우수한 지적 능력의 소유자가 미개하고 어리석은 인간들에게 계몽
과 더불어 강력한 통치력을 유지할 수 있게 하는 힘은 어떤 방법일까 하

는 생각을 해보았습니다.

　일식날을 예측하여 제사를 주관하고 아무것도 모르는 미개인은 공포에 떨며 신기해만 합니다…. 이쪽 산 저쪽 산을 측량하여 물을 가두어 저수지를 만들고, 치수하며…. 건축물의 안정을 위해 수평과 수직이 필요하며 … 똑똑한 현대인조차 혜성의 근접을 알려주고 일식날을 알려주는 과학자들이 경외감의 대상이지요. 저 두 가지의 물건이면 산하의 지형을 측량하며, 태양과 달의 각도 … 를 측정할 수 있지 않았을까 하는 결론을 내어봅니다…. 답답함에 가슴속 응어리를 이리 풀어보았습니다…. 짧은 식견에 훈계를 바랍니다….

(2)번 그림 질문 답

　혹 피타고라스의 원리? 이 그림들은 일단 상반신 사람에 하반신 뱀이니 일단 신화적 그림입니다. 그리고 단군 후 거의 천년이 되도록 우리에게나 중국에도 숫자라곤 없었다는 증거는 금문상 너무나 뚜렷이 나타납니다. 즉, '우리 하나, 둘, 셋 … 열이란 당시 숫자가 아니고 하느님 교훈이었다' 는 것은 이미 [신지녹도전문 천부경] 해독에서 금문과 함께 자세히 설명해놓았습니다.

　또 혹 그런 유물이 당시 피타고라스의 수학적 원리로 만든 것이 아니라, 사람에게는 어떤 숫자적 수학공식이 없다 해도 영감이 있기 때문에 가능한 것이며, 그래서 피라미드도 똑같은 것이 없고 석가탑이나 다보탑역시 그러며 심지어 고려자기 하나 같은 것이 없습니다. 즉 어떤 수학적 공식이 있었다면 고려자기는 같은 것이 단 하나라도 나와야 합니다.

　또 여기에 왜 '운삼사성환오칠' 이 해당되는지 모르겠으며 이상 그림들이 님의 말씀대로 "산하의 지형을 측량하며, 태양과 달의 각도 …

를 측정할 수 있지 않았을까?' 한다면 왜 생식그림이 나오느냐는 것입니다.

이 그림 전체 모양은 천상 선관 같은 사람들이 있는데, 그 몸통은 용이 아니라 역시 '뱀' 이군요. 그리고 그 뱀은 일단 '생식' 을 의미합니다. 그들이 들고 있는 물건은 왼쪽은 좌우가 바뀐 '나' 자 같은 것을 아기(딸)에게 전하는 듯한데, 이 아기는 엄마 치마폭 속으로 들어가려 하고 있습니다. 왜 하필 하반신 치마 속일까요?

여기서 우선 '나' 에 대해 설명하면, 원시 가림토에서 '나' 는 그 방향이 바로 됐건 뒤바뀌어 됐건 ㄴ에 빛 금, 즉 '누리가 빛을 받는' 의미인이 진본 천부경 '하나' 의 '나' 에 해당한다고 볼 수 있습니다. 또 이 그림이 사진촬영, 인화나 복사과정에서 뒤집혔을 수도 있고 … 따라서 이 '나' 는 '하늘의 정기인 환숫의 빛을 누리인 곰네가 받는다.' 는 뜻으로 해석할 수 있습니다.

다음 우측은 A자 같은 것을 들고 있는데, 금문을 보면 ㅅ으로 해독해야 할 글자들이 거의 A자 같이 나옵니다. 즉, Δ와 ㅅ의 중간치로 그려놓았습니다. 따라서 그 ㅅ을 이번에는 아들에게 전해주며, 그 아들은 아빠의 치마 속으로 들어가려 하지 않고 그냥 서서 받습니다. 왜 아들은 아빠 치마 속으로 들어가지 않을까요? 그리고 그 가운데는 이 아들 딸인 남녀가 또 생식행위를 하며, 맨 아래는 상서로운 구름이 그들의 생식행위를 축하합니다. 따라서 이 그림 역시 '생식도' 가 아니라고 할 수는 없습니다.

일단 이 문제는 님의 생각을 물은 것이고, 저는 위 내용과 같이 님의 말에 동의할 수 없으니 님은 이 제 글에 또 반론이 있다면 Re로 달아주시기 바라며 또 다른 독자님의 의견도 듣고 싶습니다.

제7장 | 계연수가 묘향산에서 천부경 81자를 찾은 기록[3]

桂延壽書搭天符經原本於妙香山石壁送來時書云僕嘗聞之師東方開荒
之祖檀君神人持天符三印自天降世德化大行于今四千餘年事在鴻 未知三
印爲何物如何寶物而天符卽說敎之經也尙今遺傳處人若得而誦之卽災厄
化爲吉祥不良化爲仁善久久成道則子孫繁昌壽富連綿必得善果但愚昧者
藏之一本可免災禍矣云而僕銘在心中求之不得矣浚乃鍊成爲工採藥爲業
雲遊名山十許年矣昨秋入太白山信步窮源行到人跡不到之處潤上石壁若
有古刻手掃苔蘇字劃分明果是天符神經雙眼忽明拜敬讀一以喜檀君天祖
之寶經一以喜孤雲先生之奇跡心中充然若有所得始覺吾師-不發虛言乃百
步疊石記其道路歸携紙墨更入山中非復前日經過之處東尋西覓暗禱山靈
三宿而始得時九月九日也搭一本字甚摸糊更欲搭之雲霧忽起乃間關而返
山寺終夜解釋不得要領自顧少短學識老減聰明無復硏究之道但口誦而利
矣適有自京來人設到京城有檀君敎云耳聞甚欣然意慾躬往足跡齒+且(맞
지 않을 서)齬未得遂意荏苒發春路逢歸京人玆以搭本獻上望須解釋經旨
開喩衆生則衆生必受福綠敎運從此發興矣竊爲貴敎賀之又聞檀世有神誌
氏古文字傳來于高麗云竊惟求之若得之更當付呈爲計然得之則幸矣若不

3_ 이 글은 아래에 쓰인 "신지전자 해독"과 직접적인 관계는 없으나 참고 자료이다. 여기 나오
는 단군은 환웅이 단군의 터전을 세워 주시니 환웅과 단군을 같은 인물로 본 것 같다.

得而不送勿以無信垂諒焉爲祝誠心修道丁巳正月初十日 香山遊客 桂延壽再拜 檀君敎堂 道下

저는 평소 스승으로부터 다음과 같은 말을 들었습니다.

"동방을 개천하신 단군은 신인이시다. 천부인 세 개를 가지시고 하늘로부터 세상에 내려오셔서 덕화(德化)를 크게 펴신 지가 지금 4,000여 년이 되었는데 도대체 천부인 세 개가 어떻게 생긴 물건인조차도 알 수가 없으나 하여간 천부(天符)는 설교의 경이다. 지금 전하는 곳이 있다는데 만약 사람이 이를 얻어서 외우면 재앙(災殃)이 길한 상서로움으로 변하고 좋지 않은 것이 좋은 것으로 변하게 되며 오래오래 도를 이룬즉 자손이 번창하고 건강과 재물이 면면하여 반드시 선과(仙果)를 얻을 것이요, 우매한 자라도 천부경 한 본만 소장하고 있으면 가히 재앙을 면할 것이라."

그리하여 제가 마음속에 새기고 구하고자 하였으나 얻지 못하여 공이 이루어지길 소원하며 약초 캐는 것을 업을 삼고 명산 유람하길 십여 년을 하던 중 작년 가을에 태백산에 들어갔는데 길도 없고 인적도 끊어진 어떤 골짜기 넙적한 석벽에 옛날에 조각한 글씨 같은 것이 있는지라 손으로 더듬어 이끼를 벗기고 나니 글자가 분명한데 이것이 과연 신령스런 천부경이라 두 눈이 홀연히 밝아져 엎드려 절하고 공경하여 읽어보니 한편은 단군 천제의 보물 경전이라 기쁘기 그지없고 한편은 고운 선생의 신기한 발자취라 기쁘기 그지없었습니다.

그리고 이것을 얻음으로 비로소 스승의 말씀이 거짓이 아닌 줄 깨닫고 백 보 가량이나 돌을 쌓아 그 길을 표시한 다음 돌아와 다음날 종이와 먹을 가지고 다시 들어가 보니 어제 갔던 곳을 찾지 못한지라 동서로 헤매다가 산신령에게 기도하기를 삼일 만에 드디어 찾으니 때는 구월 구일이라.

겨우 한 본을 탁본했는데 자획이 모호하여 다시 탁본하려고 하니 구름과 안개가 홀연히 일어나는지라 이에 근처 산사로 돌아와 밤새도록 해석하려 했으나 뜻을 알 수가 없으니 이는 스스로 돌아보건대 배움이 짧은데다가 늙어서 총기가 사라져 더 이상 연구하지 못하고 다만 입으로 외우고만 있었을 뿐이었습니다.

그러던 중 마침 서울서 온 사람이 있었는데 서울에 단군 교당이 설치되어 있다고 하는지라 깜짝 놀라 당장 올라가려고 하였으나 발길이 맞지 않아 뜻을 이루지 못하고 있던 중 다음해 봄에 서울로 돌아가는 사람을 길거리에서 만나 이 탁본을 헌상하오니 모름지기 바라옵건대 이 경전의 취지를 해석하여 중생에게 가르치신다면 중생이 반드시 복록을 받을 것이고 교단이 크게 번창할 것이오니 어쩌건 귀 교단에 경사가 아닐 것이며 또한 듣건대 단군 세상 때 신지(神誌)씨의 옛 글자가 있어서 고려 때까지 전래되었다 하니 어떡하든 구해봐서 만약 얻는다면 또 보내드릴 계획인데 만약 구하면 행운이요 만약 얻지 못하여 보내지 못하더라도 신의가 없다 마시고 부디 양해해주시기 바랍니다.

성심으로 수도하시길 빌며…

정사(丁巳)년 정월 초십일 향산유객 계연수 재배

단군교당 도하

글쓴이 평

좀 신비한 소설 같은 말이나 그때만 해도 신지 전자나 가림토로 추정되는 글자가 고려 때까지 있었다는 말은 유의할 필요가 있다.

제8장 | 농은유집 진실

01 전해진 최치원의 81자에 다른 글자가 보이는 이유

　신지녹도문자 [진본 천부경] "하나 둘 셋 … 열"을 해독하면서 혹 최치원의 81자는 진본 천부경이 아니고 [농은유집]이 진본 천부경이 아니냐고 질문하는 분들이 많아 참고로 이 글을 덧붙인다.

　이 [신지녹도문자 천부경]이 하느님 말씀이고 이것을 신지가 녹도 전자로 기록했으며, 고운 최치원이 이 신지녹도전자를 번역했다는 [소도경전 본훈(蘇塗經典本訓)]의 기록부터 다시 한 번 보자.

　천부경은 천제 환국에서 말로만 전해지던 글인데 환웅 대성존께서 하늘에서 내려오신 뒤 신지(神誌) 벼슬을 하는 혁덕(赫德)에게 명하여 녹도(鹿圖)문자로 기록케 하셨고, 최고운 치원(崔孤雲致遠)이 역시 이 신지의 전자(篆字)를 옛 비석에서 보고 다시 문서로 복원하여 세상에 전하게 된 것이다.

　(天符經天帝桓國口傳之書也桓雄大聖尊天降後命神誌赫德以鹿圖文記之崔孤雲致遠亦嘗見神誌篆古碑更復作帖而傳於世者).

[단전요의(檀典要義)] 중 최치원에 대한 기록이다.

　"태백산에 단군전비(檀君篆碑)가 있는데 글 뜻이 어려워 읽기가 힘드나

고운이 번역했다. 그 글에 가로되…."

(太白山有檀君篆碑佶倔難讀孤雲譯之其文曰…)

天符經

一始無始一析三極無盡本

天一一地一二人一三

一積十鉅無匱化

三天二三地二三人二

三大三合六生七八九

運三四成環五七

一妙衍萬往萬來用變不動

本本心本太陽昂明

人中天地一

一終無終一

　지금까지 전해오는 천부경이라는 것은 글자가 다소 다르기도 한데,
성균관대학교 소장의 [최문창후 전집]의 고운선생 사적(孤雲先生事跡)에
도 천부경 81자가 기록되어 있다.

　다만 이 기록에는 [환단고기 태백일사]와 묘향산 석벽본의 천부경 81
자와는 약간 다른 글자가 보인다. 고운집에는 析三極이 碩三極으로,
無匱化三이 無(心+鬼)化三, 妙衍이 杳然으로, 昂明이 仰明으로, 天地一
이 天中一로 기록되어 있다. 그러나 그렇다고 전체적인 뜻이 달라지는
것은 아니다. 그 이유는 다음과 같기 때문인데, 이는 오히려 천부인과
천부경의 존재조차 위서로 부인하려는 일부 학자들에게 전래되어오는
길은 달라도 그 내용은 거의 같아서 오히려 위서일 수가 없다는 증거가

되기도 한다.

析三極: 쪼개면 삼극이다 / 碩三極: 크게 보면 삼극이다
無匱: 장애가 없이 / 無愧 : 부끄러움이 없이
妙衍: 신묘하게 / 杳然: 그윽하고 멀게
昴明: 밝음을 들어올림 / 仰明: 밝음을 우러러
天地: 하늘과 땅에 / 天中: 하늘 가운데(우주 공간에)

02 | 농은유집 천부경의 진위

근대에 갑자기 나타난 [농은유집 천부경]이란 게 있다.

이는 고려시대 포은 정몽주, 목은 이색, 야은 길재와 더불어 오은(五隱) 중에 한 사람인 농은(農隱)의 유집에서 발견된 천부경이라 하여 환웅 단군 때부터 전해지는 진본 천부경이라고 호들갑을 떨었다.

그 농은유집 천부경이 진본 천부경이라는 이유는 그 갑골문으로 써진 글자가 최치원 81자와 다르므로 그것이 진본 천부경이라 한다. 그러나 이것을 진본 천부경으로 믿으면 그야말로 코미디가 된다.

아래에 써진 농은유집의 갑골문(甲骨文)은 금문(金文) 갑골문(甲骨文)에도 없는 글자가 많이 나타나고 있으며 여러 가지 증거로 보아 위작으로 생각된다.

천부경 天符經

한자나 그 문장 양식이 쓰인, 한 자에 상, 가, 가를, 글은 판독해주시
고 아래는 천지역사 해독하여 발간된 천부경문

이것이 왜 위작 천부경으로 생각되는지 하나하나 분석해 본다.

(1) 이것이 최치원 전 환웅, 단군 때 써진 진본 천부경이라면 위 제목
    이 지금 한자인 天符經일 수가 없다.

(2) 우선 [농은유집]의 종이는 꼭 청바지 해지듯 가장자리가 해졌다.
    청바지는 미국에서 돌 광산 인부들이 주로 입던 옷을 우리는 일부
    러 멀쩡한 청바지를 돌로 문질러 헌 옷처럼 하고 그걸 멋이라 하고
    비싼 값에 사 입는다.

    그렇다면 위 [농은유집]의 가장자리가 그렇게 마모됐다는 것은 그

만큼 많은 사람들이 돌려봤다는 것인데, 그렇다면 그 본문내용이 그렇게 멀쩡할 리가 없다. 즉, 낙관을 그렇게 찍을 정도의 귀중한 문서라면 잘 보관했을 것이고, 그렇다면 그렇게 가장자리가 마모되지는 않았을 것이다.

(3) 대략 6백년 전 써진 농은유집이라면 당연히 글자가 우측에서 내리로 써져야 한다. 그러나 위 농은유집은 가로 글씨인데 당시 글자에 가로글씨란 없다.

(4) 금문 갑골문으로 썼다 하면 금문 갑골문, 소전, 대전은 반드시 나온 출처가 있어야 한다. 그러나 지금 4~5천년 전의 수많은 청동기 유물이나 중국의 금문 갑골문의 수많은 기록을 보더라도 위 [농은유집과 같은 글자는 대부분 없다. 위에 써진 글자를 금문 갑골문 전집을 모조리 뒤져서 아래에 정리해보았다.

始: 그런 글자 없고

無: 비슷한 글자가 있다.

析: 비슷하지도 않다.

極: 비슷한 글자도 없다.

盡: 비슷하다 말았고

本: 아래 삼각형이 반대고

地: 비슷하지도 않고 차라리 墜는 그 근처는 갔다.

積: 비슷한 글자도 없다.

匱: 비슷한 글자도 없다.

化: 비슷한 글자는 많지만 제자원리상 틀렸다.

合: 비슷한 글자가 있다.

生: 같은 글자 있음.

成: 갑골문엔 없고 소전(小篆)에만 있음.

環: 그런 글자 없음.

運: 그런 글자 없음.

忠: 그런 글자 없음.

妙: 비슷한 글자 있음.

衍: 비슷한 글자 있음.

終: 맞는 글자가 있음.

(5) 그러나 대종교 총본사 소장 [천부경][개천4446(1989)년 이홍재 作, (가로×세로 1.5m]은 갑골문과 정확하게 들어맞을 뿐 아니라 우측에서 내리쓰기이다.

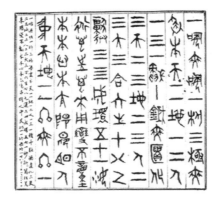

그렇다면 위 [농은유집]의 출처도 없고 옛 글자 쓰는 방법도 모르는 글자는 누가 만든 것인가? 즉 위 갑골문을 쓴 사람은 갑골문의 제자 원리나 글자 배열도 모르는 사람이 적당히 창작한 것으로 보인다.

또 그 연대도 여러 가지 증거를 보더라도 대략 600년 전 농은 시대로 보기 힘이 드니 후세 사람의 위작으로 보인다. 미안하지만 글쓴이는 이 [농은유집]이라 하는 것은 근대에 어떤 사람의 장난으로밖에는 볼 수 없다. 만약 그렇지 않고 정말 600년 전 농은 시대 작품이라면 한번 'KBS의 진품명품'에 감정을 요청하든지 아니면 과학적으로 검증하여 개인 집에 보관할 것이 아니라 국립박물관 등 특수시설에 보관해야 할 것이다.

03 의심스러울 수밖에 없는 [농은유집]의 진실성

위 의문점을 정리해 보면 [농은유집]은 세상에 발표됐을 때 이것이 갑골문으로 써 있으므로 최치원의 81자보다 수천년 앞선 것이며 최치원 81자와 다른 글자가 있으므로 최치원 81자가 틀렸다고 무척 호들갑을 떠는 사람들이 많았다. 그러나 이것을 면밀히 검토해보면 위에서 보듯 의심이 가는 것이 한두 가지가 아니다.

우선 갑골문 시대의 갑골문으로 써 있다면 그 제목은 왜 보통 한자인가? 즉, 한자의 시작은 그림이 금문, 갑골문을 거쳐 진시황 때 대전, 소전(大篆, 小篆), 예서(隷書)를 거치고 삼국 초기부터 지금 한자로 발전하며, 종이도 역시 삼국 중엽에나 들어오기 때문에 연속극 '주몽'에서도 글자란 죽간(竹刊)에 써진 소전, 대전뿐이다(물론 '주몽'에 나오는 글자는 흉내만 낸 엉터리 글자다).

따라서 [농은유집]이 최치원 81자보다 먼저 나왔다는 말은 전연 사리에 맞지 않는 자들의 말이다. 또 한자는 물론 한글조차도 6.25 전까지만 해도 아래 글자와 같이 횡서가 아니라 내려쓰는 종서였다. 즉, 글자가 지금과 같이 가로쓰기가 된 것은 6.25 후부터이다. 그렇다면 농은 민안부(閔安富)가 제목은 보통 한자로 쓰고 본 내용은 갑골문으로 썼다 해도 모든 글자는 내려쓰기를 했어야 한다. 또 낙관 등이 여러 군데 찍힌 것으로 보아 서예가의 글씨라는 것을 강조하는 것 같은데, 글씨 내용도 엄

밀히 말하면 붓글씨도 아니고 어떤 서예가의 것이라고 말하기에는 너무 조잡하다.

이것을 보면 위 [농은유집]의 갑골문은 그 갑골문은 그만두고, 맨 위 한자로 쓰인 天符經이란 글자만 보더라도 그렇게 낙관을 많이 찍을 정도의 서예가 작품인가?

오른쪽 그림은 진짜로 서예가가 쓴 갑골문이다.

중국 劉興隆 甲骨文集聯 榮寶齊 出版社 刊의 書藝 甲骨文의 한 쪽을 인용한다.

山河面貌新	男女衣食美	鳥聲耳東西	花香身左右	依柳觀大濤	坐石聽鳴泉

제9장 | 금문해독 서적과 해독자, 관련근거 및 비판

01 금문해독 서적과 해독했다는 이들

* 이아(爾雅): 지금 남아 있는 가장 오래된 한자 백과사전
* 장삼식의 大漢韓辭典
* 이가원의 漢韓大辭典

(이상 두 책은 허신(許愼, 30~124년)이 지은 [설문해자] 범위를 벗어나지 못하고 있다.)

* 說文解字: 설문해자는 문자의 성립과 원뜻을 밝힌 중국 문자학의 기본 고전이다. 易, 詩, 書, 禮, 春秋의 五經으로서는 허숙종(허신의 호)과 맞설 사람이 없다는 평가를 받고 있을 정도로 고전에 능통했던 허신이 글자를 한데 모아 해석하고 음을 단 것은 한학이 오늘까지 유지되고 있는 단초가 되니, 지금도 고어 읽는 법은 설문해자를 근거로 하지 않을 수 없다.

* 晋州蘇氏 족보에 보면, '중국의 조상 족인 화서족은 적제 축융의 29세손 휘(諱)가 强熙축융이 동부왕(태산쪽)으로 삼아 봉지를 화서(華胥)라 하였다 한다. 화서족은 헌원을 내세워 황제라 하고 그들의 조상으로 삼았다' 하고 있는데, 여기에도 금문 해독의 비밀이 숨어 있다.

* 史記: 중국 사학의 아버지라는 사마천(司馬遷, 기원전145-86?)이 지은 중국 역사 서적.
* 孔子: 요순시대를 정리하여 인의예지 등 도덕률을 완성한 유교의 성자로, 복희 시대의 팔괘 등 역서(易書)의 가죽 끈을 다섯 번씩이나 갈 정도로 정독하여 주역의 십익(十翼)을 붙일 정도로 고학문에 노력하신 분.
* 낙빈기 장박군(駱賓基 張璞君, 1917-1994): 평생에 걸쳐 금문을 연구하여 위 서적들이나 사람들, 그리고 기존 학자들의 해독과 완전 다른 각도에서 이 금문을 해독하고, 이들 해독된 금문이 잘못됐다는 것을 밝혀내어 신화와 전설시대로 규정된 중국의 삼황오제 시대를 당당히 중국의 역사로 밝혀낸 [금문신고(金文申攷)]와 이를 보강한 [중국상고사회신론(中國上古社會新論)]을 저술한 근세의 금문 권위자라 한다.
* 소남자 김재섭(召南子 金載燮, 1932-) : 한국 문자학회장인 선생은 인사동 골목에서 우연히 낙빈기의 금문신고를 구해보고는 이 금문들이 한자나 중국어 상식으로 풀 것이 아니라 우리의 말과 글자로 풀어야 한다는 것을 알고, 당시 살아 있던 낙빈기와 만나 토론도 하고 수없는 편지를 통하여 朝鮮이라는 글자와 한민족이라는 韓자 등의 생성과정을 밝혀내 낙빈기조차 아리송하게 생각하던 우리 상고사를 확연히 밝혀냈기 때문에 낙빈기를 깜짝 놀라게 했다는 한국의 금문 학자로, 그는 수없는 강의를 통하여 한국의 금문 학자를 길러내신 분이다. 그러나 글쓴이는 그분의 이론에 동의하지는 않는다. 그 이유는 낙빈기가 그랬듯이 우리 역사를 중국역사로 둔갑시킨 것을 그대로 답습하고 있다고 보기 때문이다.
* 김대성: 1942년 부산 출생, 한국일보사 편집위원, 한배달 학술 및 편

집위원 등을 하신 분이고, 위 소남자의 강의를 듣고 금문을 연구하여 이상 이론들을 객관적 입장에서 [금문의 비밀]이란 책을 펴내신 분이나 이 분 역시 낙빈기, 소남자의 이론에서 크게 벗어나고 있지는 못하다고 본다.

02 금문해독의 권위자라는 낙빈기의 말

근대 금문해독의 권위자라는 낙빈기는 [史記]는 한 왕실인 劉氏를 宗으로 역사를 꾸미려는 의도에서 삼황오제를 모조리 유씨의 선조로 꾸미려는 것이고, 공자는 전승되어 오던 문헌을 모조리 없애고 요순시대의 말로만 정교훈령(政敎訓令)을 꾸민 것이 서경(書經)식 수법과 같다고 했다.

그러나 글쓴이는 졸저 [천부인 ㅇ ㅁ △]에서 ㄱ, ㄴ, ㄷ … 속에는 천부인의 뜻이 있고, 우리의 숫자 '하나, 둘, 셋 … 열'은 단순한 숫자가 아닌 하느님의 교훈 천부경이라는 이론을 밝달임금(檀君) 이래 처음 제시했다. 따라서 글쓴이가 위 글들이나 주장에 동의한다면 구태여 글을 쓰지 않는다. 그 이유 한 가지만 든다.

* 위 중국의 최고 사전인 이아(爾雅)에서 '朝'를 '아짐(阿朕)'이라 했는데, 이는 분명 우리말 '아침'을 말한 것이다. 그러나 지금까지 금문을 해석했다는 사람들은 이것이 아침이 아니라 '아짐'이므로 이는 '임금 자신'인 아짐(我朕)을 말한다고 해석을 하고 있는 것이 글쓴이가 보기에는 참으로 잘못됐다는 것이다. 그 이유는 밝달임금의 첫 도읍지가 분명 '아사달(阿斯達)'이고, 이는 분명 우리말이다. 이

'아사달' 을 붙여 발음하면 '앗달' 이 된다.

그 이유를 설명하기 위해서 우리 글자의 제자 과정을 보자. 재론이지만 중요하니 다시 보자.

우리 하느님 환인께서는 개국을 하려는 그 아드님 환웅께 선물로 천부인 ㅇ ㅁ ㅿ 세 개를 내려주시는데, 이 천부인이란 바로 원방각(圓方角)을 상징하는 물건들이고, 이는 바로 ㅇ, ㅁ, ㅿ 이라는 것은 이미 정설이 되어 있다. 이 천부인 세 개로 환웅께서는 우리말과 우리 원시 한글을 만들었다는 것이 글쓴이의 이론인데, 여기서 우선 ㅇ은 그 모양과 같이 하늘을 상징하는 하늘 천부인이고, 이 하늘의 주인은 '태양' 이 된다.

다음 'ㅁ' 은 땅, 특히 '물보다 높은 뭍' 이라는 의미가 있는데, 여기서 자세한 것은 [천부인 ㅇ ㅁ ㅿ]에 있으니 생략하고,

다음 'ㅿ' 은 현재 'ㅅ' 이 되는 사람 '천부인' 인데, 이것은 그 모양과 같아서 '서거나(立) 솟는 모양' 이므로 사람 등 서는 동물이나 해솟음 같은 솟는 것을 의미한다.

그러니까 ㅇ의 첫 소리 '아' 에 이 'ㅅ' 이 붙으면 '앗' 이 되고, 그 뜻은 해솟음이 된다고 했다.

* 이것을 증명하는 우리말은 다음과 같다.
* ㅇ: 하늘과 같이 걸림이 없고 시작과 끝이 없는 모형
* 아: ㅇ의 첫소리로 하늘과 같이 언제 만들어진 것이 아니라 태초부터 있었다는 뜻이고, '태초' 는 '처음' 이며 처음은 '새것'.
* 아사, 아침: 하루의 처음
* 아사히신문(あさひ新聞): 아침신문(朝日新聞)

* 아즈텍문명: 몽골리안 인디오가 세웠던 '앗터, 새터' 라는 문명
* 아스(As): 슈메르어도 1. 즉 '하나' 인데, 이는 '해솟음', 즉 '아침' 은 '처음' 이 되니까 이 숫자로 처음이 된다.
* '앗' 에 우리말 '갑돌이 갑순이' 할 때의 접미사 '이' 가 붙으면 '앗이 > 아시' 가 된다.
* 아시빨래, 아시 김매기: 앗이빨래 > 아시빨래(처음 빨래), 아시 매기(처음 김매기)
* 아다라시: 앗달아시로 처음, '새것(숫처녀)' 이라는 우리말
* 아우(弟): 어린 동생
* 아지비: 아버지의 동생
* 아아외다: 공손하다(아우답다)
* (강)아지: 가이아지(개 어린 것. ㅈ은 ㅅ을 잠시 자게 하는 것)
* (송)아지: 소아지(소가 아직 잠자는 것)

이하 생략

그러니까 '앗달(아사달)' 의 '앗' 은 하늘인 ㅇ에 세우는(ㅛ), 솟는 뜻이 있는 ㅅ을 붙여 된 말이고, 이것을 고대에서 오직 자음에 붙여서 발음하는 아래아점 발음으로는 '아사', 또는 '아시, 아스' 등이 되며 '달' 은 '음달, 양달' 이 된다. 그런데 위 이아(爾雅)에서 '朝는 아짐(阿朕)' 이라 했다. 그렇다면 아침과 아짐은 다르지 않느냐고 할 수도 있다. 그러나 이는 말이라고는 몇 마디 되지 않던 시절, 그리고 우리말에서 원시에는 모음이 혼동되어 '감둥이, 검둥이' 가 같은 말이듯 말이 전래되면서 그 발음이 약간씩 변형될 수도 있다. 즉, 솟는 뜻의 ㅅ을 잠자게 이불(ㅡ)을 덮어놓은 글자가 ㅈ이므로 '아시' 가 '아지' 도 되어 '강아지, 송아지' 도 되고, 다시 이 잠자는 ㅈ에서 위에 싹과 같은 점이 하나 붙어 ㅊ이 되면

'아치' 도 된다. 여기에 '물보다 높은 뭍' 을 의미하는 땅 천부인 ㅁ이 붙는다면 지금 우리가 쓰는 '아침' 은 전에는 '아심' 이라고 했을 수도 있고, '아짐' 이라고 했을 수도 있으며 ㅊ은 ㅈ보다 나중에 나온 글자이므로 전에는 '아침' 을 '아짐' 이라고 했을 수도 있다는 말이다.

그러니까 위 이아(爾雅)에서 '朝' 를 말한 '아짐(阿朕)' 은 그 朝자의 뜻이 우리말로 '아침' 을 말하는 것이 된다. 이런 문헌은 이 '이아' 말고도 신라 때 사전인 [계림유사도 있다.

이와 같이 분명한 이아(爾雅) 사전이 문헌으로 있는데도 지금까지의 모든 중국문헌이나 심지어 낙빈기조차도 이를 우리말로 풀 생각지도 않고 '아짐(阿朕)' 이라 해서는 말이 되지 않으므로 엉뚱하게 아(阿)자가 我자의 오기라 하여 我朕(朕은 임금이 자신을 이르는 말)으로 바꾸어 써놓고는, 이것의 해석을 '우리 임금님을 모시는 나라' 라는 뜻으로 해석하고 있다.

그리고 이는 한국인인 소남자까지도 朝鮮의 글자 창제 과정만 한자학적으로 말하고 있을 뿐이지, 이 천부인 원리로 만들어진 우리말에서 '아침' 의 소리에 대한 언급은 없다.

이 외에도 지금까지 해독했다는 고조선 유적지에서 발굴된 청동기의 금문내용을 전혀 근거로 하지 않았다고 생각되므로, 글쓴이는 감히 말하건대 "우리말의 뿌리를 아는 우리 학자가 다시 해독해야 한다." 는 결론을 내렸다.

제10장 | 우리말과 숫자의 생성시기

이 [진본 천부경]은 하나 둘 셋 … 열이다. 그렇다면 이 숫자들은 어떻게 만들어졌단 말인가?

청동기를 쓰던 환숫(桓雄) 때 그들은 말도 별로 없었지만 경제 개념도 없었을 것이니 숫자도 없어서 마치 신선들처럼 살았다고 했고, '하나, 둘, 셋 … 열' 이라는 것은 그저 환숫이 개국할 그 민족이 살아가는 데 필요한 '하느님의 교훈' 일 뿐이라 했다. 그 교훈을 아침저녁으로 외다 보니 이것이 은허 갑골문, 그리고 소전, 대전을 쓰던 진시황 때나 가서야 숫자라는 개념이 생겼다고 했다. 그렇다면 열 이상 백까지의 숫자는 어떻게 만들어졌을까?

이 글은 독자 토론란에 써놓았던 글인데 [진본 천부경] 신지녹도전자 하나 둘 셋 … 열을 읽기 전 상식적으로 읽어보는 것이 좋을 것 같아 여기에 삽입한다.

글쓴이는 [천부인 ㅇ ㅁ △]으로 만든 ㄱ, ㄴ, ㄷ … ㅎ의 뜻을 찾아 우리말의 뿌리를 조사해보고 그 이론을 무려 500쪽짜리 졸저로 펴낸 바 있다. 여기서 글쓴이의 연구 결과에 의하면 환웅 당시 20여 개 단어와 열밖에 안 되는 숫자밖에 없었다고 했는데 독자 고토회복님은 "그렇다면 그 적은 말과 숫자로 3천 명의 무리를 이끌고 토착민을 교화하다니?' 라는 의문을 제시했다. 이 고토회복님의 의문과 질문은 당연하다. 이것은 글쓴이 카페에 쓰여 있는 글들을 모조리 읽어보아 전 윤곽을 추리해본 사람이 아니면 누구나 가질 수 있는 의문이다.

글쓴이는 이에 "말이란 거짓말을 하기 위해 만들어진 것"이란 설명을 했으나 이것도 너무 고차원식 답변이고 이것이 또 현대인에게 먹혀들어 가지 않을 것 같아 다시 정리하여 여기에 올린다.

[질문 요지]

1. 언어에 대한 질문

우선 어린아이의 울음소리만으로도 엄마는 아이의 뜻을 알아채는데, 그 것은 큰 것이 작은 것을 품을 때는 그러합니다. 그러나 반대의 경우에는 불 가능하다고 보입니다. 마찬가지로 환족이 바이칼 호수로부터 내려와서 웅 족이나 범족을 교화할 때 환족은 웅족이나 범족의 원하는 바를 알아차릴 수가 있겠지만, 웅족이나 범족은 환족의 뜻을 알아차리기란 하늘의 별따 기처럼 어렵다고 느껴집니다. 이런 웅족에게 20단어도 안 되는 말로 천부 경의 의미를 납득시키기가 쉬웠을까요? 하나에서 열까지의 숫자는 그 의 미가 그렇다 하더라도 그것을 설명해서 납득시키려면 다른 수단이 필요했 을 것이라 생각되는데 어떻게 그 의미를 전달하였는지가 무척 궁금합니 다. 물론 말이 안 통하는 외지에 가서도 밥 얻어먹고 물마시면서 생존은 가 능하겠지만 그들의 문화를 이해하고 그들의 말을 알아들으려면 많은 시간 이 걸릴 것입니다. 그것도 선진 문화 속에서 살아봤던 사람이나 가능하겠 지요. 웅족에게 하늘의 의미나 천부경의 의미를 전달하는 데 어떤 방법이 구체적으로 사용되었는지가 정말로 궁금합니다. 먼저 공부하신 분들의 청 량한 답변을 부탁해도 될까요?

[답변]

글쓴이는 [진본 천부경] 신지녹도문 해독을 하면서 가장 먼저 읽는이들에게 부탁한 것이 그 신지녹도문을 풀려면 현재 우리이 상식이 아닌 5~6천 년 전 원시조상의 입장으로 타임머신을 타고 돌아가 보자고 했다. 왜냐하면 현재 과학문명과 20만 어휘를 쓰는 우리의 상식으로 그들의 문화를 생각해본다는 것은 괴리가 너무 크기 때문이다.

1. 그때 말이라고는 불과 20여 단어밖에 되지 않았다?
어떻게 아는가?

1) 언제부터 말이 만들어졌을까?

구석기인들 이전 인류는 지금 고릴라나 오랑우탄같이 그저 생식을 위하여 나오는 대로 본능적으로 소리 지르고 몸동작을 했을 것이고, 이는 짐승들같이 그 집단에서는 의사가 통했을 것이다. 이는 지금 미국 개나 닭이 한국 개나 닭들과 통역이 없어도 의사가 통하는 것과 같다. 또 각자 다른 짐승들끼리도 일단은 공통된 의사가 있을 것인데, 바로 외적이 쳐들어올 때나 먹이를 취할 때 위협하는 소리일 것이다.

즉 돌을 이용할 줄 알았던 인류의 조상 구석기인들의 언어는 그저 본능적인 소리였겠지만 이것이 체계 있게는 다듬어졌을 것이다. 이것을 [창세기]로 인용하면 바벨탑 이전의 인간들이 모두 의사가 통했다는 비유로 본다. 그러나 세월이 흐르고 선악과의 지혜가 생긴 인간들, 즉 신석기인들은 본능적 의사표시 이외에 새로운 의사표시를 만들려고 했을 것이다. 이 신의 섭리, 즉 자연의 섭리에 인간의 지혜가 덧붙여져 좀 더 발전된 생활을 해보려 했던 것에서 말이 창조되었던 것이고, 여기서부터 각 부족들의 말이 각자 갈라지게 된다. 즉 신의 섭리를 넘보던 인간의 바벨탑은 무너지고, 각 부족이 각자 만들었던 각자의 말들은 서로 헷갈리게 된다고 본다.

2) 우리말은 언제 어떻게 만들어졌을까?

대략 6천 년 전 신석기 문명이 끝나고 청동기 문명이 시작될 무렵 지금 바이칼 호 부근에 살던 환한 부족이라는 북방계 몽골리언 무리의 지도자이셨던 우리 하느님은 본능적이거나 무의식이 아닌 의식으로 처음 말을 만든 것으로 보인다.

이 처음 만든 말이 '하늘'과 '땅'과 '사람'을 말하는 ㅇㅁ△의 아래아점 발음이니 이는 아마사, 어머서, 오모소, 우무수, 으므스, 이미시 등이나 그 중간음이 되고 또 말하는 사람이나 지방마다 그 발음이 달라져 중세어는 말할 것도 없고 지금 지방의 방언이 다 그렇기도 하다.

세종께서 우리 민족이 쓰던 말을 죽일 수가 없어 아래아점으로 남겨둔 것인데 지금은 그 세종보다 더 잘난 한글학자들에 의하여 없어졌기 때문에 지금 우리는 혀가 굳어 그 아래아점 발음을 할 수도, 들을 수도 없게 되었고 혹 촌로가 말하더라도 귀가 멀어 정확히 들을 수도 없다.

글쓴이는 아래아점 발음부터 말이라고 하고 싶다. 왜냐하면 먼저 본능적으로 나오는 소리를 모두 말이라고 한다면 짐승들도 모두 말을 하고, 갓 태어난 아기들도 말을 한다고 해야 하기 때문이다.

그런데 우리말의 뿌리를 추적해보면 신기하게도 다른 나라 말들과 다르게 하늘과 땅과 사람이라는 [천부인 ㅇㅁ△]의 철학적인 말들로부터 시작되었다.

3) 우리 처음 말은 몇 마디 되지 않았다

이 증거는 지금 우리말의 뿌리를 찾아보면 알 수 있다. 즉 '눈(目)'도 '눈'이고, '눈(雪)'도 '눈'이고, '달(月)'도 '달'이며, '음달', '양달'할 때의 땅도 '달'이다. 또 우리 한민족이라는 '한' 속에는 무려 20여 개의 뜻이 있으므로 그때는 이 '한' 한 마디만 하면 지금 20가지의 뜻을 말한 것이 된다.

그러나 이 '눈'이나 '한' 등도 세종이 모음을 완전히 만들었으니 지금과 같이 '눈'이라 쓰고 눈으로 발음하지만, '검둥이', '감둥이' 또 '파릇파릇, 퍼릇퍼릇, 포릇포릇, 푸릇푸릇' 같이 모음이 혼동됐고 모음의 글자까지 완전치 못했던 원시한글에서는 '눈'을 어떻게 적고 말했을 것 같은가?

'ㄴ'자는 이 책과 동시 출판하는 [천부인 ㅇㅁㅿ의 비밀]에서 자세히 설명했는데 그 속에는 '누워 있다'는 뜻이 들어 있고, 그래서 目도 ㄴ이고 雪도 비와는 달리 흘러내리지 않으니 ㄴ이라 했다. 그러니까 결국 ㄴ자 하나 써놓고 '누리, 눈(目), 눈(雪), 누나, 누에' 등 모두를 말했다는 말이다.

또 하늘의 달(月), 음달, 양달 할 때의 달, 딸(女), 이 달이 진화하여 우리의 약방의 감초격 '이'가 붙어 된 말로 '달이〉다리(脚)', '달이〉다리(橋)'도 이와 같이 ㄷ만 써놓으면 된다. 이것은 우리 뿌리 말을 조사해보면 엄청 많은 것이 동음이의(同音異義)이지만 실은 같은 말이었다.

이것이 우리 뿌리 말이니 그때 도대체 우리말이 몇 마디나 되었을까?

그러고도 그들이 어떻게 생활했을까 하는 걱정은 현대의 20만 어휘를 쓰는 우리 생각이고 애기가 앙앙대는 울음소리 하나만 듣고도 엄마는 요놈이 배가 고픈지 쉬를 했는지 밖에 나가고 싶다는 말인지 다 알아듣는다고 했고, 엄마의 대꾸하는 말이래야. '응' 한 마디만 하고도 볼기짝을 두들겨주며 그 녀석 소원만 들어주면 된다. 즉, 여러 말이 필요 없는 것 같다고 했다.

4) 그 적은 말로 어떻게 토착민을 교화했을까?

(1) 일본군이 우리나 중국, 그리고 동남아시아 등 외국을 정복할 때 뭐 사상과 문학작품을 가르치는 것은 차치하고 그들은 그 외국말을 다 배울 필요가 없다. 그저 총 하나로 위협하면 그들은 죽지 않으려고 다 알고 따라온다. 그리고 약삭빠른 놈은 일본말을 배운다.

(2) 부처가 2천5백여 년전 인도 각지를 돌아다니며 설법을 할 때 각 지방의 인도인들이 그 말이 통일돼 있었을 것 같은가? 또 부처는 각 지방의 방언을 다 배운 다음 그들을 가르쳤을 것 같은가? 부처는 자기가 쓰던 범어로 설법했고 그들은 어떡하든 알아들으려 했을 것이다.

(3) 원시 조상들은 지금 선악과 이전의 인간 같은 신선들일 것이라 했다. 그러나 이것은 좋게 말한 것이고 나쁜 표현을 쓴다면 마치 짐승과 같았으리라고 본다. 짐승이라니까 조상을 매우 불손하게 보는 것 같은데 이번 남아시아 쓰나미 사건 때도 짐승들은 죽지 않았고 그 짐승의 행동을 보고 따라간 섬에서는 단 한 명도 죽지 않았다. 즉, 짐승은 창의력은 없을망정 자연의 섭리와 통한다. 이 짐승이 무리를 통솔하는 행동을 보자. 사자건 코끼리건 침팬지, 고릴라, 들소건 반드시 지도자가 있고, 그들은 아무 말도 하지 않는데 수십 수백 수천의 무리를 잘도 통솔한다.

(4) 5~6천 년전 환숫이 곰족이나 호족을 교화시킬 때 지금 정치가들처럼 달변과 거짓말로 그 토착민들을 통치했을 것 같은가? 환숫은 그저 그 무리와 함께 진심으로 그 토착민을 위한 행동만 하면 그들은 다 알아듣

고 곰족같이 따라올 놈은 따라오고 호족처럼 도망갈 놈은 도망간다.

(5) 지금 金文이라는 것이 무엇인가? 금문이란 일종의 그림으로 뜻을 남긴 것인데 이는 당시 부족한 말이나 글자를 보강하는 수단으로도 쓰였을 것이다. 즉 말이 통하지 않으면 그림을 그려 썼는데 이 그림은 다른 민족도 이해하는 데 쉬웠으므로 중국인들이 이 금문, 갑골문 등의 글자를 가져다가 자기네 말에 맞추어 진시황 때 대전(大篆), 소전(小篆) 그리고 예서(隸書), 해서(楷書)를 걸쳐 지금 한자로 정착시켰던 것을, 우리는 삼국 초에나 역수입해서 쓰고 있다고 했다.

[숫자에 대한 고토회복님의 질문 요지]

첫째, 환웅이 신천지를 찾아 움직일 때 이미 3,000명의 인원이 움직였다고 하는데, 그럼 그 수를 그 당시 사람들이 세지 못하였는데 어찌 후세 사람들이 알 수 있을까?

둘째, 14세 단군 때의 인구가 1억8천만 명이라고 하는데 그 수를 헤아리려면 이미 억 이상을 표시하는 단어가 만들어져야 하는 것이 아닌가 등등 〈환단고기〉를 읽어보다 보니 우리 님의 말대로라면 풀리지 않는 수수께끼가 생겨난다. 환웅이 17대를 전하고 단군이 47대를 전한다면 그 숫자까지는 셀 수 있는 단위가 있어야 하지 않을까? 그리고 정치를 하면서 즉, 많은 사람을 이끌려면 20개 정도의 단어로는 생존은 가능할지 몰라도 통치는 불가능하다고 생각된다. 아님 〈환단고기〉에 실린 글이 정확하지 않고 가필을 한 것인가? 무척 궁금하다.

[답변]

1. 지금 우리가 아는 하나 둘 셋 … 열은 처음엔 숫자가 아니었다

인류는 언제부터 숫자를 사용해왔을까? 몇만 년, 몇십만 년 전 구석기시대 원시인들도 숫자를 사용했을까? 선악과 이전의 신선 같은 사람들한테는 요즘 같은 경제논리가 필요 없었을 테니 따라서 숫자도 없었다고 본다. 즉, 생식에 필요한 행위만 하는 사람들한테는 숫자가 필요 없다. 지금 아프리카 등 문명을 모르는 오지인들은 숫자가 열밖에 없다. 손가락 수대로 수를 세다가 더 이상 많으면 그냥 '많다' 라고 하는 부족이 많다.

예를 들면 지금 아프리카 왈피리 족은 숫자가 셋밖에 없다. 여기 추장은 아내가 아홉인데도 아내가 얼마냐고 물으면 '많다' 라고 한다. 또 자녀가 20여 명이 되는데도 몇 명이냐고 물으면 그냥 '많다' 라고 한다. 왜 그런가는 그 부족에는 숫자가 셋밖에 없기 때문에 셋이 넘으면 무조건 '많다' 이다.

인류의 발달사로 볼 때 인류의 문명은 신석기가 끝나고 청동기 문명이 시작되면서부터 인류의 문명도 시작됐다고 보고 있다. 지금 우리 환족의 갈래 중 하나로 보고 있는 수메르의 쐐기문자도 알고 보면 숫자가 아닌 데서 나왔다. 그들은 애초 숫자를 표시하고 싶었을 때는 진흙으로 삼각뿔 모양을 만든다. 그리고 이 삼각뿔이 몇 개가 되면 이것을 큰 진흙단지에 넣고 그 위를 봉했다. 그러면 나중에 누군가가 그 속에 얼마의 삼각뿔이 들어 있는지 모른다. 그래서 그 단지에 삼각뿔의 모양을 역시 삼각뿔로 찍어놓았다. 이것이 쐐기 문자가 되었다.

글쓴이는 환웅께서 천부경을 받아가지고 내려오셔서 그것을 아침저녁으로 외우다 보니 그것이 우리의 숫자가 되었다고 했다. 그런데 그 숫자는 '열' 밖에 되질 않는다. 그렇다면 더 이상 큰 숫자는 뭐라고 했을까?

먼저 오지 인들처럼 우리도 '온' 이라 했고, 이 '온' 은 지금 '온갖', '온 세상' 등에 쓰여지고 있다. 이 온은 천여 년이 흐른 다음 단군 가륵 때 가서야 百이 된 것으로 보이며, 또 천여 년이 흘러서야 '즈믄(千)' 이 생겼을 것이고, 또 몇천 년이 흘러서야 '먼(萬)' 이 생긴 것으로 보인다.

여기서 '즈믄' 이란 우리말 '저믄', 즉 '저믄날' 할 때 아득해서 보이지 않는 것처럼 까마득한 수를 말한 것으로 보이며, 萬을 '골백' 이라 하는 분도 있지만, 골백은 곱백, 즉 백 곱하기 백이라는 말 같기도 하다. 그러나 이는 한자다. '먼' 이 萬이라는 것은 〈월인천강지곡〉에 萬이 '먼' 으로 나오기 때문이며, 이는 너무나 먼 숫자, 즉 요즘 우리에서 필요 없는 천문학에서나 쓰는 경, 해 이상의 숫자 등과 같기 때문으로 본다(6.25 전후까지만 해도 '조' 라는 숫자는 쓰지도 않았다).

그러므로 복잡한 숫자가 늘어나는 것은 인류의 발달과 함께라고 보는데, 그래서 환웅 때는 하나 둘 셋 … 열도 숫자가 아니었다고 보고 또 그 증거는 금문에도 있지만 그 이유 중 하나는 우리의 숫자 하나, 둘, 셋 … 열 다음 열하나, 열둘 … 열아홉 다음이 '스물' 이기 때문이다.

따라서 먼저 님의 질문 3천 명의 무리, 14세 단군 때 인구가 1억 8천이라는 말은 꼭 〈환단고기〉의 한웅이 17대를 전했고 단군이 47대를 전했으며 그 재위연도나 수명까지 정확하게 써놓아 진실인 것같이 한 것은 옛 사람들이 전해 오는 말이나 삼국시대까지 죽간에 써지던 말에서 힌트를 얻고 필사가의 의견을 덧붙인 것으로 보아야 한다. 따라서 글쓴이는 다음과 같이 각국에서 숫자가 만들어진 시기를 추정해 본다.

2. 우리 숫자는 '하나, 둘, 셋 ··· 열'과
한자 '一, 二, 三 ··· 十'으로 되어 있다

여기서 一 二 三 ··· 十은 한자이고, 그 구성이 너무나 정연하고 논리적으로 되어 있다. 즉 한자 十 다음의 숫자는 十一, 十二 ··· 十九이고, 다음은 二十, 三十 ··· 九十, 百이다.

이것은 그 숫자의 체계가 너무나 정연하고 논리적이지만, 한편 이는 인류문명의 발달사로 볼 때 처음서 부터 자연발생적으로 만든 숫자가 아니라 인위적으로 누가 하루아침에 만들었다는 것을 입증하고 있다.

그러나 우리의 '하나, 둘, 셋 ··· 열', 그리고 '스물, 서른 ··· 아흔, 온'은 전연 그렇지 못하다. 그러므로 '一 二 三 ··· 十…'은 첫 조선에서 우리 숫자가 만들어진 다음 이것을 한자로 다시 만든 숫자로 보아, 우리의 진정한 숫자 '하나, 둘, 셋 ··· 열' 그리고 '스물, 서른, 마흔 ··· 아흔'만을 논한다.

열, 스물, 서른, 마흔, 쉰, 예순, 일흔, 여든, 아흔, 온(백)

이상 숫자들에서 특이한 것은 열 단위로 커지는 숫자는 거의 '흔' 자가 들어간 숫자가 유난히 많고, '흔' 자가 들어가지 않았어도 유추해보면 결국 '흔'이 된다. 여기서 '흔'은 '흔하다('많다'는 뜻으로 '한'과 같은 뜻)'는 말이다. 따라서 다음에서 보듯이 '일흔'은 '일곱이 흔하다'는 말이 되고, '아흔은 아홉이 흔하다'는 말이 되며, 유추해서 만들어본 '서른'도 '서', 즉 "셋의 어근인 '서'가 많다"는 뜻이고, "마흔도 '마'가 흔하다"는 말이 된다(네흔이 아니고 마흔인 이유는 잠시 유보).

스물: ?

서른: 서혼 = 섯혼〉설혼〉서른 ― 셋이 혼하다.

마혼: 마혼 ― '마' 가 혼하다? ('너혼' 또는 '너+이 = 네혼' 이 아니고)

쉰: 쉬혼 ― 수가 혼하다.

예순: 엇혼〉엿혼〉여순〉예순 - 엇이 혼하다.

일혼: 일혼 ― 일곱이 혼하다.

여든: 여혼〉엿혼〉여든 ― 여덟이 혼하다.

아혼: 아혼 ― 아옵이 혼하다.

온(백): '온 세상' 할 때의 '온' 으로 '모든 것'

그러니까 서른부터의 숫자에는 '혼' 이 들어가나 '스물' 이라는 숫자
에는 아무리 생각해봐도 '혼' 이 들어가지 않는다. 그렇다면 '스물' 의
뜻은 무엇이며, 왜 우리 숫자는 애초에 열밖에 없었다는 것인가? 스물의
뜻도 [천부인 ㅇ ㅁ ㅿ]으로 만든 ㄱ, ㄴ, ㄷ … ㅎ의 뜻으로 그 어근을 찾
아 유추해보자.

스물: 섯울 = 숫울〉슴울〉스물

결국 이 뜻은 " '울' 이 섰다"는 뜻의 '숫울' 이다. [천부인 ㅇ ㅁ ㅿ]으로
만든 우리 글자 중에 ㅅ은 '서다' , '세우다' 라는 뜻이 있어 '숫 = 숫 =
섯 = 삿 = 숫' 이 되고, '숫' 은 정신과 학문이 세워진 '스승, 스님' 의 어
원이 되므로 '숫울' 은 " '울' 이 섰다"는 말이다. 그렇다면 '울' 은 무엇
인가? 그야 '하늘' , 즉 '한울' 할 때의 '울' 로서 '천상천하의 모든 것'
을 말한다.

그렇다면 '슷울'은 '모든 숫자가 섰다'는 것으로 '온'과 같기에 더이상 큰 수가 없다는 말이고, 따라서 환숫 초기에는 열이 가장 큰 수이었다가 열아홉까지 센 다음 가장 큰 수를 만든다는 것이 바로 '스물'이다. 그러니까 스물 이상 더 큰 수가 나올 줄을 몰랐다는 이야기이다.

3. 다음 스물까지 만든 우리 선조들은 '서른'부터 '쉰(쉬흔)'까지 만드는 데 많은 세월이 필요했으리라

그 근거는 우리 숫자들이 말해 준다. 우리 숫자를 한꺼번에 동시에 百까지 만들었다면 다음과 같이 지었을 것이다.

열:
스물: 둘흔
서른: 셋흔
마흔: 넷흔
쉰: 닷흔
예순: 엿흔
일흔: 일흔
여든: 여흔
아흔: 아흔

그러나 이상에서 보듯이 '예순'부터는 그래도 순서가 맞는데 '스물'부터 '쉬흔'까지는 도대체 '하나, 둘, 셋 … 열'과는 관계가 없는 숫자들 같다. 이는 바로 '스물' 부터 '쉰(쉬흔)' 까지는 한 단계 올라갈 때마다 더 이상의 숫자가 필요 없었으니 생각도 하지 않았고, 그래서 스물에서 쉬흔까지 만들어지는 데는 엄청난 시간이 걸렸다는 것을 말해 준다.

다음은 '서른' 부터 '쉬흔' 까지의 뜻풀이를 역시 [천부인 ㅇ ㅁ ㅿ]의 내용으로 알아보자.

서른: 셋의 어근인 '서다' 의 '서' 이니 '서가 흔하다' 는 말이고

마흔: '넷흔' 이 아니고 '마흔' 인 것은 먼저 말했듯이 더 이상의 숫자가 필요 없는 높은 숫자이기에 '마흔' 인데, [천부인 ㅇ ㅁ ㅿ]으로 만든 글자 중에

'ㅁ' 은 땅 천부인이지만 '물' 보다 높은 '뭍' 이다. 따라서 고대에서 말하는 땅이란 모두 강이나 바다 같은 물을 뺀 이 '뭍' 이고 ㅁ의 뜻도 실은 이 '뭍' 이다. 그러나 이 '뭍' 은 물보다 높으니 무한정 높다는 것이 아니라 '하늘 아래 높다' 는 뜻을 가지고 있어 다음과 같은 말에 쓰인다.

뫼: 山
뫼시다: 높은 분을 보살핌
맏이(마지): 형
맘님: 높은 분
마아: 상감마마 등
이하 생략.

그러니까 '마흔' 은 '높은 수가 많다' 는 뜻으로 더 이상의 높은 수가 생기지 않을 줄 알고 지은 이름이다.

쉰(쉬흔): 이 역시 ㅅ은 서는 것이고 '쉬' 는 '수+이' 이니(여기서 수가 한자 數는 아님) 여기서부터 '예순, 일흔 … 온(百)' 이 동시에 만들어진 것이 아닌가 한다. 즉 마흔 이상 큰 수들이 세워진다는 말이다.

이상으로 볼 때 우리 숫자는 하나 둘 셋 … 열이 숫자가 된 후로 열밖에 없었다는 증거가 되며, 스물부터 마흔까지 만들어진 기간은 거의 천년이 걸렸을 것으로 보고, 다음 쉬흔부터 온(百)까지는 하루아침에 만들어진 것으로 본다.

여기서 '온' 은 처음에는 '열 이상' 의 그저 '많다' 는 숫자로 쓰다가 3세 단군 가륵 때 와서야 더 이상 큰 숫자가 없을 줄 알고 '백' 으로 쓰였을 것이다. 그런데 그 뒤에 다시 '즈믄(千)' 이라는 말이 생길 줄이야. 그리고 지금은 '온갖' 하면 모든 물건을 말하고, '온 세상' 하면 '모든 세상' 을 말하니 이 '온' 이란 '모든' 것이 된다.

4. 다음으로 애초 숫자가 열 단위밖에 없었다

아시다시피 이 [진본 천부경] 신지녹도문은 16자이다. 이것을 해독해본 결과 이는 '하나, 둘, 셋 … 열' 이다. 그러니까 글자 수는 16이지만 그 숫자는 10밖에 되지 않는다.

이 [진본 천부경] 신지녹도문자의 그림은 1940년대에 발행된 북한 〈영변지〉에 실려 있다. 그렇다면 당시 신지녹도문은 16자 이상 20자도 될 수 있고, 30자, 100자도 될 수 있는데, 그 중에서 하나, 둘, 셋 … 열에만 쓰다 보니 16자만 사용했을까? 그러나 평양 법수교 아래의 기천문도 하필 16자이고 섹스 기도문 숫자도 역시 16자이다.

이것은 뭔가 좀 이상하지 않은가? 우연히 그렇게 됐을까?

이것은 신지가 환숫의 명을 받고 하느님의 교훈(진본 천부경)을 적으려고 글자를 만들다 보니 거기에 맞추어 16자만을 만든 것이고, 더 이상의 소리는 보존의 필요성이 없었을 테니 글자도 만들 필요성을 느끼지 못했을 것이다. 그리고 이 [진본 천부경] 신지녹도문은 원시 가림토나 원시 한자인 금문 등에 밀려 사라졌을 것이다.

이렇게 소박한 생각으로 만든 글자가 신지녹도문이고, 그래서 이 신지녹도문은 인류 최초의 문자라고 보는 것이다. 이렇게 16자의 글자를 가지고 후에 다른 말도 적으려 하다 보니, 즉 평양 법수교 아래의 기천문이나 섹스 예찬문을 적으려 하다 보니 기록이라는 것은 꼭 16자의 신지전자를 모두 사용해야만 하는 줄 알고 기천문이나 섹스 기도문조차 순진하게 그 진본 천부경 글자 수에 맞추어 만든 것이 아닌가 한다.

그러나 섬서성 백수현에 있는 창성조적서 비문은 16자가 아니라 한 글자는 중복되었으므로 11자가 더 많은 28자이다.

이는 왜 그럴까? 한자의 창시조를 칭송하기 위하여 만든 것이 창성조적서비라 한다. 그런데 창힐은 신지에게서 6년간이나 글자 만드는 법을 배우고 자기 나라로 돌아가 그림글자 금문을 한자의 원조 갑골문으로 만든 사람이다. 그렇다면 창힐은 신지가 만든 글자 이외에 자기가 글자를 더 만들었을 수가 있다. 그 흔적이 신지전자에 나타나지 않는 11자의 글자들이고, 이는 [진본 천부경] 신지전자에 가필을 해서 만든 글자들인 것을 보면 알 수 있다.

5. 우리 숫자가 다른 나라 숫자보다 먼저 나왔다는 근거

[중국 숫자]

1 一 (이: yi) 우리말 해라는 다른 표현 '이', 또는 '니'를 본딴 것.

2 二 (얼: er) 우리말 '어울린다, 성교하다, 두른다'를 본딴 말.

3 三 (싼: san) [진본천부경] 셋은 환숫이고 사내의 대표이므로 사내〉산 애〉산 (산 丁 訓蒙)

4 四 (쓰: si)

5 五 (우: wu)

6 六 (리우: liu)

7 七 (치: qi)

8 八 (빠: ba)

9 九 (지우: jiu)

10 十 (스: shi)

11 十一 shíyí

12 十二 shíèr,

⋮

20 二十 [èrshí]

30 三十 [sānshí]

⋮

90 九十

100 百 [bǎi]

1000 千 [qiān]

10000 萬 [mò]

여기서 한 가지 덧붙이고 싶은 것은 우리가 이 숫자를 읽으려면

一 한 일
二 두 이
三 석 삼
十 열 십이다. 즉 한자를 우리말로 번역해가며 읽어야 한다. 그러나 중국인들은 번역이고 뭐고 할 것 없이 그대로

一 니
二 얼
三 산
⋮
十 쉬이다.

즉, 글자와 발음이 같다는 것이다. 이것은 무엇을 말하는가?

어느 분은 한자가 우리가 만들었으니 우리글자라 한다.

그러나 한자가 우리 글자라면 그 글자와 말이 중국인들처럼 번역이고 뭐고 할 것 없이 맞아야 한다.

그러나 중국인들은 번역할 필요 없이 그대로 읽고 우리는 번역해가며 읽어야 한다.

이상으로 보아 중국의 숫자는 한자의 중국 음이며 十 이상 十一, 十二 … 二十 등 숫자는 一, 二, 三…의 성립질서가 그대로 지켜지고 있으므로, 이 숫자는 첫조선 등에서 숫자가 만들어진 후 최소한 千년 후에야 첫조선의 숫자를 차용한 것으로 본다.

[일본숫자]

- 기수를 히라가나로 읽기(단 첫 글자로만 읽었을 경우)

1 いち → い(이) 해라는 우리말의 다른 다른 표현.

2 に → に(니) 해라는 우리말의 다른 다른 표현.

3 さん → さ(사), さん(산) [진본천부경] 셋은 환숫이고 사내의 대표
이므로 사내〉산애〉산 (산 丁 訓蒙)

4 し(よ´ょん)→ し(시), よ(요)´ょん(욘). し(시)는 四의 일본음.

5 ご → ご(고), こ(코) 는 五의 일본음

6 ろく → ろ(로), ろく(로쿠) 는 六의 일본음

7 しち(なな) → し(시), な(나)는 우리말 햇빛을 나리는 '나' 라 했으므
로 사내의 대표로 부르는 말(日 나 일 君王之表－訓蒙), 七 しち, '시찌' 는
우리말 섯〉싯〉시지.

8 はち → は(하) 해의 우리말

9 きゅう → きゅう(큐), く(쿠) 九의 일본음

0 れい → れ(레)

- 서수를 히라가나로 읽기(단 첫 글자로만 읽었을 경우)

1 ひとつ → ひ(히) 우리말 해(히다)

2 ふたつ → ふ(후) 우리말 해

3 みっつ → み(미)

4 よっつ → よ(요)

5 いつつ → い(이) 해인 이가 서다

6 むっつ → む(무)

7 ななつ → な(나) 우리말 햇빛을 나리는 '나' 라 했으므로 사내의

대표로 부르는 말 (日 나 일 君王之表- 訓蒙).

　8 やっつ　→　や(야)

　9 ここのつ　→　こ (코) 九의 일본음

　10 〈수〉とお・と: ??, 十 じゅう, '쥬'. 여기서 じゅう(쥬우)는 한자
발음도 아니고 우리말 '열'의 발음도 아니다.

　그렇다면 무엇으로 열을 'じゅう'라 했을까?

　일어 사전을 보자. 'じゅう'는 숫자 '열' 이외에 다음과 같은 뜻이 있
다.

じゅう[中] 〈尾〉

(1) …동안. 내내. … 1日 いちにち～ 하루 종일.

(2) 온. 전(全). …世界 せかい～ 온 세계.

그러니까 じゅう는 우리말 '온'과 같이 '전부', '많다'는 뜻도 있다.

20. 수 二十 にじゅう, はた-ち[二十・二十歳] 스무 살. 20세. 二十・貳
　　拾 にじゅう, 二에 十을 붙여서.

30 〈수〉三十 さんじゅう, 三十 んじゅう, 三에 十을 붙여서

40 〈수〉四十 よんじゅう, 四十 し じゅう・よんじゅう, 四에 十을 붙
　　여서

50 〈수〉五十 ごじゅう, 五十 ご-じゅう, 五에 十을 붙여서

60 〈수〉六十 ろく じゅう, 六十 … 六에 十을 붙여서

70 〈수〉七十ななじゅう・しちじゅう, 七十…, 七에 十을 붙여서

80 〈수〉八十はちじゅう, 八十はちじゅう, 八에 十을 붙여서

90 〈수〉九十きゅうじゅう, 九十 きゅうじゅう, 九에 十을 붙여서

100 [百] 〈수〉百ひゃく

1000 [千・阡] 〈수〉千せん

10000[萬] 〈수〉万まん(만) 一万いちまん(이찌만)

이상으로 보아 일본의 숫자 하나(いち, ひとつ)는 우리에게서 건너간 '해' 라는 말로 우리의 하나와 같은 말이고, 다음 に(니)는 해의 다른 발음이고 둘째, 셋째, 넷째 … 등으로 쓰이는 ふたつ(후다스) … よっつ, よん … じゅう 역시 해의 다른 음인 듯하다(이 부분은 좀 더 연구대상).

그렇다면 일본도 우리말이나 한자가 들어가기 전 자생어와 그들 나름대로 숫자가 있었다는 말이 되지만, 우리말과는 달리 열 이상 스물, 서른 … 의 말에는 역시 한자로 체계 있게 나타나고 있다.

이상으로 보아 숫자의 성립이 우리보다는 뒤진 것으로 보인다.

[영어권]
원 투 쓰리 포 파이브 식스 세븐 에잇 나인 텐
one, two, three, four, five, six, seven, eight, nine, ten,

일레븐 트웰브 써틴 포틴 … 트웬티
eleven, twelve, thirteen, fourteen … twenty

thirty　써티
fourty　포티
fifty　피프티
sixty　씩스티
seventy　세븐티
eighty　에잇티
ninety　나인티
hundred　헌드레드

여기서 텐 다음의 열하나는 '원틴', 열둘은 '투틴'이라고 했어야 할 것을 엉뚱한 소리로 만든 것을 보아, 이들은 열둘까지 만들 때는 헤멘 것으로 보여지며, 그 이상은 논리적으로 만들어졌다.

그렇다면 이는 이들이 우리보다 더 논리적인 사람들이기 때문이라고 볼 것이 아니라, 이미 말이나 사물의 판단, 즉 경제개념이 생성된 후에야 숫자를 만들었다는 증거로, 우리의 숫자는 자연발생적으로 인류의 문화발달에 맞추어 만들어진 것에 비해 그들의 숫자는 그렇지 않다는 증거가 되므로, 최소한 우리보다는 1,000년 이후에나 이 숫자가 만들어진 것으로 보인다.

이상으로 우리 한민족의 숫자가 세계 최초로 만들어졌음이 입증된다.

제11장 | [영변지]의 신지녹도문

01 북한 영변지의 신지녹도문과 이를 예리하게 분석한 이의 글

글쓴이가 지금 해독하려는 [진본 천부경] 신지녹도문의 신지녹도전자가 다 실려 있는 서적은 북한의 [영변지]이다. 이는 신지녹도전자에 대하여 어느 글보다 예리한 눈으로 분석한 글은 이형구의 [단군을 찾아서](살림터 출판사), 1994년판이니 아래는 그의 글 중 요점을 전재한다.

1) 천부경에 대한 일반적 인식
오늘날 천부경에 대하여는 대개 다음과 같이 인식되고 있다.

① 천부경은 환인천제께서 다스리던 환국(桓國)에 있었던 구전(口傳)의 서(書)이다. 그 후 환웅께서 천강하신 후 신지혁덕에게 명하여 녹도문(鹿圖文)으로써 그것을 썼다. 훗날 최고운(崔孤雲)이 전고비(篆古碑)를 보고 갱부작첩하여 세상에 전하였다(이맥 [태백일사(太白逸史)] 소도경전본훈편).

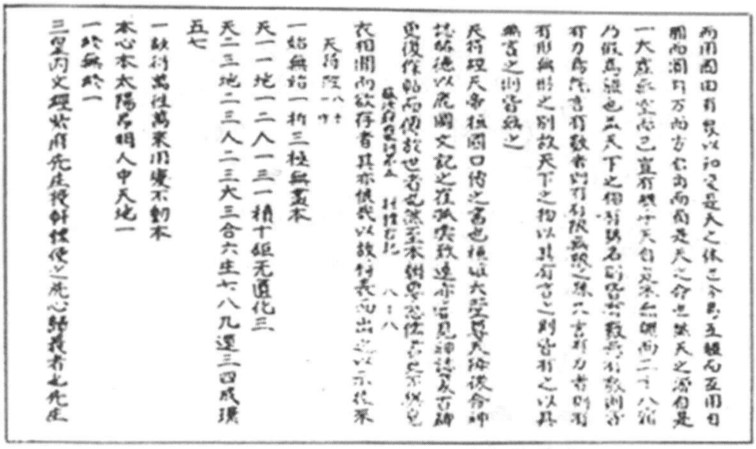

天符經八十一字

一始無始一析三極無盡本

天一一地一二人一三一積十鉅無匱化三

天二三地二三人二三大三合六生七八九運三四成環五七

一妙衍萬往萬來用變不動本

本心本太陽昂明人中天地一

一終無終一

〈그림 1〉 이맥의 「태백일사」

② 전비문(篆碑文)이 몹시 어렵고 읽기가 힘들어서 고운이 그것을 번역하였다([고운집(孤雲集)] 사적본(史蹟本)).

③ 법수교(法首橋) 비문(碑文)은 평양 법수교의 비(碑)에 새겨진 글월로 훈민정음 이전에 있었던 우리나라 고대문자로 추측된다(이홍식, [국사대사전] 백만사, 1974년판).

④ 단군 천부경은 신지가 전자(篆字)로 옛 비석에 쓰고, 최문창 후 고운이 그 글자를 풀어 태백산에 새겼다(김영의(金永毅), [천부경 주해(天符經註解)]).

⑤ 창힐이 처음 문자를 제작하였다고 중국에서 말하는데, 그는 동국(東國)사람이라 하고, 그리고 단군시대의 신지(神誌)의 문자가 지금도 남아 있어, 이 책의 상면(上面)에 영인하여 붙인 것도 있어서, 문자가 있고 예의를 아는 것이 단군고족(檀君古族)으로 되었은즉 …([영변지(寧邊誌)], 71년판, 126-127쪽).

⑥ 한말(韓末) 학자였던 계연수(桂延壽)가 1916년 9월 9일 묘향산 깊은 계곡의 석벽에서 천부경임을 알고 한 벌을 탁본하여 서울 단군교 당으로 보냄으로써 세상에 알려지기 시작하였다[계연수의 서신문 (書信文)].

이상의 내용을 종합하여 볼 때, 몇 가지 의문을 갖지 않을 수 없다.

① 전고비문과 녹도문은 서로 같은 글자를 말하는가?

② 최고운의 81자는 전고문을 단순 번역한 것인가, 아니면 전혀 별개의 제2창작을 하였는가?

③ 전고비문(또는 녹도문)의 판본은 여러 개인가?

2) 몇 가지 전고비문의 탁본들

앞에서 지적한 몇 가지 의문점에 대하여 확실한 해답을 얻을 수 없는 현 단계에서의 한계점을 감안하여 필자는 두 가지 가정 하에 즉,

① 천부경의 원문(16자)은 녹도문으로 쓰여졌으며, 그것은 전고비문 과 일치한다.

② "천부경(16자)과 최치원의 81자 경문은 별개의 독립된 글이다." 라는 전제 하에 이 글을 계속하고자 한다.

고문(古文)에 상당히 권위 있는 학자로 알려져 있는 허목(1595~1682, 숙종 시대의 우의정)의 대표적 문집인 [기언(記言)](古文편, 제6권)에는 다음과 같이 전하고 있다.

"먼 옛날 창힐이 새의 발자국을 보고 처음으로 글자를 만들어 조적서(鳥 跡書)를 지었고, 신농씨는 수서(穗書)를, 황제씨는 운서(雲書)를, 전욱씨는

과두문자를, 무광은 해서를 각각 만들었다. 또 기자의 고문이 있으나 너무 오랜 것이어서 알기가 어려웠는데, 한(漢)의 양웅(楊雄)이 이것을 알아보았다"(민추회, [미수기언 I], 1986년판).

이상의 내용만을 참고할 때, 창힐의 조적서와 신지의 녹도문이 서로 같은 것인지 확인할 길이 없다. 다만 조선 후기의 인물로 알려진 김두영(金斗榮)의 [전첩(篆帖)](출전: 충남 향토연구회 발간, [향토연구 제7집], 90년 8월)에 창힐의 조적서로 알려진 서체(그림 2)가 발견되고 있지만, 현재로서는 녹도문과의 어떤 상관성을 규명할 수가 없으므로, 오늘날 알려진 16자 전고비문이 곧 천부경의 녹도문으로 보고, 그 동안 세상에 공개되어온 몇 가지 전고비문을 검토해 보고자 한다.

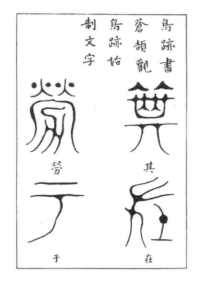

〈그림 2〉 김두영 [전첩]

3) 안영태(安永泰), [현대정치철학(現代政治哲學)], 공동문화사, 1974년판

안씨는 자신의 저서 속표지마다 이 그림(그림3)을 싣고 있다. 그는 이 것을 "神誌氏의 전자(篆字)로 단군시대(4,500년 전)의 기록"이라고 밝혔 다(心溪 鄭周永 박사의 증언에 의하면, 안씨는 옛 황실재산관리소장인 尹字景 이 소장했던 것을 받아서 등재한 것이라고 함).

〈그림 3〉 안영태 「현대정치철학」

4) 송호수(宋鎬洙), [겨레얼 3대 원전(元典)], 도덕성회, 단기 4316 년판; 김붕남(金鵬南), [백두산(白頭山)은 우리 고향(故鄉)], 평화 사(平和社), 4324년판

〈그림 4〉 송호수, 김붕남의 자료

이 두 책 속(그림4)에는 [영변군지](1942년 발간본)에 실려 있는 모사본

이 똑같이 인용되었다(김씨에 의하면, 이 자료는 미국에 살고 있는 전직 언론인인 홍흥수 씨가 1983년 묘향산을 방문하였을 때, 묘향산 역사박물관장 최형민 씨로부터 얻었다고 함).

5) [영변지], 1971년판

앞항에서 언급한 [연변군지]의 최초 발간은 1942년(그림 5-1)으로 [81자 神誌篆]과 [16자 神誌篆]이 함께 있으며, 그 후 월남한 세대들에 의해 1971년(그림 5-2)에 서울에서 이 책이 재발간(원본은 한문이 많이 섞여 있으나, 이 책은 한글 번역이 눈에 띈다)되었는데, 여기에는 [神誌筆蹟]이란 이름으로 맨 앞장에 실려 있다.

〈그림 5-1〉「(舊)영변지」의 신지록

〈그림 5-2〉「(新)영변지」의 신지필적

6) 이유립, [대배달민족사(1)], 고려가, 1987년판

〈그림 6〉 이유립 「대배달민족사(1)」

이 분야의 권위 있는 학자였던 이유립 씨는 이 글자(그림 6)를 [법수교고
비(法首橋古碑, 평양 소재)라고만 밝혔을 뿐, 구체적인 언급은 하지 않았다.
이 법수교에 대하여 16세기 말에 편찬된 [평양지]에서는 "평양법수교 다
리에 옛 비가 있었는데, 그 글자가 우리 글자(훈민정음)도 아니고 인도의
범자도 아니며, 중국의 전자도 아니라고 하면서 혹 말하기를 이것은 단군
때의 신지가 쓴 것이라고 하였는데, 세월이 오래 되어 없어졌다."고 했으
며, "법수교에는 선인이 내왕하였다. 법수(法首)는 선인의 이름이다."([태
백일사] 마한세가 上)라는 자료에 근거하여 법수교가 갖는 역사적 의미를
유추해 볼 수 있겠다(앞 단락 ③항의 이홍직(李弘稙)의 글 참조).

이상의 네 가지 자료에 거의 같게 나타나고 있는 이 전고비문을 필자
로서는 일단 [천부경] 원문(16자)으로 보고자 한다. 다시 말하지만 一始
無始一로 최치원의 81자 경문과의 연계를 반대하며, 다음 항에서의 논
의를 위해 이 네 자료를 '16자 전고문'으로 통칭하고자 한다. 〈그림 7〉
은 이 네 자료에 기초하여 하나로 통일하여 배열한 것이다.

<그림 7> 필자가 기본으로 한 16자 전고문

7) 두 개의 또 다른 전고비문

앞에서 언급한 네 가지 모사본(16자 전고문)의 전고비문은 배열의 순서에 있어서 약간의 차이가 있으나, 낱글자들은 서로 비교해 보면 똑같은 판본(모두 16자씩)이라고 해도 과언이 아니다(이런 이유로 '16자 전고문'으로 통칭한 것임).

그런데 필자는 이 '16자 전고문'과는 전혀 다른 탁본을 발견하였다. 그러나 이와 서로 같은 고전자(古篆字)라는 면에서 일치하는 것이기 때문에 더욱 큰 관심을 불러일으키고 있다. 항을 나누어 설명하면 다음과 같다.

8) 김규진(金圭鎭), [서법진결(書法眞訣)], 고금서화진열관, 1915년판

필자는 이 책을 대전의 어느 고서점에서 구입하였다. 해강(海岡: 김규진의 호, 1868~1933)은 영친왕의 스승을 역임할 정도로 서예의 대가였으며, 지금도 주요 사찰(필자는 가야산 해인사에서 해강의 필적을 확인하였다)의 현판에서 그의 글씨를 발견할 수 있다.

[서법진결(書法眞訣)]은 일종의 한자서예 입문서로서 기초에서 최고급 서체까지 다양한 내용을 담고 있는데, 고문서체로 [창힐전], [하우씨전] … 등 7가지의 예를 들어 설명하고 있다.

〈그림 8〉 김규진 「서법진결」

문제의 서체는 바로 창힐전(그림 8)이라는 이름 아래 쓰여져 있는 11
자의 고문(이에 관한 자세한 내용은 朴弘來 저, [금역진리(金易眞理)] 참조)인
것이다(이하 이를 '11자 전고문' 이라고 통칭하고자 함).

9) 백수현(白水縣) 사관촌(史官村) 창성묘(倉聖廟)의 [창성조적서비 (倉聖鳥跡書碑)]

〈그림 9〉 창힐의 「창성조적서비」

이 창성(倉聖)의 조적서비문은 본래 [섬서고대서법유적종술(陝西古代 書法遺蹟綜述)(1)]에 실려 있는 것을 [환단지(桓檀誌)] 제10호(1993년 6월 6 일 발간)에서 재인용한 것임을 밝힌다.

이 전고비문(그림 9)은 모두 28자로서 중요한 의미를 지니고 있다(이하 '28자 전고문'이라고 통칭함).

10) 세 전고문의 차이점 분석

필자는 앞에서 언급한 바와 같이 논의의 편의를 위하여 남한 내에 널 리 퍼져 있는 천부경 원문들을 하나로 정리하여 '16자 전고문'이라 했 고, 해강 김규진의 판본을 '11자 전고문', 또 백수현의 조적비를 '28자 전고문'이라고 통칭하였다.

우선 세 전고문의 전래과정이 가장 궁금하지 않을 수 없다.

첫째, '16자 전고문' 가운데서 가장 신뢰할 수 있는 기본자료는 1942 년판 [영변군지]라고 봐야 할 것이다. 이에 의하면 최치원의 81자 경문 이 계연수에 의해 1917년(일설에는 1916년)에 묘향산에서 채약 중에 발 견되었으며, '16자 전고문'은 다른 책(他本)에 있는 것을 옮겨다가 '단 군천부경팔십일자신지전'이라는 이름으로 함께 실었다는 것이다. 또 지금으로서는 더 이상 상고할 길이 없으나, 윤우경 씨로부터 받았다는 안영태 씨의 판본을 참고한다면 한말(韓末)에 확인되었을 가능성도 없 지 않다.

둘째, '11자 전고문'의 경우, 해강은 그 책을 1915년에 쓰고 1933년에 서거하였기 때문에 [영변군지]의 구독 가능성은 전혀 없다고 할 수 있다. 다만 해강이 18세(1886년)에 중국에 들어가 명승지를 둘러보고, 서화집 들을 두루 열람하였다는 기록(서법진결의 序)과 영친왕의 스승이었던 그가 궁중의 각종 서적을 탐독했을 가능성 등에 더 깊은 연구가 요구된다 하겠다.

만약 해강이 중국에 가서 '28자 전고문'을 보았든지, 아니면 궁중에서 윤우경이 소장했던 것과 같은 판본(16자 전고문)을 보았다면 문제는 간단히 해결되겠으나, '28자 전고문'과 '16자 전고문'에 전혀 없는 글자가 '11자 전고문' 속에 있기 때문에 문제는 더 복잡해진다.

셋째, 백수현의 '28자 전고문'의 발견 및 전래과정에 대하여 필자로서는 아직 구체적인 언급을 할 수가 없어 유감이다([환단지] 발행인인 김성준(金成俊) 씨가 이 자료를 보관하고 있음).

아무튼 이상의 몇 가지 내용에 유의하여 3가지 전고문의 공통점과 상이점을 나름대로 분석해보고자 한다.

〈공통점〉

먼저 공통점을 지적해 보겠다.

① 이 3가지 전고문이 하나의 동일한 주제(예를 들어 천부경)를 16자, 28자, 11자로 달리 표기한 것이라는 전제를 할 수는 없지만, 일단 글자의 꼴을 중심으로 관찰할 때, '16자 전고문'과 '11자 전고문' 사이에 같은 모양의 글자꼴이 7개 있으며(⁂ ⊔⊔ ↘ ⨉⨉ ⨉ ⅋ ↖),

② '16자 전고문'과 '28자 전고문' 사이에는 놀랍게도 '28자 전고문' 속에 '16자 전고문'이 그대로 다 들어 있다(⊔⊔과 ⊔⊔를 같은 것으로 보았음).

③ '28자 전고문'과 '11자 전고문' 사이에 같은 글자는 8자가 있다. 따라서 이 3가지 전고문의 공통글자는 앞에 지적한 7글자이다.

④ 이 3가지 전고문이 동일한 주제를 서술한 것이라고 단정할 수는 없

으나, 서로 전혀 다른 경로 과정에 있음에도 불구하고 어떤 일체성을 보여주고 있다는 면에서 옛 우리 조상들의 글이라 하지 않을 수 없다.

⑤ 이 3가지 전고문을 자세히 보면, 모두 세로쓰기로 되어 있다.

〈상이점〉

그 다음 상이점을 지적해보겠다.

① 각각의 낱글자가 16자, 11자, 28자이다.

② '16자 전고문' 과 '11자 전고문' 은 국내자료에서 발견되었으나 '28자 전고문' 은 중국에서 발견되었다.

③ '16자 전고문' 은 신지의 녹도문이라는 이름으로 전해 왔으나, '11자 전고문' 과 '28자 전고문' 은 [창힐전]으로 전하고 있다.

④ '16자 전고문' 의 글자는 '28자 전고문' 안에 다 들어 있으나, '11자 전고문' 과 비교할 때 '16자 전고문' 에는 4개(ㅜㅊ ☴ㅗ) 글자가 없으며, 이 4개 글자 중에 3개(ㅜㅊㅗ)는 '28자 전고문' 안에도 들어 있지 않은 점에 유의할 때 해강의 '11자 전고문' 의 독특성이 돈보인다.

⑤ '16자 전고문' 과 '11자 전고문' 에 모두 없고, 오직 '28자 전고문' 안에만 있는 글자는 10개(ㅆㅊㅌㅠㅊㅃㅛㅅㅆㅅ)이다.

11) 신지녹도전자를 분석한 이형구의 결론

이상에서 필자는 일단 '16자 전고문' 을 중심으로 나머지 '11자 전고문' 과 '28자 전고문' 을 비교하는 것에 그쳤다.

최근 북한의 柳烈 교수(사회과학원 언어학연구소)는 "이 신지글자 16자는 단군시기부터 고조선에서 쓰인 우리 민족 고유의 글자" 임이 명백하다고 말하고, 이 신지글자는 '뜻글자가 아니라 소리글자'로서 '고조선 시기의 토기 밑굽'에도 이와 같거나 비슷한 글자(그림 10)들이 새겨져 있다고 했다(〈그림 10〉은 필자가 발췌한 자료임).

〈그림 10〉 나진초도 유자토기   고조선시기 문자 토기

오늘날 대부분의 천부경 연구자들이 '16자 전고문'을 진지한 방법으로 분석도 하기 전에 무조건 고운 최치원의 81자 경문과 연계시키는 것은 마땅치 않다고 생각한다.

따라서 '16자 전고문'을 [16자 천부경]으로 전제할 때 이 [16자 천부경]에 대한 연구는 필자가 이 글에서 제시한 '11자 전고문'과 '28자 전고문'과의 비교연구(가능하면 해독까지)를 통해 그 진의가 규명되어야 할 것이다.

아울러 민족상고사의 보고라 해도 과언이 아닌 [환단고기] 속에 81자 경문만 전하고, 이 16자 천부경이 전하지 않는 점을 못내 아쉽게 생각한다.

차제에 필자의 견해를 덧붙인다면, 최치원의 81자 천부경(天符經)이라고 하는 것보다는 '16자 전고문'과 구별되는 최치원의 독창적인 경문(經文), 즉 천부경에 대(對)가 된다는 의미로서 감히 이름붙여 인부경(졸

저, [인부경 81자 집주(人符經八十一字集註)] 참조)이라고 칭하고 이해함이
어떨까 생각해본다.

끝으로 앞에서 열거한 '16자 전고문' 과 '28자 전고문' 을 모두 4~5천
년 전에 고대의 우리 민족이 사용한 옛글자라고 이해할 때 오늘날 우리
는 서로 다른 모양으로 된 신지 녹도문을 확인할 수 있게 된다.

(기타 참고도서: 이형구, [단군을 찾아서], 살림터 출판사, 1994년판.)

02 글쓴이의 영변지 신지녹도전자 분석

위에 분석한 글은 참으로 예리하게 객관적으로 분석되었는데 글쓴이
는 이를 하나하나 분석 해독해 본 결과에 의하면

(1) 그림 5-2, 그림 7은 진본 하나 둘 셋이라는, 지금 글쓴이가 해독해
보려는 이 [진본 천부경] 신지녹도문이나,

(2) 그림 5-1 [구 영변지] 좌측 그림과 창성 조적서비 등 고서가 다 그렇
듯이 글씨가 세로 써져 있어야 할 것을 편집상 가로 쓴 것 같은데,

(3) 이 그림 5-1 [구 영변지] 좌측 신지녹도문은 평양 법수교 아래 있다
는 아들을 낳게 해달라는 '기천문(祈天文)' 이고

(4) 그림 3의 안영태 [현대정치철학]은 '성 예찬문' 이며

(5) 그림 6 이유립 [배달민족]은 [진본 천부경]인 글자를 잘못 배열한
것이고

(6) 그림 8 김규진의 서법진결(書法眞訣)이니 그저 고대 전자 견습서
이며

(7) 그림 9 창힐의 [창성조적서 비문]은 지금도 중국 섬서성 백수현에 있는 창성조적서 비문인데 이는 중국인들의 말처럼 한자의 창제 과정을 말하는 것이 아니라 창힐이 신지한테 글자 만드는 법을 배워 고향인 중국에 돌아가 제멋대로 11자를 더 붙인 환숫이 밝달국을 세우는 과정을 보고 적은 일종의 견문록으로 이는 중국의 국보가 아니라 우리의 국보이다. 이 신지녹도 문자와 창힐의 [창성조적서 비문] 해독은 이 글 후에 쓴다.

제12장 | 신지녹도문 해독을 증거하기 위한 방법

01 최치원 81자가 탄생하게 된 동기와 난해한 이유

먼저 말한 태백산 단군전비에 새겨져 있는 [진본 천부경] 신지녹도문은 천제 때나 쓰는 신의 글자로 인간 글자가 아니니 천제 지내는 풍습이 끊어진 후 아무도 돌보는 이 없이 대략 4천년이 흐른 다음 신라 말 고운 최치원에 의해 해독, 일시무시일(一始無始一)로 시작, 일종무종일(一終無終一)로 끝나는 81자의 한자 첩(帖)으로 기록되는데….

그러나 우리는 이 최치원의 81자를 천부경으로 잘못 알고 있고, 또 우리말을 한자로는 마음대로 기록할 수 없어 마치 처용가와 같이 이두로 쓴 것을 한자 뜻대로 해독하려니 잘 풀리지가 않으니까 각종 음양오행설로 귀에 걸면 귀걸이, 코에 걸면 코걸이 식으로 해독하고 있다. 그러나 독자는커녕 풀었다는 사람도 무슨 소리인지 알고나 썼는지 의심이 갈 정도로 횡설수설 풀고 있고, 컴퓨터로나 가능한 수리학적으로 풀려 하지만 이직까지 속 시원히 풀었다는 사람은 아무도 없다고 했다. 하지만 그것은 그럴 수밖에 없다. 그 이유는 대략 다음과 같다.

(1) 이는 우선 [신지녹도전자 천부경]을 최치원 이후 아무도 해독하지 못했기 때문이고 다음은 최치원 81자는 이두로 쓴 문장인데 이를

한자 뜻대로 해독하자니 해독이 되지 않는 것이다.

(2) 최치원은 위 신지녹도문자를 해독해본 결과 그 뜻이 '하나, 둘, 셋 … 열'이었으므로 이것을 그대로 한자로 번역해봐야 '一 二 三 … 十'밖에 되지 않는다. 그러나 그때만 해도 당시 사람들은 '하나, 둘, 셋 … 열' 속에 어떤 의미가 들어 있는지 아무도 모르는 채 그저 숫자로만 알고 있었고, 이 숫자의 의미를 풀어 설명하려면 원시 한글인 가림토의 ㄱ, ㄴ, ㄷ … ㅎ의 자음 속에 어떤 뜻이 들어 있는가를 설명해야 하는데, 그때 선비들은 한자에 미쳐 돌아 이미 가림토가 없어진 때이니 가림토로 설명도 할 수 없고, 또 가림토를 복원해 설명해봐야 읽을 줄 아는 사람도 없을 때이니 써봐야 말짱 헛일이었을 것이다 (최치원이 81자를 쓰고 얼마나 괴로웠는지는 뒤에 써진 그의 시 秋夜雨中 참고)

그러니까 최치원은 이 신지전자를 해독하여 그대로 번역문을 쓴 것이 아니라 갱부작첩(更復作帖), 즉 하나의 시첩(詩帖)처럼 별도의 글을 이두로 만들었고, 그 속에 우리 숫자 '하나, 둘, 셋 … 열'의 뜻을 이두로 써놓아 우리말이 아닌 한자의 뜻으로는 도저히 풀리지 않게 해놓으면서 당시나 후대에, 또는 지금도 우리말과 글을 버리고 한자에나 미쳐 돌아 한자로만 풀려는 선비들에게 '엿'을 먹인 것이다. 즉, 이두로 쓴 글이니 우리말로 풀면 쉽게 풀리는 것을, 한자로는 도저히 풀 수 없게 위대한 장난을 쳐놓았다는 것이다.

(3) 신지녹도문자 천부경의 내용은 이 글 본문에서 자세히 설명되듯 '하나, 둘, 셋 … 열'이고, 최치원의 81자는 전술했듯이 이 숫자들의 뜻을 가지고 다시 하나의 시첩을 만들면서 이 숫자의 뜻을 이두로 설명한 것인데 아직까지 모든 이들은 이것을 진본 천부경으로 잘못

알고 한자 뜻대로 풀려고 했으니 시작부터 잘못됐다는 것이다.

(4) 이 [신지녹도문 천부경]은 바로 하느님 말씀이고, 한자가 생기기 전의 우리말인데, 최치원의 81자가 한자라 하여 이두로 쓴 우리말은 생각하지 않고 자꾸 한자의 뜻대로 풀려고 한다는 것이다.

(5) 신지녹도문이 쓰일 무렵은 말이라곤 불과 20여 개밖에 없는 이심전심으로 살아가던 시대로, 20만 단어를 쓰고 있는 현대인들의 상식과는 너무나 괴리가 심하다는 것을 모르고 현대의 상식으로 풀려고 했다.

(6) 하느님 시대나 이 [진본 천부경]이 써진 환숫, 밝달임금 무렵에는 음양오행설이 태동도 하지 않았던 시기였다. 복희씨가 겨우 팔괘를 창안했다 하더라도 이는 몇천년 후의 일인데, 과연 하느님은 당장 개국을 하려는 환숫님께 몇천년 후에 음양오행설이 생길 것을 예비하여 음양오행설로 말씀을 하실 것 같은가?

(7) 컴퓨터로나 풀 수 있는 우주의 수리학적 논리로 풀려고 하고 있는데, 그때 그것이 숫자라고 하더라도 하나, 둘 … 열밖에 되지 않는다. 즉 손가락 수대로 '열' 밖에는 안 되고 더 이상의 숫자는 그냥 '온' 이라 했는데, 이 '온' 은 천년 후인 3세 단군 가륵 때 와서야 百이 된다(먼저 우리 숫자는 애초 열밖에 없었다는 [천부인 ㅇ ㅁ △] 증거 참조).

(8) 우리 뿌리말로 보면 말도 불과 20여 단어에 불과했고 글자도 없던 시절 그 [진본 천부경] 신지녹도문 16자를 최치원의 81자가 음양오행 수리학적이라고 푼다면 한 권의 책이 되는데 그 말들이 과연 그렇게 쉽게 입과 입으로 전한다는 구전지서가 될 수 있을까?

(9) 최치원의 81자는 순전히 우리 숫자놀음인데, 우리 숫자 '하나, 둘,

셋 … 열' 이 뜻은 열 개이나 글자는 신지녹도 문자처럼 16자라는 것을 생각하지 못했다.

(10) 최치원은 81자 중에서 一 二 三은 天地人으로 설명하고 있다. 그렇다면 나머지 숫자는 아무 뜻도 없어 음양오행설로 풀어야 한단 말인가? '하나, 둘, 셋' 이 우리말인 '하늘' 과 '땅' 과 '사람' 이라면 다음 '넷, 다섯 … 열' 도 우리말로 풀어야 할 것 아닌가?

(11) 우리 조상들이 우리 숫자 "하나 둘 셋 … 열" 을 만들 때 "하나 둘 셋" 까지는 "하늘과 땅과 사람" 이라는 의미가 들어 있는 중요한 말로 숫자를 만들고 다음 "넷" 부터는 아무 의미가 없는 말로 숫자를 만들었을 것 같은가?

(12) '넷' 부터의 뜻은 백과사전도 모른다. 왜냐하면 우리 하나 둘 셋 … 열은 하느님 시대의 말이고 하나, 둘, 셋은 하늘과 땅과 사람이라고 최치원의 말했으나, 넷부터는 직접적인 설명이 없다. 그러나 최치원의 81자 속의 숫자를 우리말로 보고, 우리말에서 발음되는 ㄱ, ㄴ, ㄷ … ㅎ 속에 어떤 뜻이 들어 있는지 '천부인 ○ ㅁ △' 뜻을 풀어본 학자가 있었다면 그 뜻은 분명하게 밝혀진다.

(13) 하느님 말씀인 천부경이 우주의 진리이고 음양오행설도 우주의 진리이기 때문에 음양오행설로 풀어야 최치원의 81자가 제대로 풀린다면, 지금까지 음양오행설로 풀이한 100여 가지의 천부경 해석이 왜 쓰는 사람마다 각자 다른가? 그 100여 사람은 각자 자기 해석만 옳고 남의 해석은 음양오행설도 잘 모르는 엉터리라고 한다. 100 사람이 다 그렇게 생각하고 있다.

(14) '홍익인간(弘益人間)' 이란 말은 바로 하느님 교훈이다. 그런데 이 [진본 천부경 신지녹도전자] 이외에는 하느님의 말씀이 원본 그

대로 쓰여 있는 문서는 아무 데도 없고, 그 말씀이 훼손이나 변질 없이 그대로 보전되는 문서도 오직 [진본 천부경] 신지녹도문밖에는 없다.

또 [삼국유사], [환단고기] 등에 고기(古記)를 인용한 하느님 역사에서 '홍익인간' 이란 말이 나오지만, 이 고기는 연대도 오래지 않고 한자가 정착되어 있을 때니 고려를 넘지 않으며 이것을 고려 말에 일연은 인용한 것으로 본다.

그렇다면 하느님 말씀이 전해진 것은 [진본 천부경] 신지녹도문밖에 없으며 옛날에는 이것이 진본 천부경일 수밖에 없고 이는 김부식의 [삼국시기]에도 그 증거가 나온다.

그러나 혹자는 최치원의 81자가 천부경이라고 해석하면서도 그 81자 속에 홍익인간 소리가 붙어 있는지 알지도 못한다.

글쓴이는 남들이 해석한 글 100권을 읽어 봤어도 모두 아리송한 음양오행설 풀이일 뿐 이것이 홍익인간이라는 말은 단 한 마디도 없다.

그러니까 후세인들은 그 일연이 [삼국유사]에서 인용한 古記만 믿어 弘益人間을 한자 뜻대로 해석하여 '널리 인간을 이롭게 한다' 라고 임의로 해석하고 우리 헌법, 특히 교육법 1조에까지 써 놓았다.

이 [진본 천부경] 신지녹문에서 '홍익인간' 이란 말은 바로 우리 숫자 '아홉 열' 이고, 최치원의 81자 중에서는 '一積十鉅無匱化三' 이다.

02 최치원 81자는 이두로 써 있고 [진본 천부경]도 아니다

　글쓴이는 먼저 졸저 [천부인의 비밀]에서 말했듯이 최치원의 81자를 우리말의 뿌리를 추적하여 'ㄱ, ㄴ, ㄷ … ㅎ 속에 개체적 의미와 철학이 들어 있다' 는 학설을 정립한 다음, 최치원의 81자 속의 숫자는 대개 이두로 쓴 우리 숫자의 풀이인 동시에 '한' 의 예찬서임을 밝혀내었고, 따라서 이 [진본 천부경] 신지녹도문을 숫자가 아닌 우리말로 해독하여 이 내용을 여러 차례의 강의와 토론을 통하여 검증하였으며, 특히 천부경으로 잘못 알고 있는 평양 법수교 아래 비문까지 '기천문' 이라는 사실을 밝혀내어 여기에 자신 있게 글을 쓴다.

　혹 읽는이들은 신지녹도 전자는 신인(神人)인 최치원이나 해독할 수 있는 것이지 아무나 할 수 있는 것이 아니라고 할 수도 있다. 그러나 신지가 글자를 만들었다면 그 글자는 그의 임금님인 환숫님도 읽을 수 있어야 하며, 신지의 친구들이나 동네 사람들도 읽을 수 있어야 한다. 또 그 글자가 쓰인 지 4,000년 후 최치원만 해독할 수 있고 5,000년 후에 우리는 해독할 수 없다면 그것은 글자가 아니다.

　단, 최치원이 3일에 해독했다면 우리는 3개월이라도 걸려서라도 해독해야 하고, 최치원이 3개월 걸렸다면 우리는 3년이 걸려서라도 해독해야 그것이 글자다. 그러니까 우리가 지금까지 신지녹도 전자나 서두에서 말한 금문, 그리고 최치원의 81자를 해독하지 못했던 이유는 알고 보면 너무도 간단하다.

　이미 말했듯이 20만 단어를 쓰는 우리가 불과 20여 개 단어로 살아가던 그분들의 의식주 생활은 물론 성생활, 그리고 그들의 사고방식을 전연 이해하지 않은 채 우리 방식대로 생각했기 때문이다.

한 가지 예를 든다. 우리는 거리에 나가보면 우회전, 좌회전 등 교통 표지판을 쉽게 접하고 누구나 이해한다. 그러나 만년 후 비행접시를 타고 다니는 우리 후손들은 그것을 전연 이해하지 못할 것이다. 왜냐하면 그때는 비행접시에 가려는 집의 숫자만 지금 전화 걸듯 입력하고 단추 하나만 누르면 단 1초 사이에 미국 친구네 안마당에 사뿐히 안착할 수 있기 때문에 교통 표지판이 무엇인지조차 모를 것이기 때문이다. 그런 그들이 어쩌다 그 교통표지판을 발견하고 제대로 이해하려면 그들은 타임머신을 타고 지금의 자동차문화로 돌아와야 한다. 이와 마찬가지로 [진본 천부경] 신지녹도문과 최치원 81자를 해독하려면 20만 단어를 쓰는 우리의 현재적 의식을 버리고 20여 단어로 살아가던 5~6천년 전 그들의 세상으로 타임머신을 타고 들어가야 한다는 말이다.

그러면 이제부터 이 [진본 천부경] 신지녹도문을 풀어보고자 하는데, 우선 다음의 조건이 맞아야 한다. 만약 다음 조건이 맞지 않은 채 글쓴이가 [진본 천부경] 신지녹도문을 해독한다면 거짓말을 할지도 모르기 때문이다.

03 [진본 천부경] 신지녹도문 해독의 진위를 증명하는 방법

1) [진본 천부경]인 신지녹도 문자를 해독하고 그 글자들의 해석이 틀

리지 않았는가를 검증하기 위하여 평양 법수교 비문, 창성 조적서 비문까지 해독해보고 세 개가 다 읽는 법이 같아야 한다.

2) 이 [신지녹문 천부경]이 우리 숫자 '하나, 둘, 셋 … 열'이라 했는데, 이 숫자의 뜻을 설명할 수 있는 열쇠, 즉 또 하나 글쓴이 졸저 [천부인 ㅇㅁㅿ]에서 말하는 'ㄱ, ㄴ, ㄷ … ㅎ' 속에 들어 있는 우리말의 뜻과 이 [진본 천부경] 신지녹도문을 해독한 그림의 뜻이 같아야 하며, 또 우리 조상이 모자라는 글자를 보충하기 위하여 만든 금문(金文)이나, 또는 그 글자를 쓰던 사람들의 기록인 명마산 글씨 바위에서 그 기록을 찾아야 한다.

3) 최치원의 81자의 뜻이 왜 '하나, 둘, 셋 … 열'의 해설서이며 '한'의 예찬서인지 논리적으로 설명이 되어야 한다.

4) 우리가 툭하면 쉽게 말하여 심지어 우리 대한민국의 건국이념이며 교육법 제1조에 들어 있는 '홍익인간'의 뜻은 하느님이 우리에게 주신 천부경, 즉 신지녹도문자 이외의 기록에는 없는데, 과연 어느 부분에 어떻게 무슨 뜻으로 말씀하셨는지를 역시 이 [진본 천부경] 신지녹도문 '하나, 둘, 셋 … 열'과 최치원의 81자에서 찾아내고, 그 말들이 일치되는가를 보아야 한다.

5) 과연 우리 조상들이 이 [진본 천부경] 신지녹도문 하나, 둘, 셋 … 열을 숫자 이외에 하느님 말씀 말씀으로 알고 써 왔는가를 봐야 한다. 우리 선조가 아무도 이 하나, 둘, 셋 … 열을 숫자 이외에 하느님 말씀이라고 쓰지 않았다면 지금 글쓴이가 해독하려는 이 [진본 천부경] 신지녹도문 하나, 둘, 셋 … 열이 하느님 말씀이라고 믿어 달라고 하기는 힘들다.

그러나 그 증거는 우선 명마산 글씨 바위에 있고 또 흔히들 김부식의 [삼국사기]는 우리 국조의 소리가 없으니 일연의 [삼국유사]만 못하다고 하는데 그 [삼국사기]의 이두를 잘 풀어보면 고구려, 백제, 신라인들은 틀림없이 하나, 둘, 셋 … 열이 숫자 이외 하느님 말씀이란 사실을 알아 말끝마다 말했으나 단 그 말을 적은 사관은 우리 글자가 없으니 한자 이두로 적은 것이고 그 이두를 잘 해독해보면 아는데 이 자세한 풀이는 이 [진본 천부경] 신지녹도문 하권에 풀이해 놓았다.

따라서 이들 증거로 글쓴이의 이 [진본 천부경] 신지녹도문 풀이는 자신 있게 정론으로 본다.

※ 글쓴이가 금문 해독을 하면서 참고한 문헌과 그림들

* 밝달님이 보스턴 박물관에서 찍어온 사진.
* 원방각님이 미 하버드대 박물관에서 찍어온 사진.
* 원방각님이 뉴욕 메트로폴리탄 미술관에서 찍어온 사진.
* 圖釋古漢字, 能國榮著, 濟魯書社刊.
* 占甲金篆隷大字典.
* 甲骨文字형字典, 北京長征出版社.
* 김대성 저, 「금문의 비밀」.
* 恪(가)齋集古綠 (上) (下), 대련국풍출판사.
* 金文總集 10권, 藝文印書館印行.
* 攈 (군)古綠 3권.
* 歷代鐘鼎이器款識, 요녕성 신화서점.
* 四庫全書, 서청고감 上下.
* 商周金文綠遺, 중국 과학원 고고연구소.
* 金文編, 중화서국인영.
* 說文解字, 상해고적출판사.
* 三代吉文存, 중화서국출판.

* 20世紀中國文物考古發現與研究叢書-商周金文 [20세기중국문물고고발현여연구총서-상주금문], 文物.
* 春秋金文構形系統研究(춘추금문구형계통연구), 上海教育.
* 東亞3國志-中, 日, 朝文化比較體驗記(동아3국지-중,일,조문화비교체험기), 中信.
* 簠齋金文題識(보재금문제식), 文物.
* 經學, 政治和宗族:中華帝國晚期常州今文學派研究-海外中國研究叢書(경학,정치화종족: 중화제국만기상주금문학파연구-해외중국연구총서), 江蘇人民.
* 近出西周金文集釋(근출서주금문집석), 天津古籍.
* 今文尚書語法研究(금문상서어법연구), 商務印書館.
* 吉金文字與靑銅文化論集(길금문자여청동문화론집), 紫禁城.
* 三代吉金文存(全3冊) [삼대길금문존(전3책)], 中華書局.
* 宋人錄金文叢刊初編(송인저록금문총간초편), 中華書局.
* 京劇餘派老生唱腔集(경극여파노생창강집), 上海文藝.
* 全遼金文(全3冊) [전요금문(전3책)], 山西古籍.
* 莊子古今文鑑賞讀本(장자고금문감상독본), 臺灣: 天工書局.
* 西周金文官制研究(서주금문관제연구), 中華書局.
* 金文文獻集成(全46冊)[금문문헌집성(전46책)], 明石文化國際出版.
* 三代秦漢兩宋(隋唐元附)金文著錄表[삼대진한양송(수당원부)금문저록표], 北京圖書館.
* 淸代金文著錄表(청대금문저록표), 北京圖書館.
* 中國孔子基金會文庫-石頭上的儒家文獻:曲阜碑文錄(全2冊)[중국공자기금문고-석두상적유가문헌: 곡부비문록(전2책)].
* 全國干部學習讀本-古今文學名篇(上下)[전국간부학습독본-고금문

학명편(상하)], 人民.
* 殷周金文集成引得(은주금문집성인득), 中華書局.
* 唐蘭先生金文論集(당란선생금문논집), 紫禁城.
* 金文歷朔疏證(금문역삭소증), 北京圖書館.
* 金文大字典(全3册)[금문대자전(전3책)], 學林.
* 金文廟制研究(금문묘제연구), 中國社會科學.
* 北京遼金文物研究(북경요금문물연구), 北京燕山.
등등.

그러나 이런 책들은 모두 비슷하여 참고만 하였다.

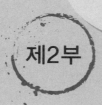

제2부

신지녹도문 [진본 천부경]
하나 둘 셋 … 열의 뜻 해독

제1장 | '하나'의 그림과 뜻풀이[1]

01 타임머신을 타고 5천년 전으로…

자, 그러면 지금부터 타임머신을 타고 대략 5천년 전 원시 시대로 돌아가 그들의 의식주 등 생활 여건과 성생활, 그리고 그들의 사고방식대로 생각하며 신지녹도문자를 하나하나 해독해본다.

지금 여기는 신석기 문명이 끝나가고 청동기 문명이 시작될 무렵이다. 여기 바이칼 호 부근은 지금과는 달리 매머드와 사슴이 뛰노는 온화한 날씨인데, 여기에는 몽골리언 일족이 오랜 유랑생활을 끝내고 드디어 정착하여 씨를 뿌리고 사는 농경사회가 시작되었다.

그 무리들은 환한 햇살을 숭상하여 환한 무리라 했는데 기록에 따라서는 환한 나라, 즉 환국(桓國)이라고도 하지만 그때는 아직 국가의 형태가 아닌 것으로 추정하여 여기서는 '환한 무리'라 한다. 그 무리의 역대 지도자가 바로 '환한님'이었고 이 환한님이 '화나님 > 하나님'이 되어 우리 애국가에 나오는 '하느님'이 되었으며, 그분이 바로 우리 민족의 뿌리가 되시는 분이다.

그런데 여기는 당연히 집도 시원치 않고 가로 등이나 전깃불도 없던 숲만이 우거진 원시 시절이므로 밤만 되면 추위와 맹수들로부터 공격을

1_ 이미 올려진 그림이나 글이라도 중요하거나 중복 제시할 필요가 있으면 해당 부분에서는 다시 올린다.

피하기 위하여 굴 속으로 들어가야 했고, 거기서도 호랑이, 늑대 우는 소리가 여기저기서 소름 끼치게 했으니 밤이 얼마나 무서웠겠는가. 또 밤에는 햇빛이 없으니 여름만 빼놓고는 밤만 되면 추워서 사시나무 떨 듯했으니 해만 지면 "이제 죽었다"이고 해만 뜨면 "이제 살았다"였다. 뿐만 아니라 이 햇빛이 원시조상들의 먹거리인 열매 등을 여물게 하니 오죽했으면 우리 옛말에 '열매'를 '여름'이라 하고 "풍년 들다"를 "여름 좋다"라고 했을까(녀름죵을 豊: 訓蒙字會).

이 좋은 '햇빛'은 해에서 나오고 '해'는 '하늘'에서 살고 있으니 이 해가 바로 '하느님'과 마찬가지이다. 그러니까 만약 해님이 노하면 내일아침 동쪽에서 해가 뜨지 않을 수도 있다고 생각했으니, 이 해한테 매일 기도를 드려야 하는 것은 뻔한 이치. 이 말의 증거 문헌을 제시한다.

[한국본기] '조대기'에 말하되 "옛 풍습은 빛을 숭상하여 해로써 神을 삼고 하늘로써 조상을 삼았으니 만방의 백성들이 믿고 의심치 않아 환한 무리 방식으로 조석으로 경배하였다."
(桓國本紀 朝代紀曰古俗崇尙光明以日爲神以天爲組萬方之民信之不相疑朝夕敬拜以爲桓式).

그러니까 이 해에게 아침저녁으로 절을 했다는 것이다. 즉, 저녁에 해가 지면 "해님 안녕히 주무시고 내일 아침에 제발 꼭 다시 동쪽에 떠주세요." 하고 절하고, 아침에 동쪽에서 해가 뜨면 "해님 우릴 잊지 않고 또 떠주시니 정말 고마워요." 하고 또 절을 했을 것이라는 것이다.

그리고 이것은 그때 사람들의 생각으론 당연한 것이다. 그러니까 그들의 신앙의 대상은 당연히 '해'이며, 해에서 나오는 '햇빛'이 '하느님'이다. 그래서 그들은 질그릇을 구워 토기를 만들 때 당연히 자기네 신앙의 대상인 햇빛무늬, 즉 빗살무늬를 그렸고, 혹시나 해님이 노하실까봐 꽃이나 다른 동물 등은 그리지 못했던 것이다.

그러므로 다음에 제시되는 이 신지녹도문 [진본 천부경]에는 빛에게 기도드리는 뜻의 글자가 총 16자 중 3개나 나온다. 자, 그럼 신지녹도전자 천부경부터 한 자 한 자씩 해독해 본다.

02 영변지의 [진본 천부경] 신지녹도문 원문

우리 숫자 '하나, 둘, 셋, 넷, 다섯, 여섯, 일곱, 여덟, 아홉, 열'도 뜻은 열이나 글자 수는 16자이고, 아래 [진본 천부경] 신지녹도문도 뜻은 열이나 글자 수는 16자이다.

영변지의 〈그림 5-2〉

위 글자는 신지녹도전자의 그림으로 1940년대에 발행된 북한 영변지에 실려 있는데 이는 같은 글자로 써진 창성조적 비나 한문이 그렇듯이 옛날 글자는 반드시 우측에서 아래로 내려써야 하므로 다음 그림에서는 세워놓고 해독한다.

먼저도 말했지만 지금의 바이칼 호 부근에 몽골리언 일족인 원시 우리 조상 환한 무리들은 글자는 그만두고 말도 불과 20여 개 단어로 신선들처럼 소박한 삶을 살아갔다고 했고, 이는 우리 어근을 추적해보면 알 수 있다고 했다.

그러나 지금 재야학계에서는 논리적으로 신빙할 수 없는 기록을 인용하여 환인, 환웅 시대나 그로부터 몇만년 전부터 이미 일사불란한 국가 형태가 있어 어떤 통치 행위를 했다고 하지만 이것은 우리의 조상을 긍정적으로 보려는 국수주의적 생각이고, 신석기 시대나 청동기 초에 부족 집단이 아닌 국가가 있었다는 것은 무엇으로 보나 논리에 맞지 않는다. 또 이것은 밝달임금(檀君)이 세웠다는 '앗선(朝鮮)'이라는 국명만 보아도 알 수 있다. 즉, 앗선 개

위 글자를 글쓴이가 세워 놓은 것

국 당시는 한자는 그만두고 그림글자 금문과 이것을 근간으로 만든 신지녹도문 이외에는 은허갑골문도 없었을 때이니 나라 이름을 우리말로 무엇이라 했을까?

이것을 대략 2,500년 후 지금 쓰는 한자가 만들어지니 첫 도읍지가 '아사달(阿斯達)'이고 국가 명이 '조선(朝鮮)'이라고 기록한 것으로 미루어보아 앗달에 세운 앗선(조선)은 우리가 세운 최초의 국가가 된다 했다. 그런데 朝鮮은 위에서 말했듯이 그 후 한자가 만들어지자 한자 이두로 기록된 이름이다.

[진본 천부경] 신지녹도문이 만들어 지기 전에 쓰던 그림글자 금문

우선 금문 해독을 해독하기 전 금문이 만들어진 경위와 제자 원리, 그리고 당시 말이 얼마나 부족했는지부터 알아본다.

출처: [圖釋古漢字](能國榮 著, 濟魯書社刊)

위 그림에서 착하다는 선(善) 자의 금문은 양의 머리를 그려놓았다. 즉, 양이란 동물은 호랑이 등 다른 동물과 달리 착하기만 하니 아마 착한 동물을 대표적으로 그려놓은 모양이다.

그러나 다음 진짜 양의 금문을 보자.

출처: [圖釋古漢字](能國榮 著, 濟魯書社刊)

이 금문 역시 양의 머리이다. 즉 이것으로 보아 당시 말이나 글자는 몇 마디 되지도 않아 같은 그림을 여러 방향으로 응용했다는 말이 되며, 또 처음 금문이란 어떤 음이 있는 것이 아니고 그저 지금 교통 표지판처럼 뜻만 있었던 것을 중국인들이 들여다가 자기네 말에 맞추어 음을 만들었다는 것이고, 따라서 신지녹도문자도 처음에는 뜻만 있었던 것이 나중에 음을 붙였다는 것이다.

글쓴이는 이 신지녹도전자를 해독할 때 먼저 우리말의 뿌리와 최치원 81자로 증명하며 풀었었는데, 후에 이 금문 책을 구하러 일부러 중국에 가서 30여 권 금문에 대한 책을 사 가지고 왔다. 그러나 모든 금문, 갑골문 책의 내용도 다 같고 그간 쓴 글쓴이의 해독이 정확했다. 단 글쓴이가 자주 인용하는 이 [圖釋古漢字](能國榮 著, 濟魯書社刊)는 그 정리가 잘되었기 때문에 글쓴이는 이를 자주 인용할 뿐이다.

이런 상식을 가지고 다음 이 [신지독도문 천부경] 하나 둘 셋 … 열에서 하나의 '하'에 해당하는 글자와 아래 草, 즉 艹에 해당하는 글자를 보자.

신지녹도문 하나의 '하'

草、艸、屮

　　"草"是草本植物的总称。本字是"艸"。《说文》: "艸,百卉也。"艸字后来只作部首,俗称"草字头"。而"草"字原本指一种叫作"麻栎"的乔木的子实。可以用来染黑色(黑古称皂色。皂与"早"同形)。"皂"加"艸"成"草"。草字的甲骨文写作 屮; 金文写作 屮 或 艸, 都是草叶的形状。秦《石鼓文》将"早"置于"䒑"(读 mǎng, 草丛, 草莽)之中而写作 莫; 由此成为形声字。小篆省掉下边的"艸"而写作 艸、莫。至此, "艸"与"草"成为两个字。

　　隶书写作"草"。从而脱离了古文字。

출처: [圖釋古漢字](能國榮 著, 濟魯書社刊)

　　우선 주의할 것은 위 그림에서 지금 중국인들이 그린 그림이나 해석은 잘못된 것이 많으니 볼 것도 없고 아래 우리 조상이 그린 금문(金文)이나 보시라.

　　위 금문을 보면 분명 이 [진본 천부경] 신지녹도문 첫머리 '하' 자와 같은 글자가 있다. 여기 금문, 갑골문에서 나무나 풀이 한 개 있는 것도 있지만 이것은 중요한 것이 아니다. 다만 이 나무, 풀들은 하늘을 향하여 양팔을 벌리고 있는데, 이것은 무엇을 뜻하고 싶었을까? 이는 당연히 '햇빛을 지향하고 있다'고 봐야 한다. 그러니까 신지(神誌)는 이 그림을 통하여 '햇빛'을 나타내고 싶었던 것이다.

　　다음은 이 해와 햇빛의 뜻을 좀 더 보강하기 위하여 우리말 하나, 한자로는 일(一)이라는 글자의 만들어진 원리 좀 보자. 지금 우리는 하나를 한자로 一자로 쓰고 있지만 원래는 지금 日자이다. 즉, '하나'라는 '하'는 우리말로 햇빛을 받는 나무 등 누리이다.

日자 금문만 봐도 금문이
갑골문보다 먼저 나왔음을 안다

원시조상들에게 가장 중요한 것이 무엇일까? 이는 물어볼 것도 없이 해이었을 것이다. 이 해라는 日자의 변천과정을 통하여 과연 중국인들의 주장대로 갑골문이 먼저 만들어졌는지 금문이 먼저 만들어졌는지 분석해 본다.

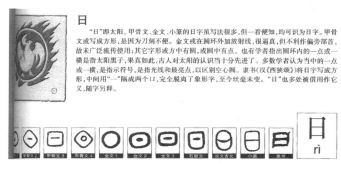

“日”即太阳。甲骨文、金文、小篆的日字虽写法很多，但一看便知，均可识为日字。甲骨文或写成方形，是因为刀刻不便。金文或在圆环外加放射线，很逼真，但不利作偏旁部首，故未广泛流传使用；其它字形或方中有圆，或圆中有点。也有学者指出圆环内的一点或一横是指太阳黑子，果真如此，古人对太阳的认识当十分先进了。多数学者认为当中的一点或一横，是指示符号，是指光线和最亮点，以区别空心圆。隶书(汉《西狹颂》)将日字写成方形，中间用“一”隔成两个口，完全脱离了象形字，至今丝毫未变。“日”也多处被借用作它义，随字另释。

출처: [圖釋古漢字](能國榮 著, 濟魯書社刊)

먼저 말했듯이 이 [圖釋古漢字]는 중국인들이 자기네들 상식으로 작성된 것이니 여기 그린 그림은 볼 것도 없고 우리 조상이 만든 금문이나, 그래도 중국인들의 때가 묻었을망정 금문의 뜻이 조금이라도 남아 있는 갑골문을 보시라.다음 그 해설서 역시 중국인들의 상식이다.

日

　　"日"即太阳。甲骨文、金文、小篆的日字虽写法很多，但一看便知，均可识为日字。甲骨文或写成方形，是因为刀刻不便。金文或在圆环外加放射线，很逼真，但不利作偏旁部首，故未广泛流传使用；其它字形或方中有圆，或圆中有点。也有学者指出圆环内的一点或一横是指太阳黑子，果真如此，古人对太阳的认识当十分先进了。多数学者认为当中的一点或一横，是指示符号，是指光线和最亮点，以区别空心圆。隶书(汉《西狭颂》)将日字写成方形，中间用"一"隔成两个口，完全脱离了象形字，至今丝毫未变。"日"也多处被借用作它义，随字另释。

위 중국인이 쓴 글 번역

　　"日"은 태양이고 갑골문, 금문, 소전의 日자는 다만 사작(寫作)한 것이 많다. 한편으로 알기는 日자를 기록할 때 갑골문은 혹 모가 진 형으로 사작했는데 이는 칼로 새길 때 불편함 때문이고 금문에 혹 원고리(圓環)가 있는 것은 밖에서 방사되어 가까이 오는 빛을 더하다보니 진실을 왜곡한 것이 흔한데 달리 부수를 짓기는 불리하고 그런고로 본 마루도 아니고 흐름도 약하게 사용된다. 기타 글자의 모양은 혹 중국의 모퉁이(지방)의 것이나, 혹 원 가운데 점인 듯하며 학자들은 이를 가리켜 둥근 고리 안의 한 점, 혹은 하나의 횡선은 태양의 흑점을 가리키는 것이라 한다. 결과의 진실이 이와 같고 옛 사람이 태양을 대한 때 인정하고 기록한 것이니 당연히 십분 먼저 전진시킨 것이며 많은 학자들도 인정하니 당연히 가운데의 점이나 혹 횡선은 어떤 부호를 가리키는 것이다. 이 빛을 가르침은 최고로 밝은 점이 동심원을 구별 짓는 것이므로 예서(漢, 서협송)에는 해를 사작(寫作)해서 모진 모양으로 한 것이며 중간에 사용한 "一"은 양쪽의 입구를 막은 것이니 완전히 형상을 벗어난 글자이고 지금도 이는 털끝만치도 변하지 않는다. "日"자는 여러 곳에 차용되고 쓰이나 작살처럼 떨어져 다른 해석으로 쓰인다.

위 이 해석은 우리민족의 상식, 우리말을 모르는 중국인의 상식으로
는 왜 이 日자가 원형과 달리 사용되는지 잘 모른다. 여기서 동그라미
(ㅇ)를 칼로 새길 때 불편해서 모가 지게 새겼다는 말은 말도 안 된다. 왜
동그라미를 칼로 새길 수 없는가? 먼저 말했듯이 사마천의 사기에 의하
면 다음과 같은 말이 있다. [사마천의 사오본기]에서는 둥근 것을 '전욱
(顓頊)' 이라 했는데 顓자는 '오로지' 란 뜻이고, 頊은 '멍청한 사람' 이
라는 뜻이니 이는 '멍청한 사람' 을 뜻하는 글자 라 한다.이는 아마 지나
인들은 사람은 개성이 있어야 하는데, 즉 'ㅁ' 과 같이 모가 져 있어야
하는데 그런 모가 없이 둥그니 멍청한 사람으로 본 것 같다. 따라서 한
자에는 ㅇ자같이 둥근 글자가 없다.이와 같이 중국인들이 우리 조상이
만든 금문을 변질시킨 갑골문 이후의 글자에서 사람의 머리를 ㅁ으로
해놓은 것 등 수많은 증거가 있다. 그러나 우리 민족은 둥근 것은 원만
한 것이고 ㅁ처럼 모가 진 것은 모지다, 못쓴다와 같이 아직 수양이 덜
된 것으로 본다.

다음 빈 하늘인 ㅇ속에 그 주인인 점을 찍어 놓은 해를 중국인들 해석
으로 혹점이라 한다는 것도 원시조상의 상식이나 우리의 상식이 아닌데
특히 기가 막힌 것은 "글자의 모양은 혹 중국의 모퉁이(지방)의 것이
나…" 등이다. 즉 중국학자들은 우리가 중원대륙의 거의를 차지했던 첫
조선의 영토나 중국역사보다 최소한 2천년이 빠른 하느님, 환숫, 밝달
임금을 중국의 모퉁이 지방 소수민족으로 보고 있으니 이는 또 하나의
동북공정이란 말이다.

그러나 중국학자들도 "지금 쓰는 日자는 그 뜻이 잘못됐다" 하는 것만
은 옳다. 그렇다면 위 [圖釋古漢字](能國榮 著, 濟魯書社刊)에서 도해한 우
리 조상이 그린 금문부터 중국인 상식이 아닌 우리 상식으로 해독해본다.

위 金文 1은 둥근 하늘이고, 다음 金文 2는 그 하늘의 주인인 해이다.

따라서 우리말 어근으로 볼 때 말이라곤 불과 30단어도 안 되는, 말이 시작될 무렵에서는 하늘이나 하늘의 주인인 해나 해의 작용인 햇빛이 실은 같은 神이었다. 이 우리 금문이 대략 천년 후 중국인 등에 의해 한자의 시초인 갑골문이 되는데 이 근거는 아래 은나라 은허갑골문에서 처음 나타나며 이때부터 둥근 하늘이 차츰 모가 진다.

또 아래 石鼓文, 說文古文 특히 小篆, 隷書에서는 완전 日자로 둔갑되었다.

즉 우리 금문(金文)이 중국인들의 손때가 묻어 갑골문(甲骨文)이 되고 갑골문은 진시황 때 대전(大篆), 소전(小篆)이 되며 그 후 예서(隷書), 해서(楷書)가 되고 지금의 한자 모양이 된 것은 우리 삼국중엽이며 고려 때 가서야 지금 한자로 정착된다고 먼저 말했다. 따라서 위 日자만 보더라도 금문과 갑골문 중 어느 것이 먼저 나왔는지를 알게 된다.

그러나 우리 조상은 이 금문을 발달시키지 않고 다른 글자를 만든다. 즉 먼저도 말했듯이 하느님으로부터 새 나라를 세우려 한 환웅(桓雄)님은 한울글자 ㅇㅁㅿ뿐 아니라 새 민족이 살아가는 데 반드시 필요한 교훈의 말씀도 전해 듣는데 당시는 글자가 없었으므로 말씀으로 전해 들어서 이를 구전지서(口傳之書)라 한다는 말이 고운집은 물론 여러 사서에 쓰여 있다.

그러나 말이란 언젠가는 변질되거나 윤색될 수 있으므로 환웅님은 신하 신지를 시켜 그 말씀을 보관하는 방법을 명했고 신지는 사냥을 나갔다가 사슴을 발견, 활로 쏘았으나 빗나가 사슴의 발자국을 보고 사슴이 도망간 방향을 찾다가 말을 보관하는 방법도 이렇게 하면 될 것이라고 고심해서 만든 글자가 바로 사슴 때문이니 신지녹도문(神誌鹿圖文)이라 한다는 말이 규원사화, 환단고기 등 여러 사서에 쓰여 있다고 했다. 그러나 이 신지녹도문 16자는 하느님께 천제를 지낼 때나 쓰는 神의 글자이므로 신지는 다시 역시 하느님이 주신, 하늘과 땅과 사람을 뜻하는 천부인 ㅇㅁㅿ 세 개로 인간의 글자 신지신획(神誌神劃)을 만들었다는 말이 신지비사 유기(神誌秘史 留記)에 나오고 이는 나중 3세단군 가륵 때 삼시랑 을보륵에 의해 가림토가 되나 우리는 세종 때까지는 더 이상 가림토를 발달시키지 못하고 오히려 그 중국인들이 들여다 우리말과 상식과 상관없이 때를 묻힌 한자만을 역수입해서 썼던 것이다.

중국인들은 말과 글자가 적던 시절에는 애초 우리 금문을 가져다가 자기네 한자를 만들 때 배워야만 알 수 있는 신지신획이나 가림토보다야 일종의 그림인 금문이 이해하기가 쉬웠을 것이므로 그 금문을 가져다가 자기네 말에 맞춰 한자를 만든 것이니 한자는 우리말과 다르다. 따라서 세종이 훈민정음을 만든 첫째 이유가 "나라의 말과 소리가 中國과 달라…"(國之語音異乎中國…)이다. 또 중국인들은 금문이야 어차피 우리 조상이 만든 것이고 갑골문부터는 자기네들이 때를 묻혀 한자로 발전시켰으니 한자의 시초를 갑골문으로 보고 금문해독 사전도 꼭 갑금문자전(甲金文字典)이라 하니 따라서 우리 학자들도 갑골문이 먼저 나온 줄 아는 사람이 많다. 그러나 중요한 것은 중국인들은 이 자기네 글자의 원류를 연구하는 사전이 많다는 것은 참으로 훌륭하다.이에 비해 우리는 세종께서도 자방고전(字倣古篆)이라 했고 정인지 서문에도 그 옛 조상의 글자는 자연을 본받아 만들었다는 말이 있는데도 우리는 이를 전연 연구하지 않고 오직 세종께서 중국과 최만리파 선비들을 달래기 위해 고육지책으로 만든, 각종 모순에 빠질 수밖에 없는 훈민정음 해례본 제자해에만 매달리고 있으니 우리의 옛글자를 연구한 학자는 아직까지 남북한을 통털어도 하나도 없는 것으로 안다.우선 이 글의 "하나 둘 셋 … 열"의 첫머리가 되는 '하나'는 위 천부인 풀이에서 보았듯이 하 + 이 = '해'이므로 이 해의 우리말 풀이와 금문을 해석해 본다.

05 '천부인' ㅇ, ㅁ, △ 으로 만든 우리말과 글자

여기서 잠깐 천부인 ㅇ, ㅁ, △ 으로 우리말과 글자를 만들었다는 증거를 좀 더 상세히 대고 넘어가야 앞으로 나오는 글에서 이해하기가 쉽다.

먼저 하느님은 우리 민족에게 천부인 세 개를 주셨다고 했다. 이 천부인 세 개란 天地人을 상징하는 圓方角, 즉 ㅇ, ㅁ, △ 을 닮은 물건이었고, ㅇ 은 하늘을 상징하는 동경이었을 것이다.

무령왕릉에서 발견된 동경

　다음 땅을 상징하는 ㅁ 형의 청동 방패 같은 것에 정말 땅을 의미하는
ㄷ 형과 같은, 한쪽에는 날이 있어 잡은 짐승을 절단하는 용도로 썼을 것
이나 재질이 청동이라 약해 자주 갈다 보니 지금 무당이 쓰는 작두가 되
었으리라 추정한다.

고령 양전동 암각화 방패모양

KBS에서 개천절날 방영한 방패모양 암각화

KBS에서 방영한 방패형 청동기

다음은 KBS의 역사 스페셜 "요하문명을 가다"에서 방영한 사진을 캡쳐한 사진으로 사람 천부인 △의 청동창이 등장하는데 이것은 비파형 동검의 원조로 본다.

야후에서 퍼온 비파형 동검. 이는 창이나 칼의 용도로는 부적당했을 것으로 아마 제례 의식용으로 썼을 것이다.

여기서 이 원방각(圓方角 ㅇ, ㅁ, ㅿ)의 천부인으로 우리 한글뿐 아니라 한자나 영어도 만들었지 않았느냐고 할 수도 있으나, 한자 등에는 하늘 천부인 'ㅇ'자 같은 것이 없고, 영어는 남의 나라 글자이기도 하지만 S 자나 R자 같은 글자의 원뿌리가 천부인과 다르므로 ㅇ, ㅁ, ㅿ으로 만든 글자는 오직 우리 한글밖에 없다.

1) 우리 한글은 [천부인 ㅇㅁㅿ] 세 개로 만들었다

역시 [천부인 ㅇㅁㅿ]에서 인용한다.

이는 참으로 부정할 수 없이 신비한 말이다. 우리 하느님은 분명 천부인 세 개를 내려주셨고, 그 세 개란 天地人을 상징하는 원방각(圓方角), 즉 ㅇㅁㅿ이며, 우리 한글도 그 어원을 추적해보면 하늘과 땅과 사람 세 개뿐이다.

하늘 천부인 ㅇ으로는 우리 한글 ㅇ과 ㆆ, ㅎ, 그리고 ㅎ을 만들었지만, 우리말에서 어느 글자가 됐든 첫 자음에 이 글자가 들어가면 이는 하늘과 하늘처럼 원융무애한 말에만 쓰이고, 땅 천부인 ㅁ으로는 ㅁ과 ㄱㅋ ㄴㄷㅌ ㄹ ㅂ ㅍ을 만들었지만 어느 글자를 쓰건 그 어근을 추적해보면 모두 땅에 관한 말들뿐이며, 다음 사람 천부인 ㅿ로는 ㅅㅈㅊ을 만들었지만 어느 글자가 첫 마디에 들어가든 그 어근은 '사람, 또는 사람처럼 서다, 솟다' 등의 뜻을 가진 말에만 쓰인다. 즉, 순수한 우리말은 아무리 많은 것 같아도 그 어근은 '하늘과 땅과 사람' 뿐이다. 이 부분은 역시 글쓴이 졸저 [천부인 ㅇㅁㅿ]에 상세히 적혀 있으나 여기서는 지면상 간단하게 설명한다.

2) 하늘 '천부인' ㅇ은 시작도 끝도 없이 원융 무애한 글자

(먼저도 한 말이지만 다시 제시한다.)

* 아: ㅇ의 첫 소리로, 하늘과 같이 언제 만들어진 것이 아니라 '태초부

터 있었다'는 뜻이고, 태초는 '처음'이며, 처음은 '새로운 것'이고, 새로운 것은 '어린 것'도 된다.

* 앗달(아사달): '앗'은 하늘인 ㅇ에 '세우다(立)'라는 뜻이 있는 ㅅ을 붙여 된 말이고, 이것을 풀어쓰면 '아사', 또는 '아시, 아스' 등이 되며, '달'은 음달, 양달할 때의 '땅'인데, 이 '앗달'을 한자로 쓸 수 없으니까 '阿斯達'이라고 표기한 밝달임금(檀君)의 첫 도읍지이다.

* 아차산성: 지금 워커힐 뒷산을 '아차산'이라고 한다. 그러나 이것은 잘못된 이름으로 본다. 기록을 보면, 이 산이 아차산이 된 것은 이성계가 군사적 요충인 이 산성의 지도를 그릴 때 그 지방 사람들에게 물으니 그 산 이름은 '해맞이 산'이라 했다 한다. 그도 그럴 것이 이 산 앞에는 큰 강물이 흘러서 더 갈 수도 없던 부근 주민이 새해 첫날 해맞이를 가려면 이 해맞이 산에 올라갔었다고 한다. 그런데 당시 그 산성의 산세를 살피던 병사들이 마모된 옛 비석을 탁본해 오니 그 탁본에는 '아차산(阿且山)'이라 기록됐다 하여 그대로 아차산으로 기록, 지금 아차산이 됐다는 것이다.

그러나 마모된 비석에서 그 산 이름을 아차(阿且)라고 본 것은 잘못이다. 그 산 이름이 마을 주민의 말로 '해맞이 산'이면 한자로 적을 때는 당연히 '아단(阿旦)', 즉 '앗단산'이었을 것이다. 그러니까 그 탁본의 '아침 단(旦)'자를 '또 차(且)'자로 잘못 본 것이다. 즉 '앗'은 해솟음이고 '旦'은 아침 단이니 '앗旦'의 뜻은 '해솟는 아침'이 되는 것이다. 담당 부처에서는 이를 하루바삐 '해맞이 산'으로 바로 잡아야 할 것이다.

* '앗'에 우리말 '갑돌이 갑순이'할 때의 접미사 '이'가 붙으면 '앗이 > 아시'가 된다.

* 아시빨래(앗이빨래), 아시 김매기(앗이 김매기): 처음 빨래, 처음 김매기
* 아사. 아침: 하루의 처음
* 아다라시: 앗달아시로 '처음, 새것(숫처녀)'이라는 우리말

* 아사히 신문(あさひ新聞): 아침신문(朝日新聞)
* 아즈텍문명: 우리와 같은 북방계 몽골리안 인디오가 세웠던 '앗터, 새 터' 라는 문명
* 아스(As): 슈메르어 1, 즉 '하나' 인데, 이 역시 '숫자의 처음'
* 아우(弟): 어린 동생
* 아지비: 아버지의 동생
* 아아외다: 공손하다(아우답다)

(이하 생략)

3) 하늘의 주인은 해이므로 해와 하늘은 같은 말이었다

* '이', '잇〉닛' 도 원시의 자음에 붙이던, 오직 모음인 발음은 아래아점 이므로 감둥이, 감둥이가 같은 말이고 파릇파릇 퍼릇퍼릇 포릇포릇 푸 릇푸릇이 같은 말이듯이 '잇〉닛' 도 다 같은 하늘이며 하늘의 주인인 해이며 해 솟음인데 이 하늘 천부인인 ㅇ과 땅 천부인이 자주 넘나드는 이유는 [천부인 ㅇ ㅁ ㅿ]에 있다.

* 이마, 임〉님: 해를 받는 거룩한 장소, 우리는 적도에 살고 있지 않으니 정수리로 햇빛을 받을 리도 없고, 또 정수리는 머리털로 덮여 있으니 하느님인 해를 직접 받는 장소는 '이마' 이다, '마' 는 땅 천부인대로 '땅' 인데 뒤에 설명되고 '이마' 는 일본말로는 히다이(ひたい)인데, '히' 는 '희다', '하얗다' 로 바로 '해' 를 말하며(위 '아사히' 가 아침 해), '다이' 는 토대, 즉 땅인데, 역시 [천부인 ㅇ ㅁ ㅿ]에서 설명한다. 그러니 까 '히다이' 는 '해를 받는 장소' 란 우리말에서 건너간 우리말로 볼 때 그 의미는 '이마' 와 같다.

* '님' 역시 [천부인의 비밀]에서 말했듯이 신지녹도전자 천부경 하나의 '하' 는 실은 '나' 자의 햇빛을 설명을 위한 전제 조건으로 나뭇가지 등 의 초목이 햇빛을 받는다는 그림이다.

* 임금: 신라의 역사에서 임금을 '이사금(尼師今)'으로 적어 놓았다. 따라서 [삼국유사]에서 일연은 임금의 어원은 이빨금인 잇금에서 나왔다고 했다. 즉 노례왕이 그 매부와 왕권을 서로 사양할 때 예로부터 이빨이 많은 자는 덕이 있으니 떡을 물어 이빨금을 조사해 보자 하여 떡을 물어본 결과 노례왕이 이빨이 더 많았으므로 노례왕이 임금이 되었다 하는데 그 이빨은 청소년이 되어야 나는 사랑니인 어금니였을 것이고 그렇다면 그들은 아직 청소년이며 처남 매부가 서로 왕권을 사양했다는 것은 박혁거세 박 씨가 석탈해 등 석씨에게 왕권을 양보했듯이 그때만 해도 꼭 자기 자식에게만 왕권을 전수시키지 않았던 모양이고 따라서 처남 매부도 같은 씨로 보았던 것인데, 이는 진정 천부인이 무엇인지 모르는 말이다. 즉, 임금의 어원은 잇큼인데 '잇' 은 바로 '솟는 해' 이고 '큼' 은 크다는 뜻으로 잇큼 〉임금은 솟는 해와 같이 크다는 말인데 이 잇큼을 한자로 적을 수 없으니 이사금(尼師今)이라 적은 것뿐이다.
* 잇본(日本): '앗' 과 '잇' 은 모음이 혼동된 같은 말이므로 이 '잇' 에 '뿌리' 가 붙어 '잇뿌리', 즉 '태양의 뿌리' 를 한자로 쓰다 보니 '잇본(日本)' 이 된 것이며, 이것이 그들의 불완전한 글자와 발음으로 'につぼん' 으로 불리게 된 것이다. (이하 생략)

4) 하늘 '천부인' 'ㅇ'에 몇 획 덧붙인 'ㅎ'

'ㅇ' 에 몇 획 덧붙인 글자 'ㅎ' 은 같은 하늘 천부인으로 '안녕이' 나 '안녕히' 의 '이' 와 '히' 가 같듯이 같은 말이다.

* 하: 해(日). 해의 원래 말은 '하' 인데 여기에 [천부인 ㅇ ㅁ ㅿ]에서 밝혔듯이 우리 민족의 약방의 감초격 접미사 '이' 가 붙어 '해' (지우쟁이, 미쟁이, 길동이… 학교 〉핵교, 하 〉해)
* 하야하다(하얗다): 해의 색깔

* 하늘
* 하느님
* 하나, 한: '크다, 희다, 많다' 등 20여 개의 뜻이 있는 우리 한민족의
'한' (이하 생략)

5) 땅 '천부인' 'ㅁ'으로 만든 글자

땅은 물질을 뜻하기 때문에 그 모양과 같이 걸림이 있고, 이것을 분해하
여 만든 ㄱ ㄴ ㄷ ㄹ ㅂ ㅍ으로 시작되는 말, 특히 ㅁ의 대표 격인 ㄷ으로
시작되는 말은 모두 땅에 관한 말뿐이지 하늘이나 사람에 대한 말은 없다.

* ㅁ: 하늘(정신)은 걸림이 없는 'ㅇ'인 데 반하여 땅, 즉 물질은 그 모양
과 같이 걸림이 있어 모가 져 있다. 그러나 이 ㅁ의 뜻은 물보다 높은
'뭍'을 말한다. 즉 원시 때에는 강이나 바다는 땅으로 보지 않았다. 이
증거는 우리 뿌리 말이나 삼국사기의 이두를 풀어보면 알게 된다.
* 뫼: 山
* 마당: 평지보다 약간 높은 땅으로 농작물 작업을 하는 땅
* 마당쇠: 마당 일꾼
* 만뎅이: 고개

ㄱ, ㅋ, ㄴ, ㄷ, ㅌ, ㄹ, ㅂ, ㅍ의 예는 역시 [천부인 ㅇ ㅁ ㅿ]에 상세히 써
있으므로 여기서는 지면상 생략하고 땅 천부인 ㅁ보다 오히려 땅의 뜻
이 강한 ㄷ만 알아보자.
* 다: 400년 전 한자사전인 [훈몽자회]만 하더라도 地는 '따 地'가 아니라
'다 地'이며 천자문의 '따地'는 소주를 쏘주라 하듯 '다'가 격음이 되
어 따地

* 다 이(たい): '토대', 즉 '땅' 이라는 우리말

* 달(地): 음달 양달, 陽인 하늘에 비하에 陰인 땅

* 달(月): 陽인 해의 반대인 陰

* 들판

* 둔덕

(이하 생략)

6) 사람 '천부인' △(ㅅ)으로 만든 글자

사람 천부인 '△'으로 만든 'ㅅ'으로 시작되는 말은 모두 '서다, 솟다' 등의 뜻이어서 사람 등을 말할 때 쓰이지만 역시 하늘이나 땅에 관한 말은 하나도 없다.

* 서다

* 사람

* 사내: 사람의 중심

* 숫: 남근(男根)

* 솟대(山象雄常): 생명의 핵심인 남근 상을 상징하는 서낭나무의 원조로 신단수(神壇樹)

* 소도(蘇塗): 솟대가 모셔진 성소

(이하 생략)

이 외 ㅇ, ㅁ, ㅅ으로 된 우리말이 하늘과 땅과 서(立)는 것과 관계가 없는 듯한 순수한 우리말은 모두 여기에서 진화한 말로, 그 원류는 모두 이 천부인들이며 여기에서 설명이 빠진 ㄱ, ㄴ, ㄹ, ㅂ 등은 역시 글쓴이 졸저 [천부인 ㅇ ㅁ △]에 상술되어 있다.

7) [천부인 ○□△]으로 만든 우리말과 조선(朝鮮)이란?

'朝鮮'의 우리말은 '아사선 > 앗선'이 된다. 그 이유는 밝달임금의 도읍지 '아사달'의 '앗 > 아사'는 우리말 '처음'이라는 말이고, '달'은 '음달 양달' 할 때의 '땅'이다. 그런데 처음인 '아사'는 하루의 처음이 되는 '아침'도 해당하므로 아침 朝 자를 써서 그 뜻을 딴 것이며, 鮮은 '선 것(立)'이라는 음만 딴 것이다. 그러니까 '조선'이란 말은 '아침이 신선하다', '조용한 아침' 등의 말은 완전히 뚱딴지 캐먹는 이야기이고….

'아침에 선(세운)'이라고도 할 수 있으나 그렇게 되면, 좀 우스갯소리를 한다면, 신라나 고구려는 점심 때 세운 나라가 되고, 이씨조선은 저녁 때 세운 나라가 되며, 지금 대한민국은 밤중에 세운 나라가 된다. 그러니까 [천부인의 비밀]에서 말했듯이 조선의 원뜻은 '아침에 세운'이 아니라 '처음 세운'이 되는 것이다.

즉, 당시 나라 이름을 지을 때, 아니 아마 그때는 나라 이름이라는 말도 없었을 것이니 그 국명을 지금 정치인들 당명 바꾸듯 엿장수 마음대로 짓는 것이 아니라, 다만 아직까지 없었던 새로운 제도가 생기니 그것을 '앗달(아사달, 처음땅)'에 세운 '앗선(처음선, 처음 세운)'이라고 했을 뿐인데, 이것이 나중에 '朝鮮'으로 기록되고 국명이 된 것으로 본다. 그러니까 이 '조선'이라는 국명만 보아도 이것은 우리의 '최초의 국가'라는 것을 알 수 있다.

이상으로 보아 하느님, 환숫 시대에는 지금과 같은 국가나 국경 또는 경제행위 등은 아예 없었다고 본다. 뿐만 아니라 그때 사람들은 지금과 같은 자아(自我), 즉 '나'는 없고 오직 무리의 생명만 있어서 심지어 그 짝과 자식까지 네 것 내 것이 없었을 테니 현대 인간 같은 이기심이나 미움과 욕심이라는 것은 애당초 없는 그야말로 선악과 이전 에덴동산의 신선들 같았을 것이다.

06 [진본 천부경] 하나 둘 셋 … 열이 만들어진 경위

자연의 섭리대로 사는 하느님 환한 무리 세상에서는 지금과 같은 구차한 말이나 글자는 필요가 없었을 것이다.

그러나 먼저 말했듯이, 이 환한 무리들은 차츰 인구가 늘고 따라서 먹거리에 문제가 생기자 환한님의 무리 아드님(庶子) 환숫께서 다른 곳에서 새 나라를 세우려 하셨고, 이에 환한님께서는 천부인 세 개와 교훈의 말씀도 주셨는데 이것이 천부인, 천부경이고, 환숫의 무리는 이 귀중한 말씀을 잊지 않으려고 아침저녁으로 해에 경배하며 이 하느님 교훈을 외우다 보니 이것이 우리의 숫자가 되었다고 했다.

그러나 위에서도 말했지만 말이란 시간이 지나면 변질이 되므로 환숫님은 그 신하 신지에게 이 교훈을 보관하라고 명했고 신지는 녹음기도 없던 시절 이 말씀을 보관하는 방법을 연구하다가 하루는 사냥을 나가게 되었고, 사슴을 발견 활로 쏘았으나 쏜 화살이 빗나가 사슴을 놓치게 되자 사슴의 발자국을 보고 사슴이 도망간 방향을 알게 되는 동시 이 사슴의 발자국을 보고 말을 보관하는 방법, 즉 글자 만드는 법을 발견했다는 사실이 규원사화나 환단고기 등에 쓰여 있다.

그렇다면 그 이전 선조들은 어떻게 자신의 의사를 남겼을까? 이것이 바로 그림이고 그 그림이 단축되어 금문이 된 것이니 금문은 그림이냐 글씨냐는 말조차 없었던 때이고 신지는 이 금문을 참고삼아 신지녹도문을 만들었으니, 신지독도문이 인류 최초의 글자가 된다.

그렇다면 그때 글자 만드는 방법은 너무나 뻔하다. 즉, 사물의 모양을 그대로 그리는 상형문자였다는 것은 너무도 뻔한데 이 부분은 아래 '形象表意之眞書' 에서 설명된다. 따라서 이 그림 글자들은 지금의 말과 글자와 같이 접미사나 수식어 등이 있는 것이 아니라, 아예 그 뜻만 있고 정해진 음도 없다고 봐야 하는데 이는 지금 한자도 마찬가지이다. 한자에 접미사나 수식어가 없다는 것을 한 가지 예로 들면 지금 우리가 흔히 쓰는 '일석이조(一石二鳥)' 등이다. 이는 글자 풀이 그대로 보면

一 한 일, 石 돌 석, 二 두 이, 鳥 새 조.

이것을 글자 그대로 보면 하나, 돌, 두, 새이다.

그렇다면 '한 개의 돌로 두 마리의 새를 잡았다' 라고 볼 때 '개의', '로', '마리의', '를 잡았다' 는 수식어나 토는 없다. 또 '한 개의 돌 위에 두 마리의 새가 앉았다' 는 말인지 또는 '돌 하나로 두 마리의 새를 잡았다' 는 말인지 알 수가 없다. 그러나 우리는 한 개의 돌로 두 마리의 새를 잡는다는 것으로 알고 있는데, 그렇다면 여기 어디에 '잡았다' 라는 말이 있는가?

이와 같이 신지녹도문자나 우리의 숫자 '하나, 둘, 셋 … 열' 의 해석에서 그 접미사나 수식어 등은 찾을 생각을 말고 그 뜻만을 해독해야 한다는 것이다. 그리고 말이라곤 불과 몇 마디 되지 않던 그 시절 말의 의미란 '배고파' 도 '밥', '밥 달라' 도 '밥, '밥 먹어라' 도 '밥', '밥 먹었다' 도 '밥' 인 것이다.

따라서 당시 말은 그저 단어만 주워대는 것인데, 이 단어들 발음조차 일정치 않고 되는대로 뜻만 전달하였으니 차라리 지금의 교통표지판의 그림처럼 '그 뜻은 있으되 음은 없다' 고 봐야 한다.

이런 예비 상식을 준비하고 이 [신지녹도문 진본 천부경] 글자들을 해독

해야 하는데 우선 첫머리에 나오는 '하나' 그리고 최치원의 一始無始一에 나오는 一의 뜻이 日과 같으니 그 日을 썼던 우리 선조들 흔적도 본다.

07 명마산 글씨 바위에 새겨져 있는 日자

먼저 한 말이지만 지금 경북 경산시 와촌면 명마산 인근 촌로들에 의하면 명마산에는 예로부터 글씨 바위가 있다 하는데 역시 인근에 사시는 재야 사학자인 예대원 씨는 이 바위에는 ㅅ ㅈ ㄴ ㅠ 등 한글 자모가 뚜렷이 각인돼 있으므로 '훈민정음 창제의 모태이자 기반이 된 것으로 알려진 가림토 문자가 확실하다'고 단언했고 이 기사가 부산일보 등에도 기재됐다.

그 이후로 이 바위는 인터넷 상에서 가림토 바위라고도 불리기도 하는데 그 뒤 많은 학자들이 찾아가 확인해 보았다 하나 지금까지 아무런 성과도 없다.

그 이유는 그 글씨바위에 써져 있는 글씨는 최소한 2,000~2,300년 것으로 첫조선이 망하고 천제국이었던 신한(辰韓)의 유민들이 마한으로부터 한반도 남단 동쪽의 땅을 조금 얻어 신라를 세운 것인데 이때 유식한 선비 층은 모두 경주로 가고 풍각쟁이, 사당패, 백정 각설이 패 등은 물도 별로 없는 대구 동쪽의 명마산 기슭에서 그들 나름대로 터를 잡았던 것으로 보인다.

그러나 그들은 고향을 잊지 않으려고 북쪽이 병풍 같은 바위아래 자신들이 쓰던 금문이나 신지녹도문 또는 가림토 등 글자를 새겨 놓고 그들 나름대로의 천제를 지낸 것 같은데 그들은 아마 돌에 글자를 새기는 연장도 시원치 않았을 것이니 차돌이나 흑요석 등으로 새겼을 것이며 또 그들은 글자 적는 전문가가 아니니 그 글씨들은 어떤 체계가 없고 또 그 글자들은 동시에 적은 것이 아니라 2, 3백년간 기도하러 오는 사람마다 아무나 새겼을 것이니 매우 조잡하다 했다.

따라서 이 글자들을 감정한 지금 감정가 학자들은 금문이나 신지녹도문, 그리고 가림토 등을 전연 해독할 줄 모르니 이것을 어떤 애들의 장난으로 알고 무시하여 우리의 상고사를 증명할 수 있는 귀중한 유물이 지금도 비바람에 그대로 마모되고 있다

그러나 글쓴이가 보기엔 그들이 당시 쓰던 금문이나 신지녹도문, 그리고 가림토의 조잡한 글씨일수록 그런 역사가 있었다는 사실이 더한층 확실하게 밝혀지므로 이는 어느 유물보다 더 우리 상고사를 정확하게 실증한다고 보인다. 따라서 글쓴이는 인근에 사시는 독자님들과 그곳에 찾아가 확인하고 그간 덮인 흙을 긁어내는 등 청소한 다음 그들이 했을 것을 추정하여 천제를 지내고 사진을 찍어왔는데 여기에 제시되는 글자나 그림은 이 글에 해당되는 것만 실렸으니 전체를 보려면 글쓴이 카페 게시판 '한겨레 산하' 1189번부터 1192까지 보시라.

수천년간 마모된 듯 희미하지만 그래도 ㅇ과 이 ㅇ속의 점인 해가 日 자가 되는 모습이 있다.

08 [진본 천부경] 하나 둘 셋 … 열로 본 하나, '하'의 그림과 뜻

먼저도 말했듯이 이 [진본 천부경] 신지녹도문에서 그림 글자는 꼭 요즘 교통 표지판 같으니 음은 따지지 말고 그 뜻만 이해하자. 또 음을 따진다 해도 한자의 근간이 되는 금문 등이나 또 지금 한자가 같은 天 자를 찾아보

[진본 천부경] 신지녹도문의 하나의 '하'

면 川, 千, 踐, 泉, 遷… 등 그림만 다른 수많은 음이 같고 地 자 역시 같듯이 신지녹도 전자도 그림만 다르면 다른 뜻이지 그 음에는 신경쓸 필요가 없다.

좌측 그림은 무엇일까? 이는 아무래도 '나무'로 보아야 한다. 그리고 나무는 하나가 아니라 '둘'이 있다. 이는 '숲', 즉 '초목'을 나타내고 싶은 그림이다.

따라서 이 그림은 햇빛에 나무, 즉 "누리에 빛이 내린다"를 나타내고 싶었던 그림으로 아래 하나의 '나' 자 그림의 전제 조건이다.

이 그림글자가 누군가의 장난이 아니라 정말 그때 그런 글자가 있었다는 것은 지금 우리가 항상 볼 수 있는 중국 섬서성 백수현의 창성조적서비만 봐도 알 수 있고 또 당시 신지녹도전자, 또는 가림토가 글자가 부족했으므로 그 뜻을 그림을 그려 보충한 것이 금문이라 했는데, 이 금문은 현재 청동기 유물에 나타나고 있다.

[진본 천부경] 신지녹도문으로 본
하나, '나'의 그림과 뜻

이 신지녹도문은 일단 신지녹도전자(神誌鹿圖篆字)이고 이를 펴서 바로 보면 위와 같은데 이는 '누리'인 ㄴ에 햇빛이 내리는 그림이고 또 이는 땅, 즉 아미노산, 단백질 등 물질로 된 우리 몸이 하늘의 정기인 빛을 받는다는 말이다.

여기서 이 '하나'가 한울소리 '하나 둘 셋 … 열'의 주체가 되고 또 천지인의 주체가 되는 동시에 우리 사람의 주체가 되니 좀 더 자세히 알아보며 입증을 한다.

10 [천부인 ㅇ ㅁ △]으로 본 하나의 뜻

먼저 한 말이지만 ㄴ은 '눕다'는 뜻이 있어 '누리(세상)'도 ㄴ으로 시작되고, 눕는 벌레로 사람에 가장 유익한 '누에(蠶)'도 ㄴ으로 시작되며, '내(川)'도 누워 있으며, 사람의 '눈(目)'도 가로 누워 있으니 눈이고, 하늘에서 오는 '눈(雪)'도 빗물처럼 흘러버리지 않고 누워 있으니 눈이다.

다음 '누님' 의 '님' 은 존칭이고 '누이' 의 '이' 는 지칭 대명사이며 '누나' 도 '눈아〉누나' 인 '눈' 이니 결국 눈(目)이나 눈(雪)과 같은 음인 데 그 이유는 그 성기가 사내와 달리 누워 있으니 ㄴ으로 시작되어 ㄴ은 내려와 누워 있다는 뜻이 있다는 누리이다(이하 생략).

따라서 위 하나의 '하' 는 하늘의 햇빛이고 여기 하나의 '나' 는 그 햇빛이 누리 위에 내려서 모든 생명을 살리는 뜻이 있다.

그러므로 우리 숫자의 '하나' 란 애초 누리에 내리는 햇빛이고 따라서 하나님이란 말도 햇빛님이란 말이다.

11 金文으로 본 壹, 一의 그림과 뜻

다음 제시되는 금문이란 먼저 말했듯이 우리 조상이 글자가 없던 시절 바위에 그린 암각화나 또는 어떤 그림을 압축해서 청동기에 그린 그림인데 이는 글자나 그림이라는 구분이나 말조차 없던 시기의 기록이며 이것을 근거로 만든 이 [신지녹도문 진본 천부경]만이 처음 글자이다.

따라서 이 금문은 우리 상식과 우리말을 하는 우리 조상이 만든 것이니 세계 어느 석학은 그만두고 중국 금문, 갑골문 학자들조차 할 수 없다.

지금 첫 조선 유적지에서 출토된 유물은 무려 만여 점이 되고 그 유물마다 최소한 10여 개의 그림이 그려져 있지만 아직까지 서양 학자는 말할 것도 없고 중국 금, 갑골문 학자들이 했다는 해석은 불과 천 점도 안되지만 그나마 글쓴이가 다시 분석해 보면 90%가 잘못됐다는 것은 다음 글을 보면 안다. 따라서 이 금문 해석은 우리 민족의 상식을 알고 우리말을 하는 우리만이 제대로 해석할 수 있는데 글쓴이가 알기로는 남북을 합쳐 그 금문을 해독하는 사람이 한 사람도 없는 것으로 안다.

또 지금 근대 금문의 권위자라는 낙빈기, 장박군(駱賓基, 張璞君)의 전수를 받은 사람이 국내에서 제자를 모아놓고 금문을 가르치고 있기는 하나 낙빈기 역시 우리 역사를 중국역사로 둔갑을 시키듯이 그 전수자들 역시 우리 역사를 왜곡하니 그 금문 해독이 정말 말이 되지 않는다는 것도 다음 글을 보면 안다.

이 금문 해독은 뭐 어려울 것도 없다. 금문은 소박한 우리 선조가 그린 그림글자이니 이 해석도 어떤 학자가 아닌 우리 어린이가 하면 더 쉽게 할 수 있는데 말이다. 따라서 이 [圖釋古漢字]에서 중국인이 위에 자기네들 멋대로 그린 그림이나 해설서는 위에서 보듯 볼 것도 없고 우리 조상이 만든 금문이나 골라 보시라.

一, 壹

"一"是最小的整数。《说文》："一，唯出太始，道立于一……"其实，一是原始记数符号和算筹(用竹木做的小棍)。甲骨文、金文、小篆等均是一横划。即成为今文的隶书(汉《校官碑》)也仅以"蚕头雁尾"的笔画作了书法艺术上的处理，仍是一横形。"说文古文"写作"弌"。是用一枚树棍表示"一"；也是在树木上刻一痕迹表示一的最古老记数方式。后金文，小篆又借"一壹"又作一的大写。小篆在"壹"内如"吉"作声符。

출처: [圖釋古漢字](能國榮 著, 濟魯書社刊)

위 一, 壹이라는 글자의 금문을 보면 아래 그림과 같은 글자가 나오는데 중국인들은 이것으로 지금 하나라는 一, 壹자를 만들었으나 먼저 말했듯이 이 금문이 나올 당시는 숫자라는 것이 없었다. 즉 위 한울소리

"하나 둘 셋 … 열"도 대략 천년 후 은허 갑골문에서 겨우 숫자로 나오고 한자인 "一 二 三 … 十"은 여기에서 다시 천여 년이 늦는다.

　우선 위 여러 글자 중 아래 그림만 보시라.

　위 중국인들의 해석이 "(說文) '一' 唯出太始, 道立于 一…" 즉 '一'이란 오직 太始에 道가 '一'로부터 나왔다고 주역의 말을 인용하고 있으나 실은 이 '一'은 이어지는 금문을 보면 위 빈 하늘이었던 ㅇ속의 빛을 뜻하는 횡선 '一'과 같은 그림이다. 이 빛은 "태초에 빛이 있어라 함에 빛이 있었다"는 그 창세기의 빛과 같은 빛으로 언제 누가 만든 것이 아니라 그 시작점이 없이 만들어진 것이고 그래서 최치원은 一始無始一이라 했다. 그러나 이 태초의 빛은 그냥 빛만 있어서는 그 의미가 없다. 어디를 비출 것인가 그 목적이 있었을 것이다. 즉 금문이 발전하면서 위 一, 壹과 같은 그림이 되는데 위 그림에서 大자는 네 활개를 편 사람이고 그 아래는 조개모양과 같은 貝자가 붙으니 이는 바로 겨집의 생식기인 여음(女陰)이란 말이다. 즉 빛은 누리(땅)를 비추기 위해 있는 것인데 그 누리란 사람으로 치면 여음과 같다는 말이다. 그렇다면 왜 빛을 누리인 여음으로 비추야 하는가? 노자 도덕경 6장을 인용한다.

　谷神不死 是謂玄牝

　골 = 굴의 신은 죽지를 않는데 이를 현묘한 암이라 한다(牝은 암소의 뒤를 비수로 찌른 것 같으니 암). 여기서 다른 노자 도덕경 해석가들은 谷

을 '골짜기' 라 하는데 골짜기는 '골' 이 짜개진 것을 말하므로 谷의 진정한 의미는 그대로 '골' 구멍이며 이 골을 아래아점으로 '굴' 과 같고 굴은 중세어 '구무' 인 여음이 된다.

玄牝之門 是謂天地根

현묘한 암의 문을 일러 天地의 뿌리라 한다. 그러니까 이 암컷의 문은 이 천지의 근본이 된다는 말이니 이 암컷의 문은 천지가 있기 전부터 생명이 계속 태어나는 생명의 신을 말하는 것이다.

綿綿若存 用之不勤

면면히 이어지나 써도 수고롭지 않다. 그러니까 이는 이 우주가 있기 전부터 있었던 자연의 섭리, 신의 섭리란 말이니 곡신(谷神)이다.

따라서 태시에 이미 있었던 것이 빛이라면 그것은 바로 위 大자 밑에 조개가 있는 암컷의 문 때문이란 말이고 이 하늘과 하늘의 주인인 해가 누리를 비추는 이유는, 즉 우주가 있는 목적은 생명을 번식함이고 따라서 이 [신지녹도문 진본 천부경]에서 말한 '하나' 란 바로 그 神이다.

다음 白자의 금문도 보자.

출처: [圖釋古漢字](能國榮 著, 濟魯書社刊)

위 글자 白은 우리가 백의민족(白衣民族)이라는 '힌' 것이며 힌 것은 하얀 것이고 이 '히', '하' 는 우리 조상의 오직 모음 발음인, 즉 자음에 모음이란 오직 아래아점으로 이므로 검둥이, 감둥이가 같은 말이고 또

파룻파룻, 퍼룻퍼룻, 포룻포룻, 푸룻푸룻이 말이 적던 시대에 같은 말이 듯 '히, 하' 는 같은 말이니 모두 햇빛이 된다. 그래서 일본 '아시히' 신 문이 '아침해' 라는 朝日新聞이 된다.

위는 글쓴이가 [圖釋古漢字]만 인용하니 다른 사전에는 어떻게 해석되 는가 궁금할 것 같아 좌측 甲金篆隸大字典을 올리지만 이 자전뿐 아니라 글쓴이가 중국에 가서 사온 30여 권의 자전들이 다 그 뜻은 같다.

단 중국인들은 한자가 갑골문을 시초로 만들었으므로 甲金篆隸大字 典이라 하듯 甲 자가 먼저 들어가나 위 日자 그림에서 보듯 하늘과 하늘 의 주인인 해와 그 햇빛을 보고 만든 것이 지금 日자이니 실은 우리 조 상이 만든 금문이 한자의 원조가 되는 것이다.

이상 이 [신지녹도문 진본 천부경] 하나 둘 셋 … 열 중 '하나, 한' 은 햇빛이라는 증거와 따라서 하느님은 바로 그 햇빛임과 또 우리 한민족 이 바로 햇빛 민족이라는 증거를 제시했다. 그렇다면 우리 조상의 기록은 어떠했을까?

[桓檀古記 태백일사/신시본기] 중

注曰 桓因亦曰天神 天卽大也 一也. 桓雄亦曰 天王王卽 皇也 帝也 檀君
亦曰 天君主祭之長也王儉亦卽監群管境之長也. 故自天光明謂之桓 自地光
明謂之檀也 所謂桓卽九皇之謂也.韓亦卽大也

(환인은 또한 하느님인데 하늘은 큰 것이며 '해인 하나' 라 한다. 환웅 또한 하늘
의 왕인데, 하늘의 왕은 황〈皇: 빗금 밑에 日=햇살〉이고 제〈帝〉이며, 단군 역시 하
늘 임금의〈天君:巫堂〉의 제사장이고, 왕검 역시 삼한〈三韓〉관경의 우두머리이다.
그러니까 하늘로부터의 빛을 환하다〈桓〉하고, 땅으로부터의 빛은 밝은 땅〈檀 밝
달나무단〉이라 하는데, 환〈桓〉이라 하는 것은 아홉 황제〈九皇〉까지도 이르는 것
이며, 한〈韓〉역시 큰 것이니라.)

위 태백일사 신시본기에도 역시 하느님이나 환숫님이나 밝달임이 모
두 빛이다. 단 하느님은 해이니 천신(天神)이고 그 빛을 땅에 전하는 환
숫님(환숫님)은 빛의 대리자이고 실은 땅인 곰네가 빛을 받으나 곰네와
환숫은 일심동체이고 남자를 주로 보는 한자권에서는 남편의 존재만 표
하다 보니 천신의 대리자이며 지신의 대리자인 환숫이 삼신으로 등장한
다.

이렇게 지진(地神)인 곰네가 환숫의 빛을 받아 사람이 사는 땅을 밝힐
밝달임금을 낳았으니 밝달임금은 인신(人神)이 된다.

아래 그림은 이 신지녹도문 [진본 천부경]의 '하나'의 '하나'로 보이는데 이 중 나무는 위 하나의 '하' 그림을 그렇게 그린 것이고 그 아래 X 자는 하나의 '나', 즉 빛을 받는 누리의 가림토이다.

명마산 나무가 신지 녹도문과 좀 다른 것은 수메르인들처럼 나무줄기에 木 자처럼 뿌리를 포함한 가지가 두 쌍인 것이 중요하지 만약 未 자처럼 세 쌍이면 해를 뜻하는 환웅나무가 아니다.

햇빛 받는 나무 하나의 '하'

햇빛 받는 누리 하나의 '나'

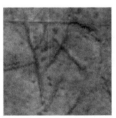

명마산 햇빛 받는 나무 '하'와 햇빛 받는 누리 '나'

햇빛 받는 누리의 하나의 '나'로 이 X자는 가림토이며 명마산 석각 여러 곳에 보이는데 이는 환숫의 빛이 이 땅에도 내려 주십시오 하는 기도이다.

13 최치원 81자에 나타나는 일(一)의 뜻

우리가 지금 무심히 외우고 있는 "하나 둘 셋 … 열"은 그저 우리의 숫자인 줄만 알았지 언제 누가 어떻게 만들었으며 또 그 속에 어떤 뜻이 들어 있는지조차 몰랐었다. 그러던 것이 환단고기가 나옴으로써 최치원의 천부경이라는 것이 나오고 이 81자 속에는 一二三…十이라는 숫자가 다 등장하니 이것을 그간 많은 사람들은 한자로 쓰여 있다 해서 한자 뜻대로만 풀려고 하였고 그래서 말이 되지 않자 각종 음양오행설이나 이상한 도표 또는 각종 수리학적 등으로 풀려고 했으나 역시 백 사람이 풀어도 말이 되지 않는 것은 같았다.

그러나 항상 말하듯 말이나 글이란 남이 알아들으라고 하는 것이다. 남이 이해할 수 없는 말이나 글은 말도 아니고 글도 아니다. 따라서 글쓴이는 이것은 옛 [신지녹도문 진본 천부경]을 최치원이 다시 복원하여 시첩으로 쓴 것, 즉 갱부작첩(更復作帖)이라 하니 이 81자 중 一二三은

天一一 地一二 人一三으로 보아 하늘과 땅과 사람이라는 우리말이 되고 一二三 숫자 그대로 말해도 되는데 우리말 '하나'의 뜻은 바로 하늘이라는 '하'이고 이 '하' 우리말 약방의 감초격 접미사 'ㅣ'를 붙이면 하늘의 주인인 해가 되며 햇빛이 된다. 따라서 최치원 81자에서 一始無始一의 '一'은 하나, 한이고 뜻은 빛을 받는 누리이다. 따라서 최치원의 81자에서 一始無始一이라 했지만 日始無始日이라 했으면 더 정확한 표현도 될 수 있다.

다음 二도 숫자 二의 우리말로 두르는 뜻이 있으니 二라 하지 말고 두른다는 周라 하며 三 역시 서다, 사내 뜻이 있으니 立, 또는 男이라 했을 수도 있다. 그러나 최치원이 그렇게 하지는 않은 이유가 무엇인가? 이는 아무래도 一 二 三은 우리말로 해석해도 되고 때에 따라서는 숫자로 해석해도 그 뜻은 같다는 것을 말할 수도 있다. 또 그 후 四 五 六 七 八 九 十은 숫자 이외에 우리말로 어떤 뜻이 있다는 직접적인 말은 없다. 그렇다면 최치원이 一 二 三까지는 숫자 이외에 우리말로 어떤 뜻이 있는가를 말해놓고 그 다음 四 五 六 七 八 九 十은 그저 숫자놀음이라 한다면 이는 말이 되지 않는다. 또 최치원의 81자가 신지녹도문 [진본 천부경] "하나 둘 셋 … 열"의 번역서라면 그 81자 순서도 "하나 둘 셋 … 열"과 맞아야 한다.

그러나 최치원의 81자는 번역서가 아닌 설명문이며 예찬시이므로 그 순서가 맞을 리도 없고 또 설명한 말이 다시 나오는 수가 많은데 이는 최치원의 81는 一 二 三 … 十 순으로 쓰여 있지 않다.

따라서 최치원의 81자는 "하나 둘 셋 … 열"의 설명서이고 예찬시라 했는데 그렇다면 최치원은 이 대목을 무엇이라고 설명했을까?

一始無始一

햇빛은 시작이 없는 데서 '햇빛'이 시작되고

'하나'가 빛이라는 것은 위 천부인으로 만든 우리말에서 이미 밝혀졌다. 따라서 이후로는 '하나, 한'을 '햇빛'이라 해도 된다.

최치원의 81자는 위 하나 둘 셋 … 열이라는 말이 나온 4천년 후 갱부작첩(更復作帖)이라 했으니 다시 시첩으로 썼다는 말인데 이 81자를 분석해 보면 이는 위 하나 둘 셋 … 열의 번역서가 아니라 설명서이고 예찬시라 한 이유가 이 글과 아래 최치원의 81자 이두 해독을 정독해 보면 밝혀진다.

따라서 '하나'란 숫자가 아니고 누리에 내리는 '빛'이며 우리 한민족이며 한국이라는 '환〉한'으로 그 뜻은 밝다, 크다, 넓다 등 무려 20여 개의 뜻이 있고 이 '하나'인 '빛'이 숫자가 된 것은 은허갑골문으로 볼 때 이 말씀이 전해진 후로 대략 천년 후의 일이라 했다. 이를 치원은 81자에서 [신지녹도문 천부경] 하나 둘 셋 … 열이 당시 숫자 아닌 것을 중국한자로 적을 수도 없지만 숫자라 하고 적는다고 해봐야 一二三…十가 되는데 이는 애초 하나 둘 셋 … 열의 뜻도 아니므로 숫자는 우리말로 하고자 이두로 적어 놓은 것이다. 따라서 이 숫자만은 이두로 풀어보면 하나 둘 셋 … 열의 시작인 '하나인 한'은 바로 빛이고 이는 시작이 없는 데서 한이 시작되었다는 말을 알게 된다.

그 뒤 최치원 81자에서 나오는 一 자는 뒤에서 설명한다.

* 대문구 박물관의 해그림

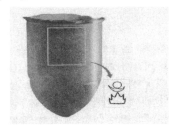

데략 6~7년 전 고조선 유적지 대문구 박림물관의 토기와 그림

여기에는 잡다한 토기와 돌도끼 등도 있지만 가장 눈에 뜨이는 것은 산 위에 솟는 해

14 우리 국호가 日本이라 했어야 한다

이상 한울글자 천부인 ㅇㅁ△으로 본 우리말의 형성요인, 金文, 日자의 뜻풀이, 신지녹도문 '하나'의 풀이, 명마산 글씨바위에 새겨진 日, 또 金文 靣, 一자풀이, 태백일사/신시본기풀이, 그리고 최치원의 81자풀이로 보았을 때 '하나'는 확실한 해이며 햇빛이었고 따라서 하느님, 환숫, 발달임금은 해, 햇빛이었다. 그래서 우리가 한민족이라는 그 '한'도 실은 환한 햇빛이니 우리는 햇빛 민족임을 밝혔다. 그렇다면 우리 한

민족의 국호는 당연히 日本이어야 하고 국기도 당연히 해 그림인 일장기가 됐어야 한다.

그러나 지금 일본이 그 국호가 일본이고 국기가 일장기가 된 이유는 옛적에 우리 선조들은 일본에 건너간 사람이 많으니 일향국(日向國) 일본이란 나라를 세워 해를 중심으로 살았으나 지금은 토착민이었던 왜국(倭國)인들조차 일본사람이 되고 일장기를 사용한다.

글쓴이가 지금 국수주의적 말을 하는 것이 아니라 사실로 그들을 보면 그렇다. 지금 중국인도 그렇지만 일본인 중에 그래도 키도 크고 잘생긴 사람은 유전자 검사상 모두 우리 한민족의 후예가 되고 왜소하고 조잡한 사람은 토착민인 왜국인의 후예이다. 이와 같이 지금 일본이라는 나라는 우리 조상이 세웠다. 이 근거는 다음과 같다.

15 日本이란 우리가 세워준 나라

일본(日本, 닛본): 일본이라는 일(日)은 우리말로 '하(히)' 그리고 '잇(닛)'인데 일본인들의 발음으로 히(ひ)와 닛(にち)이라고 하므로 어원은 역시 우리말 '해'이다. 이 '히'는 아사히(朝日)가 되는가 하면, '앗'과 같은 해 솟음이 되고, 이 '앗'은 '잇'과 모음이 혼동된 같은 말이므로 이 '잇'에 '뿌리'가 붙어 '잇뿌리' 즉 '태양의 뿌리'가 한자로 쓰다 보니 잇본(日本)이 된 것이며, 이것이 그들의 불완전한 글자와 발음으로 'にっぽん'으로 불리게 된 것으로 본다.

그리고 이는 환나라 한민족으로 추정되는 진시황 때의 서불(徐市)이

불로초를 구하러 간다는 핑계로 동남동녀 500쌍과 함께 이세(伊勢)에 도착. 현지 토착민인 왜(倭)와 이웃하여 그들의 나라를 세워 천황이 되었으며, 그 나라 이름을 '해의 뿌리' 라는 '잇뿔' 이라 지은 것을 한자로 적자니 해는 日, 뿌리는 本이 된 것이므로, 결국 일본이라는 나라 이름은 우리 한민족의 '해' 에서 따온 우리 민족이 지어준 우리말이다.

이는 다음 기록도 뒷받침한다.

* [고구려국 본기]에서 인용한다. "···진(秦) 때 서불(徐市)은 동야현의 해상으로부터 곧바로 나패에 이르러 다네시마(種島)를 거쳐 세도나이까 이를 따라 처음으로 기이(紀伊)에 이르렀다. 이세(伊勢)에 옛날에 서복(徐福)의 무덤이 있었다. 어떤 이는 말한다. 단주(亶洲)는 서복이 있던 곳이라고···"(秦時徐 自東冶海上直至那霸經種島而沿瀨戶內海始到紀伊伊勢舊有徐福墓祠或曰亶洲徐福所居云).

* [소도경정 본훈]에서 인용한다.
"··· 일본의 기이(記伊)에 서불(徐市)이라는 제명의 각자(刻字)가 있다. 이국(伊國)의 신궁(神宮)에는 서불의 묘지와 사당이 있다. 서복은 일명 서불이니 불(市)은 복(福)의 음이 혼동된 것이다···"(日本記伊有徐市題名之刻伊國神宮有徐市墓祠云徐福一稱徐市市福音混也).

* [대진국(발해) 본기]에서 인용한다.
"···日本은 옛날에 이국(伊國)에 있었나니 역시 이세라고도 하는데 왜와 이웃하였다. 이도국(伊都國)은 축자(筑紫)에 있으며 곧 일향국(日向國)이다. 여기서부터 동쪽은 왜에 속하며 그 남동은 안라(安羅)에 속한다. 안라는 본래 홀본(忽本) 사람이다"(日本舊有伊國亦曰伊勢與倭同隣伊都國在筑紫亦卽日向國也自時以東屬於倭其南東屬於安羅安羅本忽本人也).

이상으로 보면 우리가 해의 나라라는 뜻이니 국명도 日本이어야 하고 국기도 일장기를 사용하는 것이 좋았을 것 같았으나 지금 우리는 그 논리에도 맞지 않는 태극기를 사용하고 있다. 그 이유는 태극기의 음양 양극은 이 우주를 형성하고 있는 원자의 원리도 아니다. 즉 원자에 음양 양극을 안정시켜주는 중성자가 없다면 백만 자승 분의 1초 안에 사라지고 따라서 이 우주도 사라진다.

그래도 우리 선열들은 그 태극기를 위하여 수많은 피를 뿌렸으니 지금 우리는 받들어야 하나 우리는 어차피 통일을 앞두고 있으며 통일이 되면 그 말도 되지 않는 북한 인공기는 물론 우리 태극기도 폐기하고 새로운 국기를 만들어야 한다.

16 햇빛은 삼극

이 장은 어차피 햇빛을 의미하는 '하나'를 설명하고 있으니 빛에 대하여 더 알아보자.

(1) 빛의 원 삼원색: 왼쪽에서 반사의 과정을 거치지 않은 순수한 햇빛의 색을 직접 보면 아래 그림과 같이 원색은 빨강(R), 초록(G), 파랑(B)이고, 이를 합하면 가운데처럼 다시 흰색이 된다. 따라서 '빛'을 쪼개면 천부인 '삼극'이 되지만 합하면 다시 힌 빛이 된다. 이는 최치원 81자 중 析三極 無盡本과 같다.

(2) 색의 삼원색: 위 빛의 삼원색만 가지고는 천지만물의 색을 표시할

수 없으므로 빛이 일단 방사되어 다른 물체와 반사된 색을 가지고
아래 오른쪽 그림과 같은 색을 만들어야 하는데, 이 색의 삼원색은
청색(Cyan), 자주(Magenta), 노랑(Yellow)을 말하며, 이들 삼원색을
여러 가지 비율로 혼합하면, 모든 색상을 만들 수 있다. 반대로 다
른 색상을 혼합해서는 이 삼원색을 만들 수 없다. 이들 삼원색을 1
차색이라고 부르며, 빨강과 노랑을 혼합해서 만든 주황과, 노랑과
파랑을 혼합해서 만든 초록과, 파랑과 빨강을 혼합해서 만든 보라
색은 2차색이라고 부른다.

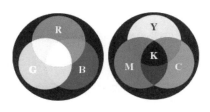

(그림은 야후에서 발췌)

이것은 최치원 81자에서 一始無始一, 一終無終一, 天一一 地一二 人
一三의 한이고, 이것이 다시 天二三 地二三 人二三이 되어 大三合六으
로 生七八九하여, 한이 萬往萬來하듯 색의 2차 삼원색으로 만물을 그릴
수 있음을 말해준다.

먼저 제시했던 그림들. 하블 망원경으로 본 또 하나의 삼태극

이 삼태극 도형은 바로 해가 천지인 삼극으로 작용하는, 역시 해의 빛
이다.

옛 우리 조상들은 이 삼극을 많이 썼다는 유물이 첫조선 유적지에서 출토된다.

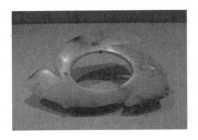

뿐만 아니라 보물 제635호 신라 시대의 장식 보검(경주 미추왕릉지구 계림로 14호분 출토, 국립경주박물관 103쪽), 우리 민족이 사용하던 삼극 무늬는 신라시절 기와장도 많지만 이 보검 자루에도 있다.

또 위 쌍계사의 금강문은 840년(신라 문성왕 2년) 眞監禪師가 지은 것이다. 이 쌍계사를 지을 무렵만 해도 불교가 들어오면서 우리 토속종교를 없애지 않으려고 산신각 등을 만들어 놓았으며, 특히 이 쌍계사에는 환웅과 단군을 예찬하는 난랑비가 있었다. 여기 삼극은 '천지인'을 뜻하고, 위의 삼지창은 환숫을 뜻하는 '사람 천부인'이며, 아랫것은 '극이 반대로 도는 삼극'이다.

그 외 우리는 지금 북이나 부채에도 이 삼극을 그려놓고 심지어 지하철 환승역에서도 삼태극을 그려놓는 등 삼태극은 우리의 정신인데 이는 실은 위 천부인의 ㅇ ㅁ ㅿ 중 기초가 되는 ㅇ인 해의 삼원색을 분리해 놓은 것이다.

17 우리가 한민족이라는 '한'의 의미

우리 '한민족'이라는 '한'이나 숫자의 시작인 '하나'의 의미는 원래는 '햇빛을 받는 대지의 생명체'이지만, 옛날에 말이라곤 불과 20여 단어밖에 되지 않던 시절에 '햇빛을 받는 대지의 생명체'와 '햇빛'과 '해'와 해의 집인 '하늘'과 하늘의 주인인 '하느님'을 구분하지는 않았으므로, 이 '한' 속에는 다음과 같은 여러 가지 의미가 들어 있다. 여기서 아래아점으로 된 모음은 따지지 말아야 한다.

* 하늘: 한울
* 하느님: 한울님

* 밝다: 한하다(환하다). 햇빛이므로
* 숫자: 하나, 한을 숫자로 쓸 때는 '하나'라 한다. 해와 햇빛, 하나님은 하나이므로
* 크다: 한밭(한밭, 大田), 한길(큰길), 한물(큰물, 홍수), 한비(큰비), 한새(황새), 한숨(큰숨), 한아비(큰아비, 할아비), 한박눈(함박눈), 한지박(함지박). 온 누리를 비추는 해와 햇빛은 크므로
* 처음부터 끝까지 같다: 한결같이. 해는 한결 같으므로
* 모두가: 한반, 한통속, 한가지. 해는 전부이므로
* 보다 더 제법, 꽤, 크게: 한결(한결 따숩다). 해는 최상급이므로
* 얼마: 한동안. 해는 항상 있으므로 그 중의 어느 때
* 여러 군데: 한눈팔다(여러 군데 시선을 둔다). 햇빛은 여러 군데를 비추므로
* 바르다(正確, 가운데): 한복판, 한가운데, 한가위, 한가을, 한낮. 해는 정확하므로
* 가득 찬: 한 사발, 한뉘, 한평생. 햇빛은 온 세상에 가득 차 있으므로
* 성(盛)하다: 한더위. 해는 盛하므로
* 넓다: 한데(하늘을 가리지 않는 방 밖 넓은 곳). 해는 넓은 하늘을 차지하고 있으므로
* 혼자: 혼자. 해는 혼자 있으므로
* 많다: 흔하다. 햇빛은 많으므로
* 따뜻하다: 훈훈하다. 햇빛은 훈훈하므로
* 오래되다: 헌 것, 헌 옷. 해는 오래됐으므로

그러니까 5,000~6,000년 전 하느님 시대에는 위와 같이 많은 뜻을 말하려면 단순하게 '흔' 또는 'ㅎㄴ'라고 말한 것이며, 이것이 바로 우리

한민족의 '한'이 됐다는 것이고, 이 '한' 말고도 다른 뿌리말도 이와 같으니 그래서 이렇게 말이 적던 시기였기에 우리말의 뿌리를 추적해 올라가면 불과 20여 개 단어의 말만으로 살았다는 것이다.

이상 글쓴이는 이 신지녹도문 [진본 천부경] "하나 둘 셋 … 열" 중 "하나"를 설명하면서 여러 가지 증거를 제시했다. 따라서 다음 "둘 셋 … 열"도 같은 증거로 설명한다.

제2장 | '둘'의 그림과 뜻풀이

[진본 천부경] 하나 둘 셋 열 … 중
'둘'의 그림과 뜻

다음 글자를 보자. 이것은 도대체 무엇을 나타내고 싶은 그림일까?

우선 옛날 사람들은 산(山)을 어떻게 그렸을까를 생각하면 답이 금방 나온다. 산의 그림이 아래 그림처럼 변하는 모습을 보자.

이 山은 사람 천부인 세모 'Δ'가 나중에 삼지창으로 변하는 모습이 기도 하다.

그러면 위 그림의 위 부분을 山이라 한다면 신지녹도문 [진본 천부경]

둘처럼 山 아래 'ㄹ' 처럼 구부러진 것은 무엇인가? 이는 물어볼 것도 없는 '개울', 즉 '내'이다 즉, 산을 '둘러' 나온 내의 표현을 그리했다고 볼 수 있다. 그렇다면 산이 있고 산 아래 내가 있는 그림이라면 이것을 무엇이라 할 수 있는가? 이는 산을 '두르'는 내이다.

02 [천부인 ㅇ ㅁ ㅿ]으로 본 둘의 뜻과 증거

땅의 뜻이 강한 'ㄷ'.

이것을 이 천부경과 한 쌍인 천부인 ㅇㅁ△으로 알아본다. 'ㄷ'은 땅 천부인 'ㅁ'을 분해하여 만든 글자로 땅인데, 땅 천부인 자체는 'ㅁ'이 아니라 'ㄷ'이라고 해도 좋을 만큼 땅의 뜻은 오히려 'ㅁ'보다 강하다.

역시 글쓴이가 [천부인 ㅇㅁㅿ]에서 상세히 설명했듯이 'ㅁ'은 ㄱ ㄴ ㄷ ㄹ ㅁ ㅂ ㅍ을 대표하는 땅 천부인이며, 그 뜻은 '땅'이라기보다 '물보다 높은 뭍'을 말하다 보니 '높은 것'의 뜻이 주로 많아 '뫼, 마마, 마님, 마루' 등에 쓰이는데, 이 'ㄷ'은 다같이 'ㅁ'에서 분해된 ㄱㄴㄹㅂ ㅌㅍ보다 가장 강력한 땅과 땅에 관한 것들의 뜻을 가지고 있다. 즉 ㅁ은 청동 방패 형이나 이 방패는 때에 따라 잡은 짐승을 잘라 먹는 도구로도 사용되었을 것이므로 한쪽 날이 서 있고 그 날이 서 있는 곳에는 테가 없으므로 그 한쪽을 바로 ㄷ으로 본다.

03 ㄷ으로 시작되는 말들

* 땅은 원래 '다' 이다. 세종조 전에는 된소리가 없었는데 요즘 소주를 '쏘주' 라 하고 번데기를 '뻔데기' 라 하듯이 '다' 가 '따' 가 되고(다地, 訓蒙字會), 다시 '따' 는 '땅' 이 되었는가 하면, 한편 '다' 는 '달' 이 되어 '음달' , '양달' 이라는 말이 생겼다. 여기서 애초 땅인 '다' 가 '당 > 땅' 이 되게 'ㅇ' 이 붙는 것은, 애초 'ㅇ' 은 하늘 천부인으로 '하늘' 을 의미하나 하늘은 생명이기도 하므로 원래 땅이란 불모의 사막이 아닌 '생명이 있는 대지' 만을 땅이라 하기 때문이다. 다음 땅인 '다' 에 'ㄹ' 이 붙어 된 '달' 도 땅인데, 여기에 붙어 있는 'ㄹ' 은 우리말에서 그저 유동적인 의미뿐이고, 따라서 'ㄹ' 로 시작되는 우리말도 'ㄹ' 밖에는 없다. 그러므로 'ㄹ' 은 말의 윤활유 역할만을 한다. 즉, 그렇지 않아도 딱딱한 우리말에 만약 'ㄹ' 발음이 없었더라면 말하는 사람이나 듣는 사람 모두 혈압이 걸렸을 것이다.

* 달(月): 하늘에 붙어 있는 '달' 이 왜 음달 양달 하는 '땅' 과 같은 '달' 인가? 달은 일단 음이다 즉, '해' 가 양이라면 '달' 은 음이므로 여기에 ㄷ이 들어가는 달이 된 것이다.

* 다리(脚): 사람이나 동물의 '다리' 는 땅이 '달' 이니까 이 '달' 을 딛고 다니는 기관도 역시 '달' 이므로 이 '달' 에 우리말의 감초 격 접미사 '이' 가 붙어 '달이 > 다리' 가 된 것이라고 보기도 하지만, 한편 '달' 은 '해' 에 비해서 음이듯 '머리' 를 양으로 본다면 '다리' 는 음이 된다.

* 다리(橋): 지금의 다리는 한강대교, 원효대교 등 엄청나게 큰 다리가 연상되나 처음의 다리는 지금처럼 중장비가 없었을 테니 겨우 작은 도랑에 사람의 다리(脚)처럼 가는 나뭇가지 두 개를 걸쳐놓고 건너 다녔을

것으로 추정하여 ‘다리(脚) > 다리(橋)’ 로 된 것으로 본다.

* 딸(女): 아들은 양이고 딸은 음이다. [훈민정음] 서문에서 ‘옛사람들의 말씀(聲音)들은 모두 음양의 이치가 있었다(故人之聲音皆陰陽之理)’ 라는 말이 있는데, 이 글을 쓴 글쓴이도 처음에는 어디에 근거를 두고 한 말인지, 무슨 뜻인지를 몰랐다. 그러나 [신지녹도문 진본 천부경]과 한 쌍인 ‘천부인’ 을 찾으면서 이 말의 뜻을 알게 되었는데, 우리말과 글자는 정말로 아무렇게나 만들어진 것이 아니라 그 예의 하나가 지금 위에서 나온 음양의 양극에서 음으로 표시되는 ‘달’ , ‘딸’ 일 것이다. 즉, 하늘에 걸려 있는 ‘달(月)’ 도 ‘달’ 이고 ‘딸(女)’ 도 ‘달’ 이며 ‘땅(地)’ 도 ‘달’ 이고 ‘다리(달이 脚)’ 도 결국 ‘달’ 이며, ‘다리(달이 橋)’ 도 ‘달’ 이어서 이들은 전혀 서로 어떤 연관이 없을 것 같아도 결국은 양(陽)의 반대인 음(陰)을 말하고 있으므로 이는 처음부터 어떤 근거를 가지고 철학적 논리적으로 만들어졌음을 증명하고 있다.

그리고 이렇게 같은 말에 뜻이 중복되는 동음이의(同音異義)의 원인은 현재 20만 어휘를 쓰는 우리에게 애초 원시어는 불과 몇십여 단어였으리라는 것을 이해해야 한다.

* 두메: 시골 산골짝이
* 들판: 모두 ㄷ이며 땅이다.
* 둔덕: 모두 ㄷ이며 땅이다.
* 똥: 똥은 ‘동’ 이 격음으로 된 말이고 원래는 동아리라는 ‘동’
* 덩이: 덩이, 덩어리는 흙덩이뿐, 공기나 물은 덩어리가 될 수 없다.
  (이하 생략) 자세한 말은 글쓴이 졸저 [천부인 ㅇ ㅁ ㅿ]에 상세히 기록.

그러면 이 '땅'이라는 '달'과 숫자에 나오는 '둘'은 어떤 관계가 있을까?

이는 역시 [천부인 ㅇ ㅁ △]에서 상세히 설명했듯이 원시한글에의 모음은 '감둥이'와 '검둥이', '파릇파릇'과 '푸릇푸릇' 등이 혼동되듯이 있으나마나 식으로 무시된다. 즉, '달'이라 하건 '둘'이라 하건 큰 차이 없다는 말이다.

다음 하늘을 무형인 정신으로 본다면, 땅인 달은 이 주체를 두르는 유형의 객체가 된다. 즉 사람을 예로 들면, '가장 핵심이 되고 첫째가 되지만 무형인 정신을 그 표현체인 유형의 물질이 둘러서 비로소 사람으로 완성된다'는 말로 '둘', '두르다'는 명사인 물질, 땅 즉 '달'이 동사인 '둘(두)르다'의 '둘'로 바뀐 것뿐이지 그 본질은 같다는 말이고, 이는 주체되는 정신의 다음이 되는, 즉 둘째 가는 구성체라고 보는 것이다.

 명마산 글씨 바위에 새겨진 ㅁ, ㄷ 으로 본 둘의 뜻과 증거

명마산 글씨바위에 새겨진 ㄷ

ㄷ, ㅂ, 가림토 ㅂ은 ∪으로 빗물을 받는 그릇이며
세종의 ㅂ은 그 그릇에 물이 반쯤 차 있는 모습

ㄷ,ㅂ

가림토 ㄷ은 그 입구가 반대이기도 하다.

ㅌ의 뜻은 불탄 땅 (ㄱㄴㄷ…ㅎ 속의 뜻풀이 참조.)

05 금문으로 본 貳, 二의 뜻과 증거

   이번에는 다시 우리 선조들이 이 신지녹도문, 또는 초기 가림토와 혼용해서 쓰던 금문, 갑골문의 貳 자 제자 원리를 보자.

   우리가 지금 쉽게 생각하는 작대기 두 개인 二 자는 원래 중국인들이 숫자를 쉽게 쓰기 위해 만든 글자이고, 원래 '두르다'는 뜻이 있는 둘은 貳 자였다. 우선 무엇인가 얻는다는 '얻을 득(得)' 자의 제자 원리부터 보자.

得

"得"是获得,得到。《说文》:"得,行有所得也。从彳,导声。"甲骨文(1-2)是手拿"贝"的
形状("贝"在上古曾作为货币使用),表示得到。甲骨文(3-4)加一行动符号"彳",表示在
走,行动中拿,取。也是小篆"行有所得"的理论基础。金文(1-5)是秦末统一文字前的文字,
异写现象十分严重。但仍可看出与甲骨文的渊源关系。其中金文(1)的"手"和"贝"非常逼
真,如同图画。几有看图识字的功能。小篆将"贝"误写作"见",或是受"说文古文"的影响
("说文古文"每与甲、金文不合,只能参考)。隶书又将小篆的"见"写作"旦",完全失去"得"
字本义。但从此脱离了古文字成为今文。

출처: [圖釋古漢字](能國榮 著, 濟魯書社刊)

먼저도 말했지만 여기서 金文 1, 金文 2, 金文 3번은 조개를 잡고 있는
그림이다. 그럼 '조개' 란 무엇인가? 조개가 격음이 되면 '쪼개' 이고, 쪽
을 국어사전에서 찾아보면 '낭자, 성인여음' 이며, 처녀가 시집을 가면
그 표시로 쪽을 찐다. 따라서 위 무엇을 얻는다는 得 자는 바로 '여음을
얻는다' 는 말이니 이도 그 당시 얼마나 말이 적었던가를 알 수 있다.

다음 창 과(戈) 자를 보시라. 창이란 무엇인가? 이 금문을 가져다가 자
기네 글자를 만든 중국인들은 창이라면 흔히 전쟁무기로밖에는 알지 못
하여 무사 옆에 있는 그림도 창으로 그렸다.

戈

"戈"是商、周时期常用的一种长柄兵器。《说文》:"戈,平头戟也。"甲骨文、金文十分象
形。特别是金文(1-2),戈锋、杆、穿、垂缨毕现。后逐步符号化。其中金文(6)加"金"旁,反
映了金属在武器上的普遍使用。小篆在统一文字时,已泯失器形。隶书进一步伸展笔画,写
出象形字藩篱而成为今文。

출처: [圖釋古漢字](能國榮 著, 濟魯書社刊)

그러나 金文 1, 金文 2번을 보라. 창 자루 밑에 무구(巫具)에서 쓰는 삼

지창 같은 것이 붙어 있다. 이것이 전쟁무기인가? 다음 '셋' 의 설명에서 자세한 설명이 되겠지만 이 삼지창은 바로 사내의 '숫' 이다. 따라서 여기의 '창' 이란 '여음에 씨를 심는 사내의 창' 이란 말이다.

다음 사진도 먼저도 말했지만 독자 원방각님이 하버드대 미술관에서 청동기에 새겨져 있던 그림을 박물관 측에서 사진 찍어 앞에 전시한 것인데, 이 그림의 뜻에 대해서는 우리말과 우리 상식, 우리 단군실화를 모르는 미국학자는 물론 중국의 어떤 금문해독가도 그 이유를 모를 수밖에 없어 지금까지 의문으로 남아 있지만 이는 '비파형 청동검', 즉 '사내의 숫' 을 의미하는 삼각형 칼에 숫을 더 강조하기 위해 삼지창을 달아 놓은 것이며, 이것이 '사내의 숫' 이라는 것을 더 강조하기 위해 그 밑에 남근, 또는 정액을 손으로 받드는 그림이니 위 중국 金文 1, 2의 실증이 되는 것이다.

비파형 동검 밑에 삼지창이 달린 戈. 재미난 것은 금문에서는 손가락을 꼭 세 개만 그린다.

다시 아래 완성된 貳 자의 금문 1, 2, 3, 4를 보시라. 여기에는 노골적으로 조개 아래 다리 두 개(貝)까지 달려 있고 그 위에 창(戈)이 있다. 아래 큰 그림에서 작대기 두 개가 二이라는 것은 원래 둘의 뜻이 아니다.

二、贰[貳]

　　"二"是"貳"的初文;"貳"是"二"的大写。"二"字甲骨文、金文、小篆均写作"二、二"。源自算筹(用竹木片摆放记数)。"说文古文"写作"弍"。源自"二弋"(弋,木橛。两个木橛)的合文。"貳"字金文、小篆写作"貳、貳、貳、貳",用"二戈、二贝、二肉"会意数量。《说文》称:"貳,副益也。"即第二位的。隶书(汉《史晨碑》等)写作"二、弍、貳"。

출처: [圖釋古漢字](能國榮 著, 濟魯書社刊)

　　이상 그림은 무엇을 말하는가? '사내의 창은 조개인 여음을 찌르고, 그 조개는 창을 두른다' 는 말이다. 이는 글쓴이가 주장하는 '둘' 은 '여음' 이라는 말이 하나도 틀리지 않았음을 보여준다. 그런데 여기서 재미난 글자가 있다. 이는 바로 '도적' 이라는 '적(賊)' 이다.

賊[賊]

　　"賊"字本指破坏,伤害。后引申作乱,盗窃。《说文》:"賊,败也。"金文写作"賊",由"人"持"戈"对"贝"三部分组成。表达了以武力夺人财富的字义。《楚帛书》、小篆写作"賊、賊",将"人"、"戈"和为"戌",成为卫戍(保护)财物。但也反证防賊的字义。

출처: [圖釋古漢字](能國榮 著, 濟魯書社刊)

　　위 글자는 보시다시피 위 貳 자와 아주 비슷하다. 그럼 왜 선조들은 이렇게 글자를 만들었을까?

　　글쓴이는 위에서 전쟁이란 겨집(계집) 싸움에서 시작되었다 했다. 그렇다면 바로 이 '겨집의 여음을 훔쳐가는 것이 바로 원수이며 적' 이란 말이다. 따라서 말이 만들어질 당시는 이렇게 말이 몇 마디 되지도 않았다는 것이다.

06 조개인 貝가 정말 여음일까?

화폐의 역사에서 인류 최초의 화폐는 조개였다는, 貝錢이란 말은 크게 잘못된 말이다 조개가 아니라 여자로 물건을 사고팔았다는 말이니, 최초의 돈은 여음이었다고 화폐의 역사도 바꿔야 할 것이다.

여음을 상징하는 조개로 본 둘의 뜻과 증거

위 조개 그림을 금문에서는 아래와 같은 그림으로 표현한 것이 너무도 많으니 먼저 말한 壹, 一 자 그림을 다시 본다.

이 금문은 네 활개를 편 사람을 大로 그려놓고 다리 사이 아래 붙은 것은 조개인 貝이니 말할 것도 없는 여음이다.

다음은 정말 청동기가 나올 무렵 돈으로 쓰던 조개 여음 그림을 한번 보자.

貝[贝]
"贝"是蛤螺类有壳软体动物的统称。上古时曾用作货币。《说文》:"贝,海介虫也。……象形。古者货贝而宝龟,周面有泉,至秦废贝行钱。"《盐铁论·错币》:"后有玄贝,周人以紫石,后世或金钱刀布。甲骨文(1–3)、金文(1–6)均象贝壳形状。金文(7)开始变形,小篆写作"貝",完全失形。隶书以直笔方折改变了小篆的弧笔圆折,写作"貝"彻底脱离了古象形字面成为今文。"贝"字作为部首,保留了货币价值的字义,凡从"贝"的字多与财宝、货物有关。

출처: [圖釋古漢字](能國榮 著, 濟魯書社刊)

조개가 돈으로 쓰인 것은 한자가 나오기 전일 것이고 또 그 후 돈이라는 전(錢) 자가 쇠금 변이 붙는 것도 이와 같기 때문이다. 따라서 조개가 돈으로 쓰였다는 패전(貝錢)이란 말은 금문에서 여음을 간단하게 貝자 같이 그려놓은 것을 보고 말하는, 금문 해독도 할 줄 모르는 인류학자들의 착각이다.

07 [진본 천부경] 하나 둘 셋 … 열이 내려질 당시는 "하나 둘 셋 … 열"이 숫자가 아니라는 증거

글쓴이는 지금껏 하나 둘 셋 … 열이 만들어질 때는 아직 숫자가 아니었다고 했는데 이 말을 증명하는 실증을 더 제시한다.

아래 上 자는 하나 둘 셋 … 열이 만들어질 무렵 썼던 [圖釋古漢字]에서 그림글자만 제시한다.

위 그림글자에서 갑골문도 그렇지만 금문 역시 上 자는 막대가 두 개인데 위 막대가 짧으면 그것이 '둘' 이라는 二자가 아니라 上 자이고 아래 막대가 짧으면 下자가 된다. 이는 아무리 원시 조상이라 하더라도 만약 숫자가 있었다면 당연히 막대 두개를 그려놓고는 이를 숫자 二 라 했어야 한다. 그러나 위 글자는 분명 上 자의 원류를 말하는 것이고 따라서 아래 下 자도 이와 같다.

下

따라서 글쓴이는 이 금문이 만들어질 당시나 이 [신지녹도문 천부경]이 만들어질 당시는 숫자가 없었다는 것이다.

08 명마산 글씨바위의 二자와 甲骨文字形字典으로 본 증거

　아래에 제시되는 甲骨文字形字典의 글자나 명마산 글씨 바위의 막대 두 개 역시 위와 같이 二자가 아니라 위 막대가 짧으면 위, 또는 올린다는 뜻의 上자이고 아래 막대가 짧으면 下가 된다.

甲骨文字形字典

上（丄 二）

一 二 一 二 一 二 ⌣ ⌣ ⌣ ⌣

　　一长横作中线，上加一短横，成二或作⌣，以示为上；相反之二或⌒则为下。为指事字。
　　《正韵》"音尚"。古文丄、二。
　　《说文》："丄，高也。古文上。指事字。"又崇也，尊也。
　　卜辞用作：一、上与下相对立名。二、上帝，观念之神。三、殷代某些直系先王简称。

下（丅 二）

一 二 一 二 一 二 ⌒ ⌒ ⌒ ⌒

　　指事字。
　　《正韵》："遐上声"。古文丅、二。
　　《说文》："丅，底也。指事。亣篆文丅。"又后也，贱

명마산 글씨바위에 새겨진 二 자 역시 같은데 그 증거는 위로 휘어진
二자 때문이다.

아래 사진 위로 휘어진 二자는 그릇에 제물을 담아 올린다는 上 자와
같은 의미이니 제물을 내린다는 뜻의 下자는 당연히 보이지 않는다.

09 최치원 81자로 본 二

최치원 81자의 '二' 자도 이상과 같이 숫자가 아니라 두른다는 말인
데 여기서는 하나는 빛이고 그 빛은 누리인 땅이 받아 두른다는 말이니,
地二三, 즉 "땅은 둘러서 사람을 세운다"로 표현을 했을 것이고 이 두른

다는 것은 다른 것이 두른다는 말인데 이 땅을 두를 수 있는 다른 것은 하늘이므로 地二三은 물질이며 땅인 몸이 하늘의 빛이며 정신을 둘러 사람을 만들었다는 말이다. 즉 사람은 정신과 몸이 있지만 그 정신은 몸에 둘리워 있다는 말이다. 이상 더 자세한 설명은 아래 최치원 81자 이두 해석에서 한다.

제3장 | '셋'의 그림과 뜻풀이

01 [진본 천부경] 하나 둘 셋 … 열 중 '셋'의 그림과 뜻

이 글자는 아래 금문의 木 자와 같은 글자이며 윗부분은 하나의 '하'의 나뭇가지와 같고 또한 무속의 무구(巫具), 삼지창과 같은 山자 모형이며 아랫부분은 이것을 거꾸로 놓았으니 청동기 솥의 다리와 같고 이는 나무뿌리라 할 수도 있다. 즉 환숫은 남무(男巫)의 원조인 '화랭이'이며 그 화랭이는 하늘의 빛인 씨를 받아 그 씨를 뿌리로 누리인 곰네(熊女)에게 전하기 때문이다.

이 환숫의 줄기를 제외한 뿌리 포함 나뭇가지는 반드시 두 쌍이어야 한다. 즉, 앞으로 나올 금문에서 나뭇가지가 未 자처럼 세 쌍인 것은 사내를 뜻하는 환숫의 나무가 아니다. 이를 삼국사기에서도 삼국인들은 환숫을 의미하는 圭를 말하는 부분에서 木이라 하였고 나무도 소나무임을 구체적으로 말했는데 이는 그 이두로 써진 삼국사기말을 역시 이두로 풀어보면 알게 되고 이는 본문 후미에 제시한다.

02 [천부인 ㅇ ㅁ ㅿ]으로 본 셋의 뜻과 증거

천부인 ㅇ ㅁ ㅿ으로 만든 우리말 우리 글자 ㅅ의 뜻은 서다, 세우다, 솟다 등의 뜻이 있어 서는 동물인 사람을 뜻하는 동시에 서고 솟는 기구를 가진 사내를 뜻한다 했다. 여기서 사내의 대표인 환숫은 [신지녹도문 진본 천부경]상 셋인데 우선 사람은 서는 동물이니 그 '서' 에 우리말 약방의 감초격 접미사 '이' 가 붙으면 '세' 가 되고 다시 서는 ㅅ이 붙으면 '셋' 이 되기 때문이다.

따라서 환웅은 우리말로 '환숫', 즉 '환한 부족의 수컷' 인데 '수컷' 이란 지금 우리 상식으로는 동물에게나 붙이는 매우 비천한 것이지만, 이 '숫' 에서 '숫웅〉스승', '숫님〉스님' 이 나왔으니 당시에는 매우 존귀한 존칭이었다.

이 숫은 먼저 말한 대로 木과 같이 하늘로부터 정기를 받아 씨를 불알 (불=붉=밝+알)에 저장했다가 그 뿌리 한 쌍으로 땅인 여음에게 전하여 생명을 이어가게 하는데, 그 상징적 표현이 바로 금문 參, 三에 나오는 나무로, 나무는 태양의 빛을 받아 땅에 전한다.

03 금문으로 본 三의 뜻과 증거

木

"木",树。木本植物的统称。甲骨文、金文写作"￼"、"￼"。象有根、干和枝杈的树木形，是典型的象形字。小篆写作"￼"。虽不如甲、金文直观，仍能看出树木的轮廓。《说文》称："木，冒也，冒地而生……"隶书(汉《西狭颂》)写作"**木**"。脱离了古文字成为今文。

甲骨文2	甲骨文3	金文1	金文2	金文3	金文4	隶布书	石经	小篆	隶书

木
mù

출처: [圖釋古漢字](能國榮 著, 濟魯書社刊)

중국인들은 이 환숫을 뜻하는 셋의 금문 그림으로 木자를 만들었다.

다음 한자 參, 三

三、弍、參[叁]

"三"是数字二与一的和。《说文》："三，天地人之道也。从三数。"甲骨文、金文、小篆虽时间跨越千年，但均写作三横画。古人最初用树枝(或竹片)截成短棒作算码。三字正是三个短棒的形状。"说文古文"加"弋"写作"弍"，"弋"正是下削尖，上有叉的木橛(详见"弋"释)，以此会意"三个木橛"。金文(3-4)和小篆(2-3)写作"￼"、"￼"、"￼"、"￼"，是假借星宿名作数字大写。隶书(汉《校官碑》)以"蚕头雁尾"的一长画，使"三"跳出古文字行列。

甲骨文2	金文1	金文2	金文3	金文4	说文古文	小篆1	小篆2	小篆3	隶书

三
sān

출처: [圖釋古漢字](能國榮 著, 濟魯書社刊)

위 그림에서 중국인들이 三을 작대기 세 개로 그린 것은, 위 금문 2 때문인데 이는 바로 金文 3번에 보이는 '빛줄기 셋'을 따온 그림이 바로 금문 2번이기 때문이고, 이것은 하늘의 정기를 받는 나무를 생략한 것이다.

즉, 금문 3번 그림은 '하늘의 정기를 받아 음낭(나무둥치에 불룩한 것)에 채우'는 그림이고, 그 아래 빗금으로 된 三은 그것이 '하느님의 정기 빛'이라는 것을 강조하기 위한 보충 그림이며, 다음 금문 4는 하늘인 ㅇ 속에 점이 있는 것으로, 이는 바로 '해'를 말하고 있다.

04 명마산 글씨바위의 셋

* 이 명마산 글씨의 三 자 같은 것은 三 자가 아니라 위와 같은 환숫의 빛이다.

△, ㅅ, ㅆ

* △이 ㅅ이 되는 과정

* 사람 다리 위에 횡선은 돌의 자연 무늬이고 사람 머리에는 껍이 붙 은 것 같다. 이는 사람 그림이 ㅅ으로 변하는 과정으로 본다.

* 몸이 긴 ㅅ인 사람 그림이 ㅅ이 되는 모양

ㅅ

ㅆ, 가림토 ㅆ은 **ㅅ** ㅅ 아래 작은 ㅅ은 아들

가림토 ᄊ은 위와 같고 이는 ㅅ 아래 작은 ㅅ은 아들

ㅅ, ㅈ

05 천부인 ▵이 사내의 대표 환숫이 되는 순서

그렇다면 여기까지는 하늘 해인 빗금 /에 땅 누리인 ―이었고, 이제 셋을 뜻하는 사람 천부인은 ▵으로 마감이 되었다. 즉, 햇빛인 '/'이나 땅인 '―'은 결국 사내인 ▵을 만들기 위한 부속품이었다는 말이며, 이 말을 간단히 하면 "하늘과 땅이 사람(사내)을 만들었다"는 말이고 따라서 하늘과 땅이 존재하는 이유는 오직 사내를 만들기 위한 조건이었으며, 그래서 天一 地一 太一 中 太一最上貴, 즉 太一인 사람이 우주에서 가장 존귀한 것이고, 그래서 하느님의 道는 神本主義나 心本主義가 아닌 人本主義이며, 그래서 밝달 천제는 불한, 말한, 선한의 삼한 중 사람 천부인 '선한'의 천제였던 것이다.

따라서 환숫은 사람(사내)을 대표하므로 天地人 천부인 원방각(圓方

角ㅇㅁ△) 중에 사람 천부인 △ 이며, 이는 무속으로는 '삼지창'이 된다.

그리고 [신지녹도문 진본 천부경]에서 '셋'은 위와 같이 '삼지창이 위 아래로 두 개'가 붙는다. 그리고 이 아래 거꾸로 된 삼지창은 우리 민족이 주로 썼던 솥의 다리가 되고, 삼족오의 다리가 세 개가 되는 근거가 된다. 그러니까 환숫의 상징은 삼지창 두 개가 되는데, 나무 등을 그릴 때는 이 신지녹도문 [진본 천부경] '하나'에 있듯이 艸이었으나 그 글자가 금방 간편화되어 금문이나 수메르 우르문자에서는 자루가 달린 屮 자로 변한 것이고, 여기에서는 山 자 하나는 거꾸로 놓았다.

06 수메르 우르문자의 환숫 나무들

다음은 EBS 방영을 캡처한 것인데 역시 뿌리 대신 가지가 꼭 두 개씩 인데 이도 신단수 밑에서 천제를 드리는 그림이다. 즉 환웅나무는 뿌리를 포함, 가지가 두 쌍이고 未 자처럼 세 쌍이면 환웅이 아니다.

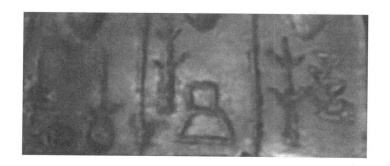

　따라서 가지가 두 쌍인 것은 한 쌍은 木 자의 뿌리가 되니 결국은 같다.

　그러니까 이 환숫을 상징하는 신단수(神壇樹) 앞에서 곰네(웅녀)가 아이 배기를 빌었다 하였고, 솟터(蘇塗)에 모셔놓고 천제를 올렸으며 이것이 전래되어 지금 바이칼호 주변 부라이트족, 울치족, 나나이족, 그리고 몽골족 등의 '오보'가 되는데, 이 '오보'란 '옵'이고, 우리말에 '검둥이, 감둥이'가 같은 말이듯 아래아점에서 모음이 혼동됐으니 '옵'은 '압'과 같은 말이라 했고 이 옵, 압은 아홉으로 최치원 81자 鉅에서 말했듯 '씨족 울타리'이며, 씨족이란 씨를 뿌리는 숫의 무리이며 한편 압은 아비인 夫〉父가 된다.

　한편 이 환웅을 상징하는 신단수는 우리에게는 솟터(蘇塗)의 웅상(雄常)나무를 걸쳐 이제는 서낭나무가 되었다. 그리고 이 오보나 서낭나무 둥치에 두른 오색천은 환숫의 신성한 음모를 뜻하고, 나뭇가지 위 씨앗자루는 고환을 뜻한다 했다.

사람 천부인(∆)이 삼지창
山 모형이 되는 그림

비파형 청동검(靑銅劍)

이 비파형 동검은 먼저 말했듯이 실생활에 쓰는 칼은 아니다. 왜냐하면 만약 무엇을 자르는 칼이었다면 그런 모양이 되질 않는다.

그러므로 이는 제례용, 즉 제천의식(祭天儀式) 때만 사용되던 의식용 물건으로 생각된다. 그러니까 이상의 물건들은 모두 사람천부인 '∆'을 상징하는 물건들인데, 이렇게 사람 천부인 ∆ 이 비파형 동검이나 삼지창으로 변형되어 제례의식이나 실생활에 사용되고 있었다고 추정하는 이유는, 환웅님의 고향이고 하느님(桓因)이 사시던 현재 바이칼호 부근의 하느님 부족의 유전학상 직계 손인(우리 민족은 곰 부족과 혼혈) 에벤키족 역사박물관에 그들의 조상이 입었던 옷과 장신구가 있는데, 그 모자에 山에 자루가 달린, 즉 삼지창 모형의 '사슴 뿔 장식' 이 있다.

08 신라왕관이 出 자인 이유와 곡옥(曲玉)이 붙어 있는 이유

　　신라의 벼슬 중에 가장 높은 벼슬, 즉 영의정이 '각간(角干)' 인데, 이것을 우리말로 하면 角은 '뿔' 이고, 干은 '큰' 자를 한자로 쓸 수 없으니까 '干' 을 빌린 것이다. 이는 신라의 왕 '마립간(馬立干)' 도 마찬가지인데, 여기서 '마립' 은 '마리, 즉 머리' 를 말하고 '간' 은 '큰 것' 으로 '큰 우두머리' 란 뜻이며, 징기스칸의 '칸' 도 역시 우리말 '큰' 이라 했다.

신라 금관 사진

　　그러니까 角干의 우리말은 '뿔 큰' 이고, 이 말은 지금까지 남아 주먹을 '불끈 쥐었다' 고 할 때 쓰기도 한다.

　　그래서 각간의 관모는 山 자 모양의 큰 뿔 하나가 달린 모양이었고, 왕은 山자 형의 뿔이 여러 개 겹친 모양의 왕관을 썼다.

이 ㅂㅂ 자 같은 뿔에 붙은 곡옥(曲玉)은 무엇인가? 다음 유골은 KBS1 역사 다큐멘터리에서 방영한 대략 6천년 전 홍산문화의 곰네 무덤터로 추정되는 곳에서 나타나는 곡옥(曲玉)이며 이는 숫을 두르는 겨집이란 말이다.

다음 사진은 대략 5천년 전 지금 중국 서안의 반파 유적지에 남아 있는 흑도 쪼가리 곡옥이다.

위 것은 이 [신지녹도문 천부경] 일곱의 일과 같은 점을 아예 사내인 ㅅ으로 나타냈고 아랫것은 '천부인' 상 가장자리 뜻을 가진 ㄱ이므로 사내의 숫을 두르는 겨집의 구무(여음)로 본다. 즉 감자나 마늘과 같은 땅속 열매들인데 위 사내들은 ㅅ으로 나타냈지만 여기는 겨집들이므로 천부인 ㅇ ㅁ △ 에서 겨집, 즉 구무, 구멍을 의미하는 ㄱ자와 같다.

[신지녹도문 천부경] 일곱의 '일'

중국 서안 반파유적지의 토기 쪼가리. 어디든지 갈 수 있는 아들을 뜻하는 ㅅ ㅅ ㅅ

땅, 제자리에 묻혀 사내를 기다리는 딸들을 뜻하는 ㄱ자 곡옥(曲玉)들

09 백제왕들이 불꽃무늬 왕관과 동경을 쓴 이유

이야기를 잠시 옆으로 돌리자. 즉, 백제왕 무덤에서는 다음과 같은 불꽃무늬의 왕관이 나오고, 고구려 왕릉에서는 천마도, 또는 삼족오가 나오는데….

이는 [삼국유사] 마한 변한 진한 편에서 최치원이 말하듯, 백제의 전신은 변한이고, 고구려의 전신은 마한이며, 신라의 전신은 신한인데, 이를 우리말로 하면 백제의 전신인 변한은 '밝한, 붉한' 이므로 '불꽃무늬 왕관' 과 그 빛을 반사하는 동경이 나오고 고구려 전신인 마한은 우리말로는 '말한' 이니 '천마도' 가 주로 나오며 신라의 전신 신한, 진한은 우리말로는 '선한' , 즉 천부인 상의 '서는 것, 세우는 것' 을 의미하는 세모, 즉 ᅀ 인 사람 천부인인데, 단군이 선한의 천제였다는 근거는 우선 檀 자를 옥편에서 찾아보면 이는 밝달나무 檀 자이면서도, 반절음으로 時戰

切이라 하여 '선' 의 발음도 있다.

또 단우(單于)라 적어놓고 선우라 읽는 흉노족(중국인이 호칭하는 우리 환족) 왕의 호칭이나, 禪의 古字가 檀인 점, 그리고 지금 대종교의 예배 의식을 檀儀式이라고 써놓고는 읽기는 '선의식' 이라고 읽는 점으로 보아, 단군이 다스리던 삼한 중 천제국은 '선한' 일 것이고, 이 '선' 은 당시 한자가 제대로 성립되기 전이니 우리말 '일어선다' 의 '선(立)' 일 것이다.

그러므로 이 '서는 것' 을 상징하는 천부인이 서 있는 ∆ , 즉 세모이고, 이것을 상징해 만든 물건이 山 자와 같은 삼지창이며, 선한의 후예인 신라의 왕관의 장식 모양으로 나오는 것이다. 그러니까 위 신지문자 윗부분에 나타나는 山 자 그림은 '서는 것(立)' 을 상징하고 아랫부분 다리 세 개는 청동 솟과 같이 그것을 바쳐 세운다는 뜻이다.

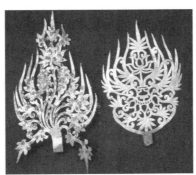

백제 무령왕릉 불꽃무늬 금관 사진

동경

10 고구려 사람들은 유독 말과 삼족오를 좋아했다

木 자는 환숫, 未 자는 겨집이
아니기에 未 자를 쓴다

그러나 이렇게 설명을 했는데도 혹 글쓴이의 해석이 억지로 짜맞추기 아니냐고 반론할지도 모르니 그렇다면 신지녹도문 [진본 천부경]의 셋 그림이 확실히 '사내' 라는 것을 입증하기 위하여 다음 금문을 제시한다.

妹
　　"妹"指同辈中比自己小的女子。《说文》："妹，女弟也。从女，未声。"意为形声字。甲骨文、金文写作"𡜊、𡚾、𡚶"，字形近似。一边是"𢀷、𢀌"(女，表示女性)，一边是"𣎵、𣎴"(树木，表示末梢)。会意女子中最末小者。小篆统一了写法。隶书将"𢀷"(女)写作"女"，"𣎵"(未)写作"未"，彻底脱离了古文字。

출처: [圖釋古漢字](能國榮 著, 濟魯書社刊)

위 그림에서 좌측 첫머리 갑골문 글자를 보시라. 이 글자의 좌측은 위 셋에 나오는 '사내' 그림이고 우측은 '겨집' 이다. 사내와 겨집의 위치가 妹 자처럼 된 것이 아니라 뒤바뀐 것은 금문 해독상 문제가 되지 않는다. 그러나 이것은 금문에서 발달한 갑골문으로 잘못된 것이다.

정말 우리 조상이 만든 위 금문 1, 2, 3, 4를 보시라. 이것은 위 수메르 우르문자에도 나오듯 환웅의 나무를 뜻하는 木 자의 원형이 아니고, '아닐 미(未)' 자의 원형이다. 즉, 위에 가지가 한 쌍이 더 있는 것이다.

따라서 위 금문 글자의 뜻은 '사내 옆에 계집'이 아니고, 그냥 '나무 옆이 계집'이다. 따라서 이것으로 만들어진 妹 자는 사내와 얼룰 수 있는 겨집이 아니라 '누이'란 말이고, 이 누이와는 얼루지 못하니 누이는 겨집이 아니란 말이다.

이 未 자는 甲金篆隷大字典(川辭書出版社刊)에도 나온다.

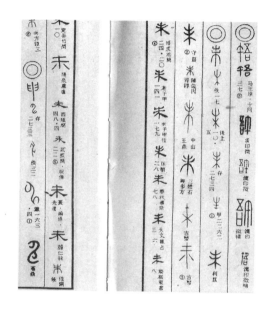

여기에서 보면 未 자는 분명 위 妹 자의 근원을 보여주는 금문 글씨 1, 2, 3, 4, 즉 보통 나무와 같다.

그럼 그 '겨집'이라는 글자가 과연 '겨집'인지도 한번 보자. 이 글자는 먼저도 제시했지만 나중에도 또 제시한다.

女와 母가 다른 점

항상 제시하던 女 자부터 보자.

女

　"女",女子,女性。《说文》："女,妇人也。象形。"甲骨文写作"ᘐ、ᘐ、ᘒ"。均为两手交叉于前的跪姿人形。为表示女性,或在人胸前加两点,表示乳房(此字同"母")。早期金文与甲骨文近似,逐步变化为"ᘐ、ᘐ、ᘣ、ᘩ",渐失形。小篆为字形结构丰满和笔画流畅,写作"ᘫ"。与甲骨文相去甚远。隶书(汉《曹全碑》)以特有的"蚕头雁尾"笔法写作"女",成为今文。

출처: [圖釋古漢字](能國榮 著, 濟魯書社刊)

다음 母자

母

　"母"是母亲或雌性。又养育。《说文》："母,牧也。"仅指哺养义。甲骨文写作"ᘐ"是在"ᘐ"(女)字胸前加两点,表示乳房,以此指母乳育儿。金文写作"ᘐ、ᘐ、ᘐ"与"女"同,或随甲骨文,或突出乳而省略其它。小篆规范了笔画写作"ᘫ"。隶书(《曹全碑》)写作"母"。跳出象形字,成为今文。

출처: [圖釋古漢字](能國榮 著, 濟魯書社刊)

이상 그림을 보면 먼저 女 자와 母 자의 가장 큰 차이는 가슴의 유방에 젖꼭지인 점이 찍혀 있는가 없는가이다. 그러나 위 女자 그림 중 甲骨文 4에도 분명 젖꼭지가 찍혀 있고, 아래 母자 그림 중 金文 1의 그림에는 위 女 자와 같이 젖꼭지가 없다. 따라서 애초 말이 몇 마디 되지 않았던 원시에는 女나 母가 같은 의미로 쓰였으나, 문물이 발전하고 말이 많아지면서 女와 母가 다른 의미로 쓰였음을 알 수 있고, 따라서 글쓴이가 말한 대로 애초 말과 글자가 시작될 때는 불과 20여 단어였다는 증명이 여기에서도 나타난다.

그러니까 위 妹라는 글자는 이미 중국인들이 손을 댄 갑골문에서 중국인들은 환숫을 뜻하는 木 자와 보통 나무인 未 자를 혼동한 것인데, 이는 비록 잘못됐지만 그 겨집 옆의 '木자 원형이 환웅을 뜻하는 사내'라는 것이 분명히 나타나고 있다.

이렇게 잘못된 글자는 비단 이 妹 자뿐만이 아니다. 현재 한자의 반이상이 그 제자 원리도 모르고 발전시킨 것이다.

따라서 금문은 우리 조상이 만들었고, 중국인들은 그 제자 원리도 모르면서 그것을 자기네 말과 맞추어 발전시켰다는 글쓴이의 말이 거짓이 아님이 증명되며, 즉 금문 해독은 반드시 우리말과 우리 상식으로 다시 해야 한다는 것이다.

13 최치원의 三 자 뜻

(1) 析三極: 여기서 최치원 당시는 하나 둘 셋 … 열이 숫자가 된 시기
이니 三은 그냥 숫자 '셋'으로 보아 "셋으로 쪼개도…"로 봐도 되
고 "사람 쪽으로 분석해 봐도…" 해도 되는데 이는 후미에서 따로
설명한다.

제4장 | '넷'의 그림과 뜻풀이

01 신지녹도문 [진본 천부경] 넷의 그림과 뜻

이상 우리 ㄱ, ㄴ, ㄷ… ㅎ의 뜻으로 풀어본 우리말 뿌리에서 하나, 둘, 셋은 하늘과 땅과 사내인 이유를 설명하였으며, 이것을 금문으로도 맞추어 보았다. 그러므로 '사람(사내)' 이란 본질은 '하늘의 정신(혼)을 물질인 땅이 둘러서 세운 것' 이라 했으니 사람이란 언젠가는 이 옷을 벗을 때가 되면 그 옷은 왔던 땅으로 돌려보내고 정신은 왔던 하늘로 올라가 영원 불사하는 존재라 했다.

그렇다면 번식의 원리인 하늘과 땅은 사내만 만들어 땅 위에 두고 번성하라 했을까? 창세기에 보면 여호와는 아담을 만든 다음 그 갈빗대를 뽑아 이브를 만들었다 했는데 이는 잘못 번역된 말이고 그리스어에서는 갈비대는 '곁' 과 같은 글자였으므로 아담의 곁에 이브를 만들었다는 말이다. 그런데 이 [신지녹도문 진본 천부경]에서는 하늘과 땅이 사내를 만들고 다음 그 사내의 숫을 두르는 겨집을 만들었다는 말이니 따라서 셋 다음에 나오는 신지의 글자는 틀림없이 '넷' 일 수밖에 없는데, 다음 신지 글자가 왜 '넷' 인가를 설명한다.

사내의 숫을 두르는 뜻을 가진 [진본 천부경] 신지녹도문의 '넷'

우선 이 글자를 해독하기 전 먼저 말한 [진본 천부경] 신지녹도문 '둘'을 다시 보자.

이 글자는 '山 아래 그 산을 두르고 있는, 개울, 즉 내(川)'의 그림이라 하였다. 그러므로 '山과 내'가 있으니 이는 '땅인 누리, 즉 응달 양달 하는 '달'을 말하고 이 '달'은 '둘'도 되며 그 둘은 '두르다'도 된다.

그런데 이번 '넷'에서는 그 둘 위에 山은 없고 그 산, 사내를 두르던 '내'만 있으니 이것은 말 그대로 두르는 '내(川)'일 수밖에 없다.

그렇다면 이 '내'가 왜 '넷'이 되며, '넷'은 우리말로 무슨 뜻인가를 설명해야 한다.

02 [천부인 ㅇ ㅁ ㅿ]으로 본 '넷'의 뜻과 증거

우선 '넷'의 우리 뿌리말을 알기 위해 '천부인'으로 만든 우리의 자음 'ㄴ' 속에 어떤 뜻이 들어 있는가를 다시 한 번 보자.

한 말을 자꾸 되풀이하는 이유는 이렇게 신경을 써서 읽어야 하는 글은 한 문장이 지나면 자꾸 잊어버리기 때문이다.

우리 자음 'ㄴ' 속에는 '내려와 누워 있다'라는 뜻이 들어 있다. 그래서 'ㄴ'으로 시작되는 우리말은 모두 '내려오다, 누워 있다'는 뜻의 말뿐이다.

* 누에: 누워 있는 벌레
* 눈(目): 얼굴에서 누워 있는 부분
* 눈(雪): 비는 오는 즉시 흘러버리지만 눈은 그대로 누워 있다.
* 누리(세상): 누워 있는 대지
* 내(川): 위에서 말한 '내'도 누워서 흘러내린다.
* 누님: '님'은 존칭이고
* 누이: '이'는 지칭 대명사이며
* 누나: 눈아 > 누나로 맏이(兄)나 아우(弟)로 표시되는 형제, 즉 사내의 성기(남근)는 서 있지만 '누이, 누나'의 성기는 누워 있다.

(이하 생략, 자세한 설명은 글쓴이 졸저 [천부인 ㅇ ㅁ ㅿ] 참조.)

그런데 여기서 형제나 누이, 누나는 꼭 자기 형제와 자매만을 말하지는 않는다. 결혼제도가 없었던 옛날에는 결혼제도가 있는 지금과 같이 나와 내 마누라 사이에 난 아이만이 내 아들딸이 아니라, 그 부족의 씨로 누구와 관계를 해서 아이를 낳았건 그건 다 무리의 아들(庶子)이고 무리의 딸이므로 형제자매란 꼭같은 부모의 소생을 말하는 것은 아니나 단 근친상간만 하지 않으면 된다 했다.

여기까지 읽느라고 수고 하신 독자님들을 위하여 말을 잠시 옆으로 돌려 재미난 이야기를 해보자. 다음 말은 낙빈기가 중국 역사를 말하는지 우리 역사를 말하는지는 모르나 첫조선 중기 때 들어와서는 이미 상류층에서는 결혼제도 같은 것이 있긴 있었던 모양인데, 낙빈기의 금문 해석을 보면, 하느님인지, 단군으로 추정되는 염제신농은 치우와 탁록에서 전투를 벌였다는 황제헌원의 고모와 딸을 각각 첫째 부인과 둘째 부인으로 맞아들여 황제 집안의 사위가 된다. 그런데 황제 또한 신농의 고모와 딸을 각각 첫째와 둘째 부인으로 맞아들이니 양쪽 집안은 아버지와 아들이 서로 장인과 사위가 된다. 꼭 빈라덴과 알카에다 같은 사이라 하겠다.

이런 제도를 '양급제(兩級制)'라 하는데, 이는 아버지나 아들 간, 또 형제나 조카 등 두 사람이 역시 고모와 딸 등 두 여자와 결혼하여 한 집을 이루는 제도라 한다.

또 중국 역대 왕 중 성군이라는 요(堯) 임금과 순(舜)임금은 고조선 제6대, 7대 임금일 수도 있다는데 그들의 사이를 보면 순임금은 그 형인 오회와 고조선 제4대 임금으로 추정되는 제곡고신의 딸 아황(娥皇)과 요임금의 딸 여영(女英)과 공동 남편이 된다. 그러니까 순임금은 형 오회가 장가갈 때 데리고 간 데린님(도련님)이며 형인 오회와 공동 남편이 되었다는 것이다.

또 요임금은 자기의 딸 오희가 낳은 아들, 그러니까 외손자 육종(陸終)을 자신의 작은 부인이 낳은 딸 안(安)과 결혼시키어 오희의 부자를 자신의 사위로 삼는다고 했다.

순임금은 자기의 딸 사모신(司母辛) 을을 첫조선 8대 임금으로 추정되는 우(禹)임금과 결혼시키는데, 순임금이 양급제인 모계사회에서 일부일처인 부계사회 같은 것으로 가족제도를 제도를 바꾸려 하자, 이 딸은 그 고모와 함께 반란을 일으켜 자신의 남편인 우임금을 왕으로 세우고 아버지 순임금을 실각시킨다는 것이다.

이 반란은 순임금이 변방의 제후국으로 순행을 나가고 궁궐이 비어 있는 사이에 일어나는데, 결국 순임금은 지금 관광지인 계림의 산속으로 들어가 최후를 맞고, 이 소식을 들은 순임금의 부인들, 즉 아황과 여영은 호남 동정호에 있는 군산이라는 섬에서 물에 빠져 자살한단다.

그러니까 지금까지 중국의 성군으로 뽑는 요순(堯舜)의 기록은 공자님이 윤색한 것이라는 것이 낙빈기의 금문 해독 결과이고, 글쓴이가 아직 거기까지 분석은 못했지만 인류학자 모르간이 말하는 두 사람의 남편과 두 사람의 부인이 결혼하는 '양급제(兩級制, Ppnalua)'는 두 집안이 얽히고설킨 결혼제도인 것 같다.

그러나 이 낙빈기의 말에서 한 가지 유의해야 할 점은 있다. 즉 신라시대 초기에 박혁거세가 타성에게 왕위를 양위하거나, 노례왕(弩禮王)편에서 노례왕이 처음에 그 매부 탈해(脫解)에게 왕위를 사양하니 탈해는 "대개 덕이 있는 이는 이가 많으니 마땅히 잇금으로 시험해 봅시다"하고 떡을 물어 시험해보는 장면의 처남매부지간이 어쩌면 이런 식의 형제가 되는 근거가 될지도 모른다.

이런 나이 먹은 사람과 나이 어린 사람이 쌍으로 결혼한다는 것은 어쩌면 생식을 본능으로 하는 고대 사회에서 당연했는지도 모른다. 즉 젊은 사내와 나이 많은 사내, 그리고 나이 적은 여자와 나이 많은 여자의 성적 선택이나 경쟁을 통하여 우수한 후손을 얻으려는 목적 같은 것도 있었을 것이고, 나이 많은 상대가 나이 적은 상대를 성적으로 성숙시키는 계기도 될 수도 있으며, 좀 비속하게 말하면 늙은 여자도 어린 사내와, 늙은 사내도 어린 여자와 늦게까지 성생활을 할 수도 있는 방법에서 나온 것이 아닌가 한다.

이렇게 현재 우리의 상식으로 犬판인 결혼제도와 성생활 풍습은 불과 50여 년 전만 해도 우리와 동족인 에스키모들한테도 남아 있었다고 했다. 즉, 낮도 아니고 밤도 아닌 백야 때 에스키모들은 여기 저기 얼음 위에 얼음움막인 이글루를 짓고 흩어져 살다가 심심하면 개썰매를 타고 형제나 동족이 사는 이웃마을 집으로 놀러간다. 그때 손님을 맞이한 주인이 손님에게 가장 먼저 대접하는 것이 자기의 부인의 제공인데, 이것이 예의이고 만약 손님이 이것을 거절하면 자신을 무시했다 하여 큰 싸움이 벌어진다고 했다.

그때 물론 그 남편이나 아이들은 이 장면을 구경한다. 왜냐하면 이글루란 방이 하나밖에 없는 얼음움막이기도 하지만, 생명을 창조하는 행위는 지금 우리가 생각하듯 음란한 것도 부끄러울 것도 없는 성스럽고 신성한 행위이기 때문이다.

이 성행위가 부끄럽다고 생각하게 된 동기는 성행위를 쾌락으로 즐기려는, 즉 유희화하면서부터라고 생각되기 때문에 이것을 현대 우리의 잣대로 재서 미개한 행동이라고 할 수만은 없다.

그 후 만약 그 부인이 임신하면 누구의 자식인가를 따지는 것은 참으로 무의미한 일이다. 왜냐하면 형제 등 동족의 씨는 모두 자신들의 씨이기 때문이라 했다.

또 지금도 티벳 부근의 오지나 파키스탄 부근의 오지 마을의 우리와 같이 몽골반점이 있는 자들이 형제가 한 여자를 데리고 사는 풍습이 남아 있는데, 최근 서방기자가 티벳의 한 재판소에서 취재한 보도에 의하면, 티벳의 한 부인이 이혼소송을 해왔는데 그 사유는, 그 여인은 그 집 형제들 중에 셋째를 좋아하여 그 집 형제들과 결혼했는데 그 셋째가 외국으로 돈 벌러 가서 몇 년째 오질 않으므로 이혼을 해야겠다는 것이었다. 물론 그간 그 집 형제들과 관계해서 낳은 아이들은 누구의 자식인지도 따질 필요가 없기에 알 수도 없다는 것이다.

또 지금도 아마존강 유역 나체족이나, 마사이 부족들 중 일부는 아무리 부인들이 많아도 소와 양 등으로 15~6세 되는 처녀들을 사서 부인을 만들 수 있는데, 그때 먼저 부인들은 새로 부인이 들어오면 협동하여 집을 지어준다. 뭐 집이라야 소똥 등을 말려 만든 벽돌 몇 개를 쌓고, 위는 나뭇잎 등으로 엮어 만들고, 출입문은 거적때기를 쳐놓는다.

어느 날 남편이 새 신부와 관계하려고 창을 들고 그 집을 찾아가는데, 만약 그 집 문전에 이미 어느 놈의 창이 꽂혀 있으면 신랑은 그 집 방문을 포기하고 창이 꽂히지 않은 마누라 집을 찾아간다. 물론 남편도 아내의 집에 들어갈 때는 그 문전에 자기의 창을 꽂아놓는다. 즉, 어떤 여자를 찾아가며 창을 문전에 꽂아두는 이유는 '나는 이미 이 집 여자와 관계를 하고 있으니 누구든 들어오지 말라'는 표시이다. 물론 거기서 낳은 아이가 누구의 아이냐를 따지는 것은 참으로 무의미하기에 모두 자기의 자식으로 기른다.

이것이 만약 현대 문명 세계의 일이라면 자기 아내가 딴 사내와 간음했을 때 불타는 증오와 질투심으로 그 문 앞에 꽂혀 있는 창을 뽑아 당장 연놈들을 찌를 것이다.

그러나 우리가 지금 무시하고 경멸하는 소위 미개인들은 절대로 개인 이기주의가 아닌 자기 집단이 바로 자신이므로 먹을 것, 입을 것, 그리고 그 짝에게까지도 개체적 사고방식이 없다.

우리가 간혹 '도전 지구탐험' 같은 프로에서 미개한 오지인의 생활을 볼 때 그들은 정말 자기 자신이란 없이, 즉 개인 이기주의적 사고가 없이 부족주의 생활을 하고 있음을 알 수 있다.

이상으로 볼 때 위에서 말한 낙빈기의 양급제는 전부 거짓말이라고도 할 수 없고 따라서 '누이, 누나'는 꼭 내 자매만이 아니라 '부족의 씨 중에 여자'를 말하는 것일 수도 있다. 그렇다면 지금 위에서 말한 여자라는 '누나'나 이 글에서 말하고 싶은 '넷'이 어떻게 다른지 어떤 변천과정을 겪는지 알아보자.

누워 있는 'ㄴ'의 뜻은 내려와 눕는 것이니 하늘에 누워 있던 구름이 내리는 것, 즉 비도 '나린다'라고 하고, 우리말에 약방의 감초처럼 항상 붙는 접미사 '이'가 붙어 내(川)가 된다고 했다. 또 해도 하늘에 누워 있고 햇빛은 나리는 것이니 세종 100년 후에 써진 훈몽자회만 하더라도 'ㅂ'이 '나 ㅂ'이었으며, 지금은 '날 일'이라고 하는가 하면, 이 '날'이 진화하여 하루로 치기도 한다.

또 이 모든 것의 최고인 '해'가 나가 되다 보니 [훈몽자회]를 보면 '日은 君王之表'라 하여 임금의 뜻도 있다. 즉 태양을 상징하는 '임금'을 '나'라고 했던 것인데, 임금이란 '사내들의 대표자'이다. 그러므로 임금만이 '나'라고 했고 일반 사내들은 감히 '나'라고 하지 못했으며, 이 말은 지금까지 전래되어 어른 앞에서 자신을 '나'라고 했다가는 후레아들놈 취급을 받는다.

그래서 그때 사내들은 자신을 나타내려면 '아롬' 이라고 했고 이는 한자로 私자이며, 그래서 [훈몽자회]에는 私자가 '아롬 사' 자이고 이 '아롬', '어롬' 은 '성교' 를 뜻한다. (이 부분 자세한 설명은 역시 [천부인 ㅇ ㅁ ㅿ]에서 "아름답다는 섹스를 잘할 것 같다" 는 뜻 참조.)

따라서 지금 남의 사생활을 간섭할 수 없다는 말은 남이 '성교하는 데 간섭할 수 없다' 는 뜻이고, 이는 짐승인 개(犬)도 치열한 암컷싸움을 하다가도 일단 교접에 성공하면 암컷과 붙어 떨어지지 못하므로 한동안 부자유스러운 상태가 되었을 때, 사람 같으면 그 연적이었던 놈을 해칠 수도 있는데 다른 개의 수컷들은 해치지를 않고 그냥 침이나 흘리며 구경만 하고 있으니, 인간이 자신의 연적을 질투하고 남의 사생활, 즉 성교에 관여한다면 개만도 못하다는 이야기도 된다.

다시 본론으로 와서 이렇게 사내들의 대표인 임금이 '나' 이므로 이 사내들의 상대는 '너' 라고 했다. 이 '너' 에 다시 우리의 감초격 접미사 '이' 가 붙으면 '네' 가 되고, 여기에 다시 사람으로 성립을 뜻하는 'ㅅ' 이 붙으면 '넷' 이 된다. 따라서 '넷' 이란 '겨집을 세우다' 라는 뜻이 된다.

그렇다면 글쓴이의 이 우리의 뿌리말 풀이도 믿지 못한다고 할 사람도 있을 수 있으니 이 '너' 가 '겨집' 이라는 근거를 [사서삼경] 등 경전으로 보자.

겨집이 '너' 라는 증거를 보자면 공자님의 [논어]를 참고할 필요가 있다. 즉, [논어]에서 '너' 는 꼭 여(女) 자로 표시되고 있으니, 그때만 해도 '겨집' 과 '너' 를 같은 글자로 썼다는 증거다. 그렇다면 공자님이 없는 말을 자신이 만들어낸 것이 아니다.

먼저 제시했던 금문 女, 母 그림에서 金文 1, 2, 3 등은 모두 유방까지 달린 겨집이고, 갑골문 4는 젖꼭지까지 그려놓았으므로 母 자이다. 즉,

女자와 母자는 같은 글자를 썼으되 단 젖꼭지가 있느냐 없느냐뿐이다.

그런데 이보다 더 에로틱한 것은 지금도 쓰고 있는 삼수변에 계집녀자를 쓰는 '너 여(汝)' 자이다. 그렇다면 왜 물가에 있는 계집이 '너'인가?

이 금문글자를 이번에는 甲金篆隷大字典에서 본다.

여기에 보면 지금 우리가 상대를 말할 때 쓰는 너란 글자는 분명 '냇(川)가의 겨집'이며, 이는 '개울가의 벌거벗은 겨집을 즉석 처리할 수 있다'는 말이다. 이 '너'에 먼저 말했듯이 우리의 감초격 접미사 '이'가 붙으면 '네'가 된다.

다음 '네'가 '여자'로 쓰이는 예를 보자.

우선 하회 탈춤에서 양반과 파계승과 상놈이 한 각시를 가지고 다투는데, 이 각시의 이름이 '부네'이다. 또 배뱅이굿에서 등장하는 여인들의 이름이 '세월네', '네월네'이고, 지금도 시골 등에 남아 있는 말이지만 '돌쇠네'니 '삼돌네'니 하는데, 이는 돌쇠나 삼돌이를 말하는 것이 아니라 '그 아낙'을 칭하는 것이다.

그리고 1940년경 일제가 창씨개명하기 전까지의 여인네 이름은 '똥네'니 '분네'니 '순네'니 했는데, 이것이 호적에 올려지면서 한자로 똥네는 분예(糞禮)로, 분네는 분예(分禮)로, 순네는 순예(順禮), 또는 순녀(順女)로 기록되었다.

그런데 이 '네', '넛'이 '여자'라는 말임을 보강하는 증거 하나를 더 제시하면, 지금도 우리 국어사전(1978년 양주동 책임감수, 민정사 발행, 현대국어 대사전)에 '넛손자'라는 말이 있다. 이 '넛손자'란 '누이의 손자'를 말하는데, 그렇다면 누이의 아들은 '넛아들'이 될 텐데 우리 사전에는 이 '넛아들'이란 말은 없고 '생질(甥姪)'이란 말만 남아 있다.

이는 벌써 우리 순수한 말이 한자에 오염됐다는 말이고, 하여간 '네'의 어근 '넛'은 '누이'이면서 '겨집을 세우다'로 본다.

그러니까 여기 '네'의 뜻은 하느님은 '셋'에서 사람, 즉 사내를 만들어주시고 사내만 있으면 안 되니까 그 사내 숫의 집인 겨집도 만들어주셨다는 말인데, 이것이 얼마나 인간에 대한 축복이며 고마운 일인가? 꼭 [창세기]를 보고 있는 것 같은데, 우리 하느님의 교훈인 이 [신지녹도문 진본 천부경]이나 [창세기]는 모두 우주의 섭리를 아는 성인들의 말씀이니 대동소이할 것은 뻔한 이치다.

그렇다면 과연 '네'이 '겨집, 여음'을 말하는지 우리 조상이 만든 원시 한자 금문으로도 한번 보자.

03 금문으로 본 四의 뜻과 증거

四자

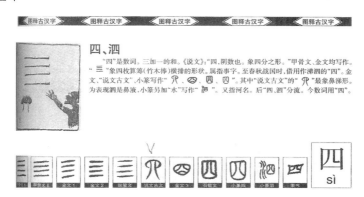

출처: [圖釋古漢字](能國榮 著, 濟魯書社刊)

　여기서 金文 1, 2에서는 그저 작대기만 네 개 그려놓았다. 그러나 금문이 발달한 금문 3에서는 여음을 표현했다고밖에는 볼 수가 없다. 또 [설문해자]라는 고대 한자의 교과서 [說文古文]에서는 '양 팔이나 양 다리 사이에 무엇인가 나오는 통로'가 그려져 있고, 金文 3 옆으로 전개되는 小篆 등의 글자에서 지금 四 자와 같은 것도 실은 '여음'을 그린 것이 아니라고는 말할 수 없는데, 그 증거는 그 옆 小篆의 '개울 옆의 여음'이다. 즉, 위에서 말한 汝 자와 같이 '개울가 여음'이니 즉석에서 관계를 가질 수 있다는 말이다. 따라서 지금 四 자도 실은 여음 그림이다.

　그렇다면 지금 숫자 넷, 즉 한자 四가 왜 '겨집'이며 '여음'인가는 우리 상식, 우리말이 아니면 중국인들의 상식과 그들의 말로는 풀리지가 않는다. 더구나 汝가 '너 여' 자이며, 이는 물가에서 벌거벗은 겨집이기 때문에 사내들이 즉석처리를 할 수 있다는 것은 중국인들의 상식으로는 도저히 설명이 되지 않는다고 했다. 따라서 금문은 애초 우리가 만든 글자이고, 이것을 중국인들이 들여다가 자기네 말에 맞추어 지금 한자를 만들었다는 글쓴이의 주장이 틀림없이 증명되며, 따라서 금문 해독은 반드시 우리가 우리말, 우리 상식으로 다시 해야 한다는 말도 증명이 되는 것이다.

04 최치원 81자 四 자의 뜻

이 부분의 최치원 81자에서는 運三四成環五七, 즉 '사내와 계집을 운용하여 다섯과 일곱으로 동아리를 이룬다' 가 있는데, 여기서 '다섯' 과 '일곱' 은 나중에 풀이하고, 運三四…즉 '사내와 계집을 운용해서', 즉 사람(사내)도 人二三이라고 해서 누리인 짝이 있으니 사내 다음에는 계집이 와야 말이 되지, 기존의 이론처럼 '3 × 4 = 12이므로 12는 시계의 동그라미(環)를 이룬다' 라고 신라 최치원 시대에 시계 이야기를 해서는 정말로 뚱딴지 캐먹는 이야기가 된다.

이 최치원 8자 풀이는 후미에서 별도로 한다.

제5장 | '다섯'의 그림과 뜻풀이

01 [진본 천부경] 하나 둘 셋 ··· 열 중 다섯의 '다' 그림과 뜻

다음은 당연히 '다섯'인데 먼저 신지녹도전자부터 보자.

이 신지녹도문은 먼저도 말했듯이 금문 그림을 더 압축해 그린 그림이니 이를 보강해 그리면 다음과 같다.

이는 땅굴 아래 ㅅ이니 여기서 땅은 '다'이고(다 地, 훈몽자회) 그 아래 ㅅ은 사람을 세웠다는 말이니 한울의 정기를 받는 사람은 땅 위가 아니면 살 수가 없다는 말이다.

여기에 대한 중국인들이 객관적으로 본 근거문헌을 찾아보자.

* [진서 동이전]에 의하면 동이인들은 '여름에는 나무 위의 깃에서, 겨울에는 굴속에서 살았다' (東夷人夏則巢居冬則穴處 — 晋書 東夷傳).

  그렇다면 굴은 당연히 동굴이거나 동굴처럼 판 것일 것이다.
* [三國誌] — 보통 거주하는 굴구멍의 큰집은 깊고, 사다리는 아홉 개까지 있는데 이는 많을수록 좋다(常穴居大家深九梯以多爲好).

  즉 위 그림처럼 큰 물, 또는 밤에 맹수나 외적을 피하기 위해 굴 구멍에 사다리를 놓고 살았다는 말이다.
* [尸] 제자원리 — 사람이 죽으면 동굴 속에 두되 그 입구는 막았다.

이상 글을 보면 당시 우리 민족은 여음인 굴(자궁) 속에서 태어나 위 그림과 같은 굴속에서 살다가 죽으면 다시 尸자 같은 굴 속에 묻히니 그래서 우리 종족이름은 구리 = 고리였고 그래서 이를 따라 고구려, 고려이며 이 말은 지금도 화석처럼 남아 멍텅구리, 장난꾸러기 등에 쓰인다.

02 [진본 천부경] 하나 둘 셋 … 열 중 다섯의 '섯' 그림과 뜻

이 그림을 좀 더 설명하면 위 [진본 천부경] 신지녹도문 하나의 '나' 와 같이 ㄴ인 누리에 '빛 금' 이다.

[신지녹도문 천부경] 하나의 '나'

여기 다섯의 '섯'은 누리이며 겨집인 ㄴ에 여음을 뜻하는 v가 붙어 있고 빛살을 뜻하는 /에는 남근을 뜻하는 '숫'이 붙었다. 즉 이 [진본 천부경] 신지녹도문 하나, '나'는 천지의 교합이지만 여기 다섯의 '섯'은 사내와 겨집의 교합을 나타낸 그림이다. 즉 사내는 햇빛인 씨이고 겨집은 누리인 여음으로 그 씨를 둘러서 키우는 집이란 말이다. 따라서 '다섯'은 암과 숫을 땅에 세웠다는 말이다.

03 [천부인 ㅇ ㅁ ㅿ]으로 본 다섯의 뜻과 증거

먼저도 말했지만 다섯은 "땅, 즉 누리인 '다'에 세웠다"이고 땅굴 역시 '다'이다. 이 '굴'에 우리말에는 약방의 감초격으로 접미사 '이'가 붙으면 '굴이'가 된다.

원래 '해(日)'의 원어는 '하'인데, 여기에 '이'가 붙어 '해'가 되고 갑순이, 갑돌이는 물론 꾀꼴꾀꼴하며 우는 새 이름은 '꾀꼴'인데, '이'가 붙어 '꾀꼴이 > 꾀꼬리'가 됐는가 하면, 깟깟하고 우니까 '깟'인 새에 '이'를 붙여 '깟이 > 까치'가 되고, 뜸북이도 마찬가지이며, 심지어 주워먹는 짐승인 '주'에 '이'가 붙어 '쥐'가 되는 것과 같이 이 '굴'에

'이' 가 붙어 '굴이 > 구리' 가 된다.

그리고 '구리' 는 '굴에 사는 것들' 이라는 말이 되는데 물론 다른 짐승들도 굴에 살겠지만 여기서는 말하는 자신들, 즉 동물의 대표인 사람들을 이야기한 것이다. 그리고 이 굴에 산 것은 우리뿐 아니라 우리와 사촌이었던 터키인들의 조상도 굴에 산 흔적이 너무 많은데 자세한 내용은 다음 글에 이어진다.

우리와 4촌이었던 터키인이 살았던 굴 집

여기서 '굴' 이 한자 굴(窟)에서 나온 말이 아닌가 의심할 수도 있는데, 이는 신지의 제자인 창힐이 신지한테 글자 만드는 법을 배워 우리 금문을 갑골문 등으로 때는 묻히게 한 원인이 되게 했을 것이니 우리말의 대다수를 본뜬 것이 한자음이고, 또 그 당시는 동이족이나 하화족(중국)이 국경도 없이 같이 살았기 때문에 처음에는 금문, 신지녹도문 같은 것을 같이 썼을 것이다. 따라서 우리말이 중국 한자와 같거나 비슷한 음도 많다. 그렇다면 굴, 구리가 정말 우리말인가를 증명하려면 지금 우리말에 '구리' 라는 말이 남아 있어야 한다. 이는 먼저 말한 대로 '멍텅구리' 의 '구리' 에 그대로 남아 있고, '심술꾸러기, 장난꾸러기' 의 '꾸러기'도 여기서 변화된 말이다.

따라서 이 '굴에 사는 사람'이라는 뜻의 '구리'는 환웅 시대에 많이 써서 중국 기록에 많이 남았는가 하면, '고구려'의 '구려'도 이 '구리'이다. 즉, 주몽의 아버지 이름은 '해벌 판'이라는 뜻의 '해부루'였는데 (역사기록에 따라 해모수 등 다름), 그렇다면 주몽은 당연히 '해주몽'이 될 텐데 이 해가 높고 거룩하기 때문에 한자로 쓸 때는 '높을 고'를 썼으며 그래서 삼국사기에 나오는 高는 이두로 '해'로 풀어야 말이 된다. 즉 '해구리'여야 할 것을 '고구려(高句麗)'라 한 것이고, '고려(高麗)'는 위 '고리(藁離)'에서 나온 말이니 결국은 '굴이'라는 데는 변함이 없다.

여기서 위의 비슷한 음이 한 뿌리에서 나왔다고 해석하는 것은, 옛날에는 말이 몇 마디 되지 않았기 때문에 비슷한 음에 전연 관계가 없는 뜻이 들어 있을 수도 없기 때문이다. 이 '굴'을 의미하는 '고려'는 이젠 'KOREA'가 되어 세계에 알려지고, 남북통일 시 우리말을 버리고 영어만 좋아하는 사람들은 통일 국호 이름을 'KOREA'로 하자고 할지도 모른다. 따라서 선조들이 굴에 살았다는 것은 "땅에 세웠다"로도 본다.

04 金文으로 본 五의 뜻

출처: [圖釋古漢字](能國榮 著, 濟魯書社 刊)

위 그림글자에서 金文 1, 金文 2 , 金文 3, 모두 하늘인 ─과 땅인 ─ 사이에 X가 있으니 이는 이 [신지녹도문 진본 천부경] 하나의 '나' 같이 빛이 누리에 내린다는 말과 같은 말이다.

[진본 천부경] 신지녹도문 하나의 '나'

특히 다음 아래 금문 3 다음 盟書의 그림은 거의 하나의 '나' 와 같은 그림이다. 이 이외에 더 다수의 기록이 있지만 생략하고, 여기서 한자의 뜻과 음에 대하여 크게 신경쓸 필요가 없다. 이유는 여기에 지금 전개되고 있는 사건은 환인, 환웅 시대로 한자가 만들어지기 훨씬 전 이야기이고, 그 후 환웅의 신하 신지의 제자 창힐이 우리 금문을 모사했다 했으나 신지녹도문을 벗어나지 못하고 있다.

05 명마산 글씨바위의 가림토 X

먼저 제시했듯이 이 X 자는 명마산 글씨바위 여러 곳에 보이는데 이는 영문자가 아니고 누리에 빛을 받는다는 뜻의 가림토이며 또한 금문 五자의 뜻이다.

위 금문 五는 숫자가 되기 전 하늘의 빛을 땅인 누리가 받는 뜻의 그림글자이다. 그 후 중국인들은 이 창힐 전자를 토대로 자기네들이 우리 상고사를 기록할 때 우리말과 글자의 뜻은 상관없이 엇비슷하게 적어놓은 것만도 다행이다. 이는 예를 들면, 지금 우리의 '한강'은 한자로 漢江이고 글자 뜻풀이로 본다면 중국 '한나라 강'이란 말이다. 그러나 우리의 한강이라는 '한'은 먼저 말했듯이 '크고 넓은 햇빛'이다. 즉, 우리의 크고 넓다는 뜻의 한강을 한자로 '그 음만 따서' 적자니 漢江이 된 것과 같다. 또 말과 글자는 전음 된다. 즉 '밝은 땅'이라는 '밝달'이 한자로 '밝' 자를 쓸 수 없으니까 배달(倍達)로 써놓고는 지금 민족의 뿌리를 찾겠다는 사람들까지도 우리가 '배달민족'이라고 한다.

이상을 참고로 위에 중국의 기록인 '구려'(九黎), '고리'(藁離), '구이'(九夷: 여기서 구이는 아홉 동이족이라고 볼 수도 있겠지만)는 '구리'를 쓴다는 것이 그렇게 쓰인 것으로 보는데 구리였건 다섯이건 같은 말이다.

06 명마산 글씨바위에 새겨진 가림토 ㄷ

먼저 한 말이지만 그때 사람들의 근거가 확실치 않으니 다시 말한다.

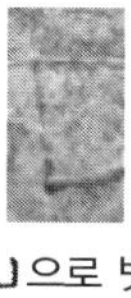

ㄷ, ㅂ, 가림토 ㅂ은 ㅂ으로 빗물을 받는 그릇이며
세종의 ㅂ은 그 그릇에 물이 반쯤 차 있는 모습

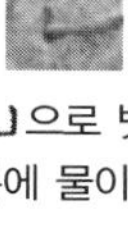

ㄷ, ㅂ

가림토 ㄷ은 그 입구가 반대이기도 하다.

ㅌ의 뜻은 불탄 땅, (ㄱㄴㄷ…ㅎ 속의 뜻풀이 참조.)

07 [진본 천부경] 하나 둘 셋 … 열 중 다섯이 그렇게 그려진 이유

이 다섯의 의미는 이 [신지녹도문 진본 천부경] 해독에 매우 중요하니 다시 한 번 말한다. 그러니까 아래 다섯의 '다' 그림은 돌려놓은 ㄷ 아래 사다리가 붙어·있고, 그 '굴'에 '사람이 산다'는 뜻의 'ㅅ'이 붙어 있는 그림이다.

그러면 우리 한글 ㄱ, ㄴ, ㄷ… ㅎ등 자음의 뜻으로 본 '다섯'의 뜻은 무엇인가 다시 한 번 보자. 이는 누차 말하듯 'ㄷ'은 땅이고, 'ㅅ'은 '세 우다'이니 '땅에 사람을 세우다'이다. 그렇다면 위 글자 하나로 '다섯' 이 다 성립되는데 다음 글자를 만든 이유는 무엇인가?

이는 위 '다섯의 목적'으로 보는데, 먼저 하나, 둘, 셋, 넷, 다섯의 뜻 은 '하늘과 땅이 사내를 만들고 계집을 만들어 굴 구멍(땅)에 세웠나니' 이다. 그렇다면 사내와 계집이 굴 구멍에 들어가 고스톱이나 치라고 만 들었겠는가? 그게 아니고 반드시 어떤 숭고한 목적이 있었을 것이다.

먼저 '하나'에서 '나'의 글자를 다시 한 번 보자.

빛 받는 누리(대지)

이 글자는 '누리', 곧 '땅 위에 햇빛이 비치는 그림'이라 하였다. 즉, 여 기서 좌측의 ㄴ같은 것은 '누리, 즉 땅'이고, 우측은 '빛살'이라 하였다.

그런데 이번 다섯의 두 번째 그림, 즉 아래 그림은 위 글자와 비슷한 X 자인데, 다만 그 안쪽에 풀이나 곡식의 싹 같은 것이 나 있고, 이것을 자 세히 보면 먼저 말했듯이 위 그림에서 '땅'을 뜻하는 좌측에는 무엇인 가 먹으려는 듯이 입을 벌린 V, 즉 '계집 성기 모양'을 상징하는 듯한 그림이 있고, 그 우측 '빛'을 상징한다는 빗금에는 '사내 성기'를 상징 하는 듯한 숫(남근)이 붙어 있다.

그리고 그 몸체들은 각자 떨어져 있는 것이 아니라 X 자처럼 둘이서 꼬여 있다. 그렇다면 이 그림은 과연 무엇을 상징할까?

먼저 땅을 의미하는 '웅녀' 를 우리말로 '곰네' 라 했고, 이 곰은 '감둥이 검둥이' 가 같은 말이듯 '굼, 감, 검' 과 같다고 했다.

여기서 '굼' 은 우리 옛말로 '구무' 인데, 구무는 지금 '구멍' 도 되지만 바로 '여음(女陰)' 을 뜻한다고 했다. [구무 비(屄: 俗稱女人陰), 구무 쥬(尸밑에 徐: 俗稱女人陰), 훈몽자회 참고.]

그러니까 좌측 땅에 붙어 있는 것은 바로 땅의 의미를 가진 '누리의 구멍 여음' 이다. 이 말을 좀 더 설명하면 먼저 하나는 "누리가 빛을 받는 그림" 이라 하였다. 그러면 '빛' 이란 무엇인가? 이는 바로 '생명' 이며, 생명은 나무의 잎을 통하여 '씨' 로 전수되고, 땅은 그 씨를 키우는 밭에 불과하다.

따라서 하나의 '하' 나무는 '햇빛 받는 것' 을 그린 것이고, 다음 하나의 '나' 는 이 햇빛을 더욱더 강조하기 위하여 햇빛을 받아 누리 위의 생명들에게 전하는 그림이다. 즉, 하나는 빛과 누리가 얼루는(交合) 것이니 요즘말로 천지의 섹스라 해도 좋다. 위 하나의 '하' 나무들 그림은 '나' 글자를 설명하고 싶어서 미리 그린 천지 섹스의 그림이고 여기 다섯의 '섯' 은 사내와 겨집의 섹스 그림이다.

따라서 '하나, 둘, 셋, 넷, 다섯' 의 뜻은 '하늘과 땅이 사내를 만들고 계집을 만들어 땅(누리) 위에 세웠나니(정착시켰나니) 농사를 짓건 뭔 짓거리를 해서 번성하라' 는 생식 현상 그림으로 본다.

　그리고 우리가 손가락으로 숫자를 셀 때 손가락을 하나씩 꼬부려 다섯에 와서는 다 닫고 마는데, 이 '다 닫았다' 는 것은 바로 '굴 문을 닫은 것' 으로 '정착(定着)' 을 의미한다.

　그러나 이 닫은 것은 다시 여섯부터는 하나씩 열리어 열에 가서는 완전히 열리고 마는데, 이는 '아홉, 열' 에서 다시 설명한다.

　그러니까 이 역시 '창세기' 같이 인간에게 축복을 내려주신 것인데, 이보다 더 고마운 말씀이 어디에 있을 것인가? 이렇게 신지녹도문 [진본천부경]은 지금의 교통 표지판처럼 그 뜻은 있으되 그 발음은 무의미한 것으로 보아야 하고, 또 먼저 一石二鳥에서 말했듯이 접미사 등은 따지지 말아야 한다.

08　최치원 81자 五의 뜻

　다음에는 "최치원이 이 글자들을 보고 '다섯' 으로 보았다면 그의 81자에서 어떻게 표현했을까?' 를 보자.

　運三四成環五七: 사내와 겨집을 운용하여 다섯과 일곱으로 동아리(環)을 만든다.

　여기서 다른 이들의 이 문장 해석은 五+七 = 12이고 그래서 環 해석은 고리환(環)이라니까 가락지 같은 동그라미만 생각하고 최치원 시절 있지도 않았던 시계를 생각하여 동그라미라 하지만 우리말 동아리(똥아리)를 말하지 않더라도 요즘 학생들 서클도 동아리이며 동아리란 동(경음이 되면 똥)과 같이 한 덩어리란 말이다.

또 이 말의 주체는 '여섯' 인데, '다섯' 은 셋, 넷에서 만들어진 사내와 계집이 땅 위에서, 즉 땅인 五에서 씨를 뿌리거나 고스톱을 쳐야 한다는 것이라 했고, 다음 '여섯' 은 '사내와 계집이 얼려 붙어 어미(母, 번성)가 된다.' 는 뜻을 가지고 있으며, '일곱' 은 얼려 붙은 그 결과, 즉 '아들을 낳아 새로운 가족을 일구어갈 것' 을 말한다. (이 부분 자세한 설명은 '여섯, 일곱' 에서.)

그러니까 이 문장의 五七은 '여섯' 이라는 어미가 주체가 되어 이 어미가 되기 전 단계와 된 후의 결과를 말하고, 成環이란 '고리를 이룬다' 가 아니고 '동아리(집단)를 만든다' 이다.

제6장 | '여섯'의 그림과 뜻풀이

01 [진본 천부경] 하나 둘 셋 … 열 중
어슷의 '어' 그림과 뜻

우선 어슷(여섯)의 신지녹도전자 그림부터 보자. 여기서 여섯이 아니고 왜 어슷인가는 후에 밝혀진다.

어슷의 '어'

대체 이 그림은 무엇인가? 이것을 이해하기 위하여 '사람 그림'이 현재의 '人' 자로 형성되는 그림부터 보자.

글쓴이는 그림을 지지리도 못 그려 이 모양이지만 그래도 이해하는데 부족하지는 않을 것이다.

원래 사람 그림

금문이나 신지녹도문으로 생략된 사람

현재 사람을 뜻하는 ㅅ이나 사람 人 자

　따라서 이 [신지녹도문 진본 천부경] 어슷의 '어' 그림은 앞에 가는 겨집을 뒤에서 사내가 좇아간다는 말이며 또한 자연계의 동물들처럼 후방위 교합을 한다는 그림이다. 그렇다면 이 사람들이 지금 여기서 무엇을 하고 있는가는 이미 다 알 것이다.

　말이나 글자는 보통 일로 성립되는 것이 아니라 반드시 강력한 자극이 있어야 하고, 이 강력한 자극은 바로 성행위라 했다. 그렇다면 이 두 사람은 사내 둘이 아니고 겨집과 사내이며, 그것도 성행위인데 그렇다면 이들의 성행위는 자연계 동물과 같은 후방위 교접이다.

[진본 천부경] 하나 둘 셋 … 열 중 어슷의 '숫' 그림과 뜻

어슷의 '숫'

이 그림은 사람이 무릎을 꿇고 팔을 들어 기도하는 그림인데 이 기도하는 그림은 이 어슷, 일곱, 여덟에 연이어 나온다.

일곱에서 겨집과 사내가 기도 하는 그림

여덟의 겨집이 기도하는 그림

그런데 이 어슷의 기도하는 그림은 여덟 그림과 달리 그 앞 꺾인 부분이 둥그스름하게 다르다. 이는 사내는 앞에 숫이 붙었으니 베잠방이나 풀치마로 앞가리개를 했을 경우 그 앞이 둥그스름할 수밖에 없으나 겨집은 돌출된 것이 없으니 그대로 몸통과 무릎 꿇은 다리가 직각이 되게 그렸다. 이 어슷의 '숫' 그림을 보강하면 다음과 같다.

따라서 이 어슷의 '슷' 기도하는 그림은 사내의 기도인데 왜 사내 혼자 이런 기도를 하는가? 먼저 어슷의 '어' 그림을 다시 보자.

이 그림은 자연계 동물처럼, 또는 전 선조들이 그랬듯이 사내가 겨집의 뒤로 자기의 씨를 뿌렸다는 말이고 그렇다면 겨집은 아무런 사랑이나 쾌감 없이 그냥 당하기만 했을 뿐이니 아무런 의무감도 없다. 그러나 사내는 그 뿌린 씨가 잘 커달라고 기도라도 해야 한다.

먼저 '하나'에서 아침저녁으로 기도드렸다는 기록을 다시 한 번 보자.

〈환국본기桓國本紀〉 "朝代紀曰古俗崇尙光明以日爲神以天爲組萬方之民信之不相疑朝夕敬拜以爲桓式"

(조대기에 말하되 옛 풍습은 빛을 숭상하여 해로써 神을 삼고 하늘로써 조상을 삼았으니 만방의 백성들이 믿고 의심치 않아 환나라(환한무리) 방식으로 조석으로 경배하였다.)

그러니까 고대 사람들은 밥만 먹고 나면 영화구경을 가거나 고스톱을

친 것이 아니라 일이나 씨를 퍼뜨리는 신성한 짓을 했을 것인데, 해가 뜨고 질 때마다 기도를 해대던 사람들이 그런 신성하고 중요한 일을 하고 가만히 있을 리는 없다.

현대인들 같으면 그 짓을 하기 전이나 하고 나서 기도를 하는 사람도 있는지 모르겠지만 옛 사람들은 달랐을 것이다. 즉, 곡식의 씨를 뿌리고 열매가 많이 맺게 해달라거나, 사람의 씨를 뿌리고 아이를 많이 낳아 부족이 번성하게 세워달라고 기도했을 것이다. 그렇다면 '어숫' 의 '숫' 그림은 사내가 씨를 뿌리고 난 다음 무릎을 뒤로 길게 뻗고 양팔을 들어 하느님께 기도하는 경건한 모습이 아닐 수 없다.

03 [천부인 ㅇ ㅁ ㅿ]으로 본 '어숫'의 뜻

'어숫' 의 의미가 무엇인지 역시 400년 전 한자사전인 [훈몽자회]로 우리 고대 말을 통하여 알아보자. 그러나 여기서 의문은 불과 400년 전 중세어 말이 4~5천년 전 고대 조상의 말과 같았을까?

말이란 물질문명과 함께 발달한다. 즉 우리가 물질문명이 일어난 것은 불과 100여년이고 따라서 그 백여년 동안 변한 말이 4~5천년간 변한 말보다 더 많다는 것은 삼국사기에서 거의 이두로 써진 삼국시대 말과 중세어 말을 찾아보면 그간 말이 전혀 변하지 않았다는 것만으로도 잘 알 수 있다.

따라서 이 훈몽자회에 써진 六은 '여섯 六' 이 아니라 '어숫 六' 이다.

훈몽자회

이 '어슷' 을 붙이면 '엇' 이 된다.

더구나 토로 달아놓은 書式作陸은 서식으로 쓸 때는 陸地라는 陸으로 쓴다는 말이니 이는 발음이 육이라 陸자로 썼을 수도 있으나 또한 육지는 바로 빛을 받고 씨를 뿌리는 '누리' 이기 때문이기도 하다.

그럼 이 '엇' 이 우리말 어디에 쓰이고 있을까? 이 '엇' 은 우선 '엇갈린다' , '엇비슷' , '엇나간다' 라는 말에 쓰이고, 목 옆에 있는 것이 '어깨' 인데 이 어깨의 옛말은 '엇개' 이다. 즉 목의 정통 아래가 아니라 그 옆, 즉 '엇에 있는 것' 이란 말이다. 이상으로 보아 '엇' 은 정통이 아니라 '정통의 엇된, 즉 엇갈린 부분' 을 말한다.

그런데 고대에서는 아들에게 전해지는 씨는 어머니로부터가 아니라 아버지부터라고 생각했고, 이 증거는 우리 조상이 대자연 속에서 불렀던 노래 중 공자님이 음란하다고 생각한 것은 모두 빼 버리고 남긴 시전 (詩經) 중 "父兮生我 母兮鞠我…," 즉 "아버지 나를 낳고 어머니 나를 기르시니…"만 보아도 알 수 있다.

그러므로 어미는 씨를 이어가는 존재가 아니라 그저 씨를 기르는 밭에 불과했으니 당연히 어미를 '엇된 관계', 즉 '엇' 이라고 했다. 또 이 '엇' 이 어머니라는 근거는 어머니를 그리는 노래 '사모곡(思母曲)' 이 우리말로 '엇노리' 이다. 그런데 이 어미는 사실상 자식을 낳는다. 즉, 씨는 아비로부터 받을지 모르나, 그 씨를 낳고 기르는 밭은 어미로 보았던 것이다.

이는 대단히 중요하므로 먼저 '숫 = 섯'의 의미를 다시 한 번 본다. '숫, 섯'의 'ㅅ'은 '서다, 세우다', '솟다'라는 뜻이 있고 그래서 '셋'이 "사내를 세우다"라 했다. 그리고 'ㅅ'은 '넷'에도 붙어 있고 '다섯'어 숫에도 붙어 있다.

그렇다면 '하나, 둘, 셋, 넷, 다섯' 그림에는 붙어 있지 않던 '기도하는 행위'가 유독 '여섯'에서부터 '일곱, 여덟'에만 붙어 있을까 하는 것이다.

이것은 빛인 하나가 둘인 땅, 물질을 둘러서 셋인 사내를 세우고 넷인 겨집을 세웠나니 다섯인 땅 위에 서거라 하는 하느님의 기대이고 교훈인 자연의 섭리이니 사람은 어쩔 수도 없다. 그러나 여기 '여섯'부터 '여덟'까지는 인간들이 그 명령을 받아 그대로 실천하는 인간의 의무이기 때문에 어슷, 일곱, 여덟에는 기도하는 그림이 붙지 않을 수 없다.

04 여러 금문으로 보는 六의 뜻

우선 위 신지녹도 천부경 어슷의 '어' 같은 比자의 금문을 보자.

比

"比"的本义是亲密、亲和、勾结等义。《说文》："比，密也。二人为从，反从为比。夶，古文比。"甲骨文、金文及小篆都是两个侧面的人形。有学者认为是后体位交合形。今多用于考校、对比等义。"说文古文"是两个正面站立的人形，比较、并列义更明显。隶书(汉《史晨碑》)二人形横置写作"比"，彻底脱离了古文字形。

출처: [圖釋古漢字](能國榮 著, 濟魯書社刊)

위 글자 설명 중 '是後體位 交合形' (이는 후체위 교합형)이라는 글자에 주목하자. 이들을 틀림없는 후방위 교접을 하고 있는데 이 글자는 나중에 중국인들에 의해 比자로 왜곡된 것이다.

여기서 우리는 고대인들이나 지금도 오지 사람들의 성행위를 엿보자.

지금 짐승들은 물론 벌레까지 모든 동물의 성교는 후방위(後方位) 교합이다. 즉, 수컷이 뒤로 가는 것이다. 이 그림이 후방위 교합이라는 근거를 금문에서 더 찾아보자.

아래 금문과 같이 사람이 반대로 돌아서 있으면 이는 후방위 교합을 하지 않으니 '배반한다'는 뜻이 되는데 이도 중국인들에 의해 北 자가 되었다. 따라서 北 자의 뜻 속에는 배반한다는 뜻도 있다.

北、背

"北"是乖违,相背。引申脊背,借指方向,南的对面。《说文》:"北,乖也。从二人相背。"
属会意字。甲骨文写作"ルヘ";金文写作"ルヘ";小篆写作"ルヘ",都是二人背对背的形状。此形
表达三个意思:1. 背对背,指脊背;2. 方向反,指乖违;3. 面不见,指背后。后来小篆下加"肉"
表示以上意思,而原本借指方向的"北",却借而不还,成为字主。隶书(汉《白石神君碑》等)
将篆书中两个相背的人形四肢拉平,写作"北"。从此脱离了古文字行列,成为今文。

출처: [圖釋古漢字](能國榮 著, 濟魯書社刊)

　그러므로 위 比자 금문만 보더라도 고대이인들의 성행위가 후방위라
는 것이고 반대로 돌아서 있으면 이는 후방위 교합이 아니니 자연 섭리
에 배반하는 것이다. 그리고 고대의 성행위는 모두 종족을 번식시키는
것이 목적이었지 요즘처럼 즐기자는 데 목적이 있었던 것도 아니다. 이
것의 증거는 먼저 말했듯이 지금도 아내가 여럿이나 있는 오지의 미개
인들은 아이를 낳으면 사내아이는 칼로 할례, 즉 요즘 우리 아이들이 말
하는 '고래잡이' 라는 포경(包莖) 수술을 해주는 대신, 계집아이는 돌을
불에 달구어 아예 음핵을 지져 없애 버린다.

　그 이유는 이 계집아이가 커서 전방위(前方位)로 성행위를 하게 되면
음핵이 자극되어 쾌감을 알게 되는 것을 예방하는 것이다. 즉, 계집의
오르가슴은 거의 이 음핵을 통하여 이루어지기 때문이다.

　이렇게 겨집이 사내 맛을 알게 되면 다른 부인을 질투하여 부인들끼
리 싸움이 나게 마련이니 아내를 여러 명 거느렸던 고대나 지금도 오지
인들은, 아예 처음부터 겨집들로 하여금 이 쾌감을 모르게 하고 오직 아
이 낳는 기계 취급을 했던 것이다.

또 부인이 넷씩이나 있는 아랍권의 이슬람교도들의 사내들은 처음 결혼을 할 때 그 아버지로부터 성행위 교육을 받는데, 그 교육법 제1조가 바로 아무리 계집이 전방위를 원하더라도 절대로 들어주지 말라는 것이다. 이는 만약 그대로 했다가는 절대로 부인을 넷이나 거느릴 수 없다는 것이다. 또 인도 사원 같은 곳에는 돌로 새겨진 그림이나 조각들이 있는데, 여기에도 남녀의 성행위는 거의 후미 교합으로 나타난다. 이 조각상은 뒤에 있다.

이상으로 봐서 그런 여인들은 성교 시 쾌감이라는 것은 아예 알 수 없기 때문에 후방위 교합이 당연한 걸로 알고 있었다고 본다.

05 지금도 그렇지만 조상들도 성행위 전 기도의식과 잔치를 했다

먼저 말했듯이 독자님 중 밝달님이 보스턴에 갔다가 찍어온 사진과 그 해독문을 다시 올린다.

"우리 선생님. 보스턴에 갔다가 박물관에 들려 여러 가지 사진을 찍었는데 도깨비 형상 비슷한 것 아래 글이 하나 있어 보냅니다. 금문이 아닌지 한번 살펴보십시오."

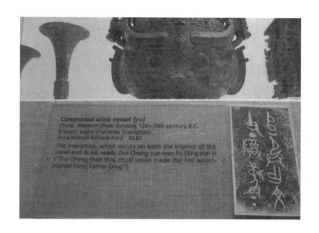

Ceremonial wine vessel (yu)
China, Western Zhou dynasty, 12th–11th century B.C.
Bronze; eight-character inscription
Anna Mitchell Richards Fund   34.83

The inscription, which occurs on both the interior of the
vessel and its lid, reads: Dui Cheng zuo wen Fu Ding zun yi
("Dui Cheng [had this] ritual vessel made [for his] accom-
plished [late] Father Ding").

*글쓴이의 위 금문 글씨 해독

도깨비 청동기는 분명 치우천황의 탈을 본뜬 것이고, 그 아래 우측 글
씨는 분명한 金文으로 우리 조상이 만든 한자의 어머니이다.

이런 금문은 현재 고조선 유적지에서 무려 만여 점이나 출토되었으나
근세 금문의 권위자라는 낙빈기가 해독한 것을 합해도 해독된 것은 천
여 자도 되지 않는데, 그것도 모두 말이 되지 않는다.

그 이유는 먼저 말했듯이 이런 금문은 분명 고조선 유적지에서 출토
되고 우리 조상이 만들었으니 반드시 우리말과 우리 상식으로 해독해야
할 것을 한자와 중국 상식, 또는 영어나 서양 상식으로 해독하고 있기
때문이다. 따라서 이 금문을 우리 뿌리말을 아는 사람의 상식으로 해독
해보면 참으로 쉽게 잘 풀린다고 했다.

이 금문을 고대 문자 해독이 다 그렇듯이 우측, 위에서 아래로 해독해
보면,

(1) 맨 위의 글자는 '다산'을 의미하는 '알의 열매줄기 또는 유방 밑에 그

것을 받는 반달모양의 그릇이 있으니 이는 여음이 씨인 알 =얼(얼라)을 받겠다는 뜻'이며 이 글자는 나중에 '많을 多' 자가 된다. 즉 多 자는 저녁인 夕이 많은 것이다. 그렇다면 원시 인류는 낮에는 수렵이나 풀씨를 훑어왔을 것이고, 밤에는 고스톱이나 쳤을까? 많다는 多 자가 저녁이라는 夕자가 두 개인 이유는 저녁에 그 짓을 많이 해서 多産을 바랐기 때문에 저녁이 많다는 것은 바로 성행위를 많이 했다는 말이다.

(2) 우측에서 아래로 두 번째 글자는 성행위를 하기 전 기도하는 사람을 손들이 떠받치고 있는데 이 금문에서는 손가락이 세 개인 것은 전에도 말했다. 그런데 만약 그 앞에 제물 시(示)가 있다면 이는 나중에 祝 자로 발전하겠지만, 없으니 그냥 '맏이인 兄' 자로 발전한다. 즉 무엇인가 빌 때는 맏이, 즉 씨노름에 이긴 자가 하니 뜻은 같다.

(3) 아래로 다음 글자는 성교 당시 동물처럼 '후미 교접' 하는 글자인데, 여기서는 아예 앉아서 끌어안고 하는 그림이다.

(4) 다음은 '사람(사내)'으로 지금 夫, 父 자이며

(5) 좌측 맨 위 글자는 남근을 손으로 받들고 있는데 그 아래는 그것이 씨를 전달해 준다는 말을 보강하기 위해서 알(알라, 얼라, 兒) 그림을 그려 놓았고

(6) 다음 아래 글자는 그 사내나 알에게 술독째 바치는데 이는 지금 '술 酒' 자이며 이는 씨놀음에서 이긴 자가 축제일에 여러 사람이 모인 앞에서 겨집과 관계하기 전 기도하고 관계를 가지려는 것이고, 이를 더 보강하기 위해 우측 옆에는 깃발을 날리고 있는데 이 깃발 표시는 나중에 장터 표시가 된다.

(7) 다음 글자는 씨를 가진 모습의 겨집을 두 손이 받는데 그 손은 사내의 손이며 그 밑은 알(알라, 얼라)이 두 개 쏟아지고 있다. 이 글자는 지금 '낳을 산(産)' 자가 된다.

따라서 이 글의 전체적 내용은 '씨놀음(씨름) 축제를 한 다음 자식을 많이 갖게 해달라' 는 섹스 기도문으로, 이어보면 다음과 같다.

"다산을 위해 맏이(이긴 자)가 기도하옵니다. 양손으로 받들어 기도하옵니다. 사내가 겨집과 얼루니(후미 교접) 거룩한 숫(아들)을 낳게 해님께 술을 바치옵니다. 씨를 받은 계집의 아래에서 알이 많이 쏟아지게 해주시옵소서."

06 임금님 앞에서 하는 후방위 성교 장면 청동기 그림

첫조선 유적지에서 출토된 보스턴 박물관의 청동기 유물

위 그림 역시 먼저 제시했듯이 밝달님이 보스턴에 박물관에 가서 찍어 보낸 그림인데 너무 충격적인 그림이다.

이 그림에서 가장 중요한 것은, 위에서 말한 후방위 교접과 당시 인물상의 의복이다.

어떤 사람들은 우리조상 지도자들이 화려한 의상을 걸쳤을 것으로 기대하지만 이 그림에서 사내들, 특히 왕으로 보이는 가운데 있는 사람은 무엇으로 만들었는지는 모르나 관모 같은 것을 썼지만 아래는 풀 등으로 만든 치마를 둘렀다. 그렇다면 이는 환숫이나 밝달임금 당시는 그렇게 화려한 옷이 아니었을 것이고 따라서 그들의 궁궐도 우리가 상상하듯 그렇게 화려하지는 않았음을 증명한다.

다음 중요한 요점은 그 앞에 엎드린 사람들은 분명 신라 토우(土偶) 성교상(性交象)과 같은 엎드린 겨집들 모습이고, 바로 그 뒤 엉거주춤하는 인물은 분명 숫을 세우고 덤벼드는 사내의 상이다. 그렇다면 이 그림은 결혼제도가 생기기 전 우리 조상은 씨놀음(씨름) 축제일에 이긴 자들이 씨를 뿌리는 장면이고, 판정관이 지켜보는 가운데 성행위를 하는 그림으로 보는데 그 판정관은 그 위엄 있는 모습으로 보아 아무래도 임금인 것 같다. 그렇다면 이는 우리 상고사 성풍속을 엿볼 수 있는 엄청난 그림이다.

07 경주 박물관의 후방위 교접 토우

또 이 후방위 교접은 증거는 우리 땅에서도 발견된다.

신라 시대 무덤에서 발견된 토우(土偶. 경주 박물관 소장)

　토우는 지금 진시왕릉에서 나오는 사실적 모습을 흙으로 만든 토용
(土俑)과는 달리 흙으로 만들어 굽기는 마찬가지인데, 이를 해학적으로
만든 작품이다. 이 토우를 보면 앞에는 겨집이 엎드려 있고, 뒤에는 사
내가 거대한 숫을 삽입하고 있다. 이는 경주 박물관에 가면 얼마든지 볼
수 있다.

08 　인도의 性典 카마수트라의 조각상

　또 정신문명의 중심지라는 인도에서 특히 다음과 같은 조각상은 무엇
을 의미하는가? 이 카주라호(Khajuraho)에 있는 조각들은 1,000년 전 찬
델라왕조(Chandela Dyna)에 의해 건설되었으며, 인도인의 생활과 신에
관한 이야기를 담고 있다는데 주로 후방위 교접이다.

　이 카주라호에는 85개 사원이 있었지만 이슬람 세력에 의해 모두 파
괴되고 현제 22개만 남아 있다. 간디가 "모두 부숴 버리고 싶다"던 이
조각들은 인도 性典 Kamasutra, 바로 그 현장이며 종교와 성의 기묘한

접합과 조각상의 완벽한 아름다움으로 오늘날 전세계 사람들의 흥미와 관심을 끌고 있다.

09 고대 춘향뎐 후방위 성교 장면

또 고대 [춘향뎐]에서 16세 된 애들이 첫 경험을 치르는 장면.

　이도령이 춘향이의 치마를 밧기고 고쟁이를 밧기고 이도령이 춘향이를 업고 얼루는디(성교 전희) "어하둥둥 내사랑아…."
　이번에는 춘향이가 이도령을 업구 얼루는디 이도령 하는 말….
　"도두 업으려 말고 빨리 땅에 자운 자운하게 뒤로 잦는 닷이 업어다오."
　춘향이 말….
　"근디 가운데 그 긴 것은 뭐랑가요? 애구 잡성스러워라."
　…춘향이 이도령을 업구 이리 흔들 저리 흔들 툭추어 노는디 방향이 잘

맞지 않는구나….

이것이 16세 된 이도령과 춘향이의 첫 성교 이야기이다. 물론 이 [춘향
뎐]은 옛날에 쓰인 작가 미상의 작품이지만 그 작품을 통하여 당시의 성
생활의 풍습도 후미교접이 보편적이었다는 것을 엿볼 수 있는 대목이다.

그러면 위 신지가 쓴 그림 글자에서 두 사람은 분명 남녀일 것이고, 뒤
에 있는 것이 사내였음이 짐작되는데, 이렇게 추리하는 또 하나의 증거
는 앞서 설명한 '다섯' 과 뒤에 이어질 '일곱' 에서 그 힌트를 얻을 수 있
고, 그래야 말이 이어지기 때문이다. 그러니까 위 어슷의 '어' 에 해당하
는 그림 글자는 '다섯' 에서 예고된 성행위를 그린 것이라고 추리한다.
여기서 신성한 하느님 말씀인 신지녹도 문자를 해독하면서 자꾸 성행
위 이야기가 나오는 것은, 생식행위란 지금 우리가 생각하듯이 음란한
것이 아니라 생명을 이어가는 생명체들한테는 가장 신성한 행위이었기
때문임을 다시 한 번 상기하자.

10 생명은 우주 창조 전부터 있었다

항상 하는 말이지만 [노자 도덕경] 6장 '谷神不死 是謂玄牝, 玄牝之門
是謂天地根' 을 보자. 谷神不死는 '골의 神이란 죽지 않는다' 는 말이다.

많은 노자도덕경 해설가들은 谷을 '골짜기'로 보자니 말이 안 된다. '골'은 천부인으로 만든 ㄱ ㄴ ㄷ … ㅎ의 뜻으로 볼 때 또는 아래아점으로 볼 때 ㄹ이며 이는 '굴'과 같은 말이고, '굴'은 '구무', 즉 '여음'을 말하는 '구멍'이다.

그리고 지금 우리가 말하는 '골짜기'는 '골이 짜개진 것'이다. 즉, '구멍이 짜개진, 구멍의 반쪽'이 바로 골짜기이다.

그리고 노자는 谷神不死라 했으니 이는 '여음의 신', 즉 '생명이 태어나는 신'은 죽지 않는다고 해야 말이 되는 것이다.

이것을 보면 이 우주의 목적은 생명의 연속이니, 노자는 道를 이 우주가 생성된 목적을 생명이 살기 위한 터전으로 보았던 것이다. 따라서 생명의 연속이란 이 우주가 소멸되어도 죽을 수 없는 것이다. 그런데 그 모양이 마치 비수로 찍어놓은 것 같은 소 엉덩이 같단 말이다. 즉, 당시 사람이 언제나 볼 수 있는 가축 중의 가축 '소 엉덩이의 음부'를 표현한 것이 바로 '玄牝'이고, 이것을 강조하기 위해 是謂天地根, 즉 '이것이 천지의 근본'이라 했다.

다음 금문을 보자.

谷

"谷"是两山之间狭长的通道或流水口。《说文》："谷，泉出通川为谷。从水半见，出于口。"甲骨文、金文写作"谷"、"谷"，下边的"⊔"是谷口，上边的"八"是水的横写。表示水从谷口流出。字义十分明确。小篆在规范笔画后反不如甲、金文直观。隶书(汉《曹全碑》)写作"谷"。

谷
gǔ

출처: [圖釋古漢字](能國榮 著, 濟魯書社刊)

지금 畜자의 위 점 두 개는 유방이고 아래 人자는 다리 가랑이이며 그 아래는 입인 口자로 되어 있는데 위 금문 畜 자의 금문 1, 2 등에서는 위인 八자는 유방이나 팔이고 아래 八 자는 가랑이며 그 아래에는 입구 (口) 자가 아니라 아예 우리 글자 '받는다' 는 뜻, 즉 'ㅂ지' 라는 말의 ㅂ으로 나타난다.

11 ┃ 생명은 번성하는 데 그 목적이 있다

[시경]의 한 구절.

시경은 우리 민족의 그간 불렀던 수많은 생식 노래를 공자님이 그 중 음란하지 않은 것 같은 것만 골라 전한 것이라 했는데 그래도 이 구절을 제대로 이해했다면 공자님은 음란하다고 전하지 않았을 것이다.

보통해석

桃之夭夭 其葉蓁蓁　복숭아의 싱싱함이여. 그 잎사귀가 무성하구나.
之子于歸 宣其家人　시집가는 아가씨여. 그 집 식구를 늘리어라.

이 말의 뜻을 한문학자들은 이상과 같이 우물쭈물하는데 복숭아의 진정한 뜻은 여음이므로 지금 우리는 음란 영화를 도색(桃色)영화라 하니 그 진정한 뜻은 다음과 같다.

'복숭아 같은 여음의 싱싱함이여,

음모가 무성하구나.

시집가는 아가씨여

음모같이 아이들을 많이 낳거라' 이다.

12 금문六 자의 뜻

六

　"六"是由"庐"假借做数字五加一的和。《说文》："六,《易》之数……"其实,"六"是
房屋形,与"宀"同源,甲骨文、金文、《石鼓文》写作"六、介、介、介、介"。本是田野中临时
住的简易房。即草庐的"庐"。因庐的读音与"六"接近,故借作数词"六"。小篆写作"穴"
无房屋形。隶书(汉《郭有道碑》)写作"六"。完全脱离了古文字。

출처: [圖釋古漢字](能國榮 著, 濟魯書社刊)

모두가 '지붕 아래 무엇인가 나오는 통로' 가 있으며 이것이 石鼓文,
小篆으로 갈수록 아예 양다리나 양팔 아래 통로로 표시되어 있다. 따라
서 '여섯' 이란 무엇인가 나오는 구멍이라는 것을 말하고 있는 것이다.

　이상으로 '여섯' 은 '어미' 를 말하는데, 여기서 어미란 꼭 자식을 낳
는 어머니만을 말하는 것이 아니라 '번성(繁盛)한다' 는 뜻도 있다.

13 명마산 글씨바위에 새겨진 기도하는 모습의 신지녹도전자

역시 밝달임금의 선한(신한辰韓, 진한辰韓)이 망한 후 마한으로부터 남동쪽 땅 한 귀퉁이를 얻어 신라를 세운 사람들 중 소위 지식층들은 경주에 정착하고 무당, 풍각쟁이, 사당패, 각설이패는 물도 별로 없는 변두리 명마산 기슭에서 살 때 그래도 그들은 고향을 잊지 않고 북쪽이 병풍처럼 쳐진 명마산 바위아래 암반에 글자를 새겨 놓고 기도를 하였고 그들은 그들이 전부터 쓰던 금문, 신지녹도문, 가림토를 썼다는 증거로 다수가 있으나 너무 마모되어 이것만 올린다.

14 최치원의 81자 중의 六

大三合六生七八九

여기서 大三이란 天地人인가? 그렇다면 말은 반드시 상대가 있어야 이루어지므로 小三이 있어야 大三이 성립되니 그 小三이란 무엇인가?

그러나 그게 아니고 이 우주 공간에 天地人이 가장 크니 大三을 天地人으로 본다 해도 그 天地人이 무엇과 합해져 六이 되고 七八九를 낳는다는 말인가? 이 말을 해독하려면 우선 그 위의 글부터 보아야 한다.

* 天 二 三 (天 둘 세)
하늘은 두리서 세워졌다.

여기서 天二三을 하늘은 둘셋이다 해가지고는 각종 음양오행설을 쓰더라도 말이 되지 않으므로 一 二 三을 숫자가 아닌 우리말로 풀어 보았듯이 이 二는 우리말 두르다, 두리서 함께하는 말로 보는데 우선 두리서란 말은 두리서 함께 한다는 숫자 같지만 이는 뿌리말로 볼 때 두르다 (周)와 같은 말이다.

다음 三은 서다, 세우다, 솟다로 본다.

따라서 우선 "하늘은 둘러서 또는 두리서 세워졌다"라 해보는데 무엇이 두르고 무엇과 두리서 세워지는가?

무형이며 정신인 하늘이 둘러서 세워졌거나 두리서 세워졌다면 이는 당연히 물질이며 그 짝인 땅인 누리가 둘러서 만들어 세워졌으며 또 그 땅도 그냥 물질뿐 아니라 생명을 기르는 섭리인 하늘과 두리서 세워졌을 것이다.

먼저 말했듯이 어떤 존재든지 반드시 상대가 있어야 존재할 수 있다. 즉 높다는 것은 낮은 것이 있기 때문이며 무겁다는 것은 가벼운 것이 있으므로 성립되고 넓다는 것은 좁은 것이 있기 때문이며 심지어 '있다' 는 말조차 '없다' 는 전제가 있으므로 가능하다.

따라서 환숫은 해이며 생명의 씨인데 그 씨만으로는 생명이 번식할 수 없으므로 그 씨를 받는 땅, 누리인 곰네가 있으므로 씨라는 말이 존재하여 생명이 번식한다.

우리 사람도 중심인 정신은 실체가 없어 표현할 수 없는 귀신에 불과하므로 이 정신을 둘러싸 사람을 만든 것이 물질인 몸이다.

따라서 우리가 생각하는 정신, 즉 보통 하늘은 小天에 불과할 수 있고 그 상대인 누리까지 포함해야 비로소 大天이 된다고 본다.

* 地二三 (地둘세)
땅도 둘리서 세워진 것.

여기서도 地二三을 땅 둘은 셋이요 해가지고는 각종 음양오행설을 쓰더라도 시원히 풀리지 않으므로 二는 두르다, 두리서로 보고 三은 세우다로 본다.

따라서 땅이라는 것도 눈에 보이는 물질인 땅 혼자 존재한다면 이는 小地가 될 것이고 그 누리인 땅에서 생명을 기르는 하늘의 섭리인, 기르는 섭리까지 본다면 大地가 될 것이다.

* 人二三 (人둘세)
사람도 둘리서 세워진 것.

三은 원래 사람이고 사내이며 사내의 숫이고, 四는 겨집이며 겨집의 암이라 했다. 그렇다면 눈에 보이게 돌출된 사내의 숫은 小三이 될 것이고 눈에 보이지는 않으나 그 구멍이며 짝인 겨집의 암이 있으므로 비로소 사람이 완성되고 생명이 번식되니 이 사내와 누리인 겨집을 합해야 大三이 될 것이다.

* 大三合六 (大셋 合어숫)

　여기서 비로소 大三이 나오는데 먼저 말했듯이 존재란 상대가 있어야 하므로 大三은 小三이 있어야 존재한다.

　그렇다면 이 大三은 사내의 숫과 겨집의 암이 합쳐진 것을 말하고 그 사내와 겨집이 合하면 고스톱이나 칠 것이 아니라 반드시 자식을 낳을 짓을 해야 하니 그래서 겨집은 어미가 되고 그 어미는 자식을 낳아 생명을 번성시키니 어숫이 바로 번성이라 했다.

　따라서 여섯은 훈몽자에 '어숫' (어숫 六)이며 '엇' 은 '어미' 여서 엇노리가 사모곡(思母曲)이라는 것은 전술한 바와 같고 최치원 81자에서도 육생칠팔구(六生七八九), 즉 여섯은 일곱, 여덟, 아홉을 낳는다라고 했으므로 여섯은 '어미' 요 번성이라고 했다.

　여기서 七八九의 뜻은 뒤의 일곱, 여덟에서 말한다.

제7장 | '일곱'의 그림과 뜻풀이

01 [진본 천부경] 하나 둘 셋 … 열 중
일곱의 '일'의 그림과 뜻

우선 '일곱'에 해당하는 다음 그림글자부터 보자. 여기서도 '일굽(일곱)'의 글자부터 보자.

위 그림에서 위 점 세 개는 어디든지 갈 수 있는 씨앗들이니 아들들이고 다음 —은 땅이며 그 아래 역시 점 세 개는 사내가 뿌린 씨를 땅 속에서 기르는 존재이니 암컷들인 딸이다.

02 [신지녹도문] 하나 둘 셋 … 열 중 일곱의 '곱'의 그림과 뜻

이 그림은 겨집과 사내가 함께 기도하는 그림이다. 즉 여섯에서 사내에게 후방위 교접을 당한 그 겨집이 일단 자식들을 낳았으니 이제는 그 겨집도 모성애가 생겨 그 자식들이 잘 크기만 바라 사내와 함께 기도한다는 그림이다.

03 [천부인 ㅇ ㅁ △]으로 본 일곱의 뜻

우리말에서 'ㅇ'과 'ㄴ'은 천부인에서 그 종류가 다른 자음인데도 서로 넘나든다. 그 이유는 'ㅇ'은 하늘인 데 비하여 'ㄴ'은 하늘로부터 내려오는 것들을 받는 형상과 뜻이 있으므로 훈몽자회에 ㅂ이 '나 일'이며 '이마'가 '니마'이고 '임'(任)이 '님'이라고 했다.

따라서 이 때문에 '일'은 먼저 말했듯이 '잇' 즉 태양의 빛을 유동하는 'ㄹ'로 받아 무엇인가 하는 일(事)이 되고 '곱', '굽'은 ㅂ으로 '구부러지다'로 결국 '일 구부려서 하다'인데 이는 '일구ㅂ다'라는 말로 단축되므로 결국 일곱은 '일구ㅂ다'이며 여기의 'ㅂ'은 벌판을 뜻하므로 결국 일굽은 사내가 구부려 일하는 것을 받는 것이다.

그리고 이것은 숫자에서는 일곱, 가족관계로는 아들로 본다. 왜냐하면 아들은 부모의 도움을 받아 장성하면 다시 벌판에 가정을 일구어 다시 아들딸 낳으며 종족 연장의 길을 일구어 나가는 씨이기 때문이라고 했다.

그렇다면 '일'이란 무엇인가? 그건 지금 한자 그대로 '일(日)'이며, '일(事)'이다. 그러니까 겨우내 굴 구멍 속에 처박혀서 고스톱이나 치던 고대인들이 '해'가 비추는 봄이 오면, 즉 해가 나오기 시작하면 밖에 나와 하는 행동이 바로 '밭을 일구고 씨를 뿌리는 일'이다. 이것이 '일(事)'의 뿌리 말이다.

그러나 '일구다'는 비록 밭만을 일구는 것은 아니다. 원시에서 밭 정도 일구는 것으로 말이 만들어지지는 않는다. 말이 만들어지는 것은 반드시 강력한 자극이 있어야 하고, 그 강력한 자극이란 바로 성행위라고 했다. 따라서 '일구다'는 그냥 '일'뿐만 아니라 벌판에서 다시 가정을 일구어 나가는 것이 되므로, 이것은 '아들인 사내들이 새로운 씨족을 일구어나가는 것'이다.

* 야생동물의 씨 일구기

이 말을 좀 더 보강하면 야생인 자연계에서 코끼리나 사자 등 동물들은 수컷 새끼가 어느 정도 커서 어미나 자매한테 기어오르면 그 어미는 냉정하게 내쫓는데 이는 근친상간을 하게 되면 그 종족이 기형이 되거나 왜소해져 결국 다 죽게 되기 때문에 그 수컷 새끼는 다른 벌판에 가자신의 무리를 일구도록 하는 것이다.

사람도 어느 정도 크면 그 무리에 붙어 있지 말고 다른 벌판에 가서 우선 자신의 처자식 집을 일구어야 한다는 사내의 의무이며 자연의 섭리다.

그러나 암컷 새끼들은 그 무리에 그대로 묻혀 있다가 딴 수컷이 쳐들어와 그 애비와 씨놀음을 벌여 애비를 이기면 그 녀석의 짝이 된다. 즉 내쫓긴 수컷은 초원을 어슬렁거리다가 역시 늙고 힘이 없는 어떤 무리의 애비를 이기고 그 딸들로 새로운 짝을 만들게 되고, 그래서 그 수컷은 새 무리를 일구게 된다.

그러니까 위 그림 점 세 개는 바로 그 어느 벌판에 갈 수 있는, 가야만 하는 수컷들이고 그 아래 ─는 밭이며 그 아래 있는 점 세 개는 어떤 수컷이 뿌려주는 씨를 길러주는 암컷, 즉 딸들은 그 밭 속에 그대로 묻혀 있는 그림이 되는데, 이것은 동물의 본능이므로 사람이라고 여기서 제외될 수는 없다.

그렇다면 이 자기의 무리에서 쫓겨난 어린 수컷은 어디로 가야 한단 말인가? 아마 처음에는 다시 제 엄마가 있는 자기 무리로 되돌아왔을 것이다. 그러나 엄마는 이 자식이 불쌍하다고 받아준다면 애초 내쫓지도 않았을 것이니 다시 냉정하게 내쫓을 것이다. 결국 이 짓을 몇 번이나 계속해가며 이 수컷은 사방을 헤매다가 어느 늙은 애비를 이기고 자신의 가족을 찾을 수밖에 없었을 것이다.

金文으로 본 七의 뜻

이 금문은 원래 十자 그림과 바꿔도 좋을 것 같으나 그대로 설명해도
좋기 때문에 그대로 한다.

출처: [圖釋古漢字](能國榮 著, 濟魯書社刊)

중국학자들 해석으로는 이 七자가 나중에 隸書에서는 끊는다는 切자
가 된다 하나 이는 말이 되지 않는다.

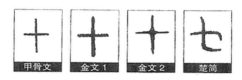

즉 위 甲骨文이나 金文 1은 사방 어디든지 갈 수 있는 十자인데 金文
2에서는 그 十자 중간에 '알' 이 배겨 있다. 그렇다면 이는 사내가 그 알
들의 집을 세우기 위해 이 [신지녹도문 진본 천부경] 일곱의 '일' 자 그림
글자처럼 사방으로 간다는 말이다.

이 글자를 小篆 1에서는 十 자의 아랫부분을 꼬부려 놓았고 小篆 2에서는 무슨 칼刀 자처럼 왜곡하더니 다음 隸書에서는 아주 七 자를 만들고 다음 漢簡에서는 切 자 모양이 되더니 隸書에서는 완전 切 자를 만들어 버렸다. 따라서 중국학자들은 그들 한자의 시원도 왜곡하고 따라서 금문 해독도 할 수 없다는 것이다.

다음은 우리말 '길' 이라는 行 자와 道 자의 원류인 금문을 보자.

行、彳、亍
　"行"用四通八达的道路表示行路。《说文》："行，人之步趋也。从彳，从亍。"甲骨文
金文等字形近似。顺序写作"𣥂、𣥂、𣥂、𣥂、𣥂"。正是十字路的形状。小篆、《侯马盟书》
等字形变化不大，为追求线条流畅，写作"𣥂、𣥂"。隸书(汉《刘熊碑》)写作"𠀔"。已隸
文。
　"行"字拆开后是"彳"(读chì)、"亍"(chù)二字。作为"行"的省文，用于偏旁部首，都
有行走义。

출처: [圖釋古漢字](能國榮 著, 濟魯書社刊)

이것은 그냥 '길' 이다. 길이란 사방으로 뚫려 있으니 이것이 바로 '길' 이란 말이다. 그러나 아래 道 자는 '길' 이면서 '마음의 길' 도 되니, 그 해석이 약간 다른 것 같으나 결국 '사방의 길을 찾는다' 는 것은 같다.

導[导]、道

"道"是道路。引申为道德、道理等抽象的途径。《说文》:"道, 所行道也。"金文用人的头
形"ᘔ"来代表人；用路口形和代表脚(趾)和行走的"ㄨ"表示走路。商甲骨文的"行"写作
"╫", 是四通八达的十字路口, 表示人在道路上行走。金文(5)和《石鼓文》、小篆将"行、
止"符换成"辶"(读 chuò, 作为部首俗称"走之")；《说文古文》由"首"和"寸"组成, "寸"在古
文字中是指手腕部分的长度, 也代表手。表示用手给人指路。是"導"字的异文。"汉帛书"
虽已隶化, "走之"旁仍可看到篆书的痕迹；隶书(汉《王舍人碑》)最终将"道"字从象形字的
窠臼中拉出来, 步入今文的轨道。

출처: [圖釋古漢字](能國榮 著, 濟魯書社刊)

여기서 金文 1, 2, 3을 잘 보시라. 위에 行 자에서 보듯 사방으로 뚫린 길 가운데에 있는 것은 '사람의 머리'이다. 즉, 사람의 머리는 눈(目) 위에 머리털 같은 더듬이를 그리는 것이다. 따라서 '道'란 위 行과는 달리 발로 가는 것이 아니라 '머리로 가는 것'이다.

05 米 자 갑골문은 중국인들이 왜곡시킨 글자

다음 米 자 금문을 보고 혹 [신지녹도문 천부경] 일곱의 '일'은 사내가 일구는 것이 아니라 쌀알이라고 할지도 모르니 미리 말한다.

아래 米자의 갑골문은 꼭 이 [신지녹도문 진본 천부경] 일곱의 '일'자 그림 같은데 이는 중국인들이 우리 조상이 그린 금문을 완전 착각하여 갑골문으로 때를 묻힌 것이다.

米

"米"指去皮壳后的粮食籽粒。《说文》:"米,粟实也。象禾实之形。"甲骨文写作"[illegible]"
金文写作"[illegible]、[illegible]、[illegible]"。其中"[illegible]"是"粱"的初文。正是米粒从禾杆脱落下来的形状。中
一横也是为区别"沙"字形。《楚简》写作"[illegible]",小篆写作"[illegible]"。已与今文近似。隶书(汉
全碑》)以特有的"八分"之势写作"米"。彻底脱离了象形字。

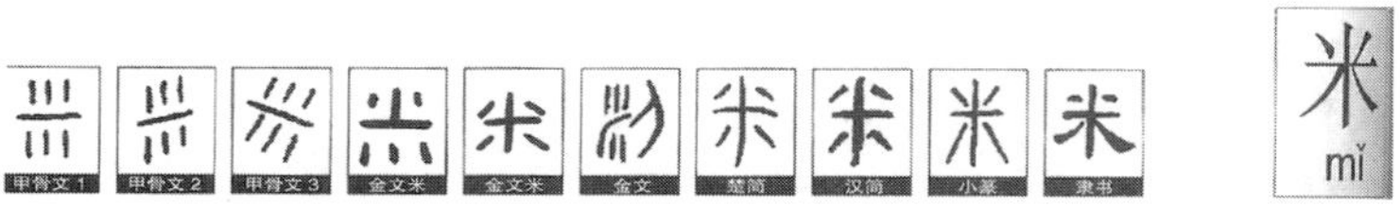

출처: [圖釋古漢字](能國榮 著, 濟魯書社 刊)

즉 좌에서 세 번째까지는 중국인들이 착각한 신지녹도문 [진본 천부경] 일곱의 '일' 자 같은 갑골문이고 다음 네 번째부터 여섯 번째는 금문인데 이는 밭 위에 씨를 뿌리거나 밭 아래에 감자 같은 것을 심어 농사 짓는 그림이지 꼭 쌀인 米만은 아니다.

하기는 이 [신지녹도문 진본 천부경] 일곱의 '일' 도 밭 위나 아래에 씨를 심는 것도 포함되기는 하겠지만 말이란 강력한 자극이 있어야 만들어지고 그 자극이란 성행위 같은 것이므로 위 금문 七에서 보듯 일곱은 씨를 밴 사내가 十자로 퍼져나가는 것이다.

따라서 이것만 보더라도 중국인들이 얼마나 금문을 잘못 해독하는지 알 수 있다.

06 중국 西安 반파유적지의 토기 쪼가리로 본 증거

먼저도 한 말이지만 지금 중국 서안에 있는 반파 유적지에서 나온 흑도(黑陶) 쪼가리에서는 그것이 '쌀알'이 아니라는 근거가 보인다. 이 흑도는 우리 한민족이 가장 먼저 만들어 썼던 질그릇이다.

이 유적지에서는 온전한 모습의 흑도 문자는 아직 보이지 않으나, 깨진 쪼가리에서는 '신대문자', 신지 '신획'으로 보이는 원시 '가림토', 금문이 혼용된 쪼가리가 나오는데 그 중 몇 자만 보자.

이 글자는 위 '일곱'의 점들이 단순한 점이 아니라 일곱에서 '사내'를 뜻하는 'ㅅ'으로 된 것을 보여준다.

아랫것은 땅 아래 감자나 마늘과 같은 땅속 열매들인데 위 사내들은 ㅅ으로 나타냈지만 여기는 겨집들이므로 천부인에서 겨집, 즉 구무, 구멍을 의미하는 ㄱ자와 같은데

이는 마치 KBS1 역사 다큐멘터리에서 방영한 홍산문화의 곰네 무덤 터로 추정되는 곳에서 나타나는 곡옥(曲玉)이나 신라 왕관 出 자에 달려 있는 곡옥과 같은 형태다.

따라서 이 흑도 쪼가리에 써진 글자만 보더라도 원시 한글이 있었다는 말이며 또 [신지녹도문 천부경] 일곱의 '일'은 쌀알이 아니고 환숫에 붙어 있는 곰네이다.

그런데 여기서 아주 중요한 것은, '일구는 것' 은 자기 자신만을 위하는 것이 아니라 그 목적이 다음에 나오는 '여덟, 아홉' 에 있으니, 이는 그 무리, 즉 '우리' 를 위하여 일구어나가는 것이다. 이 '우리를 위하여 일구어나가는 행위' 는 이 '천부경 수행의 길' 이 된다.

이는 현재 타락한 불교나 기독교의 수행방법과 같이 중이나 목사에게 돈을 퍼주고 내세에 자신의 복을 빌거나 산중에 죽을 치고 앉아서 참선이나 하는 것이 아니라, 생활 속에서 우리를 위하여 부자가 되는 길이 바로 천부경 수행의 길이다.

07 최치원 81자 중 七의 뜻

六生七八九 중 七

여기서 최치원은 七이 무엇이라는 직접적 설명은 없다 그러나 위 大三合六에서 六이 어미이고 번성이라면 그 어미는 무엇을 낳아야 한다.

따라서 최치원은 당시 삼국인들이 우리 글자가 없어 할 수 없이 한자를 빌려다가 쓰던 것을 그대로 적은 김부식의 [삼국사기] 이두만 보더라도 一 二 三 … 十이 우리말 하나 둘 셋 … 열이라는 것을 아니 최치원이 몰랐을 리가 없고 또 불과 400년 전 훈몽자회에도 七은 '일구부' 이다. 즉 일 구부려 한다는 말이다. 그렇다면 생식을 최우선으로 하던 시대에 사내가 하는 일이 비록 밭만 일구었을 것 같은가?

삼국사기의 이두를 해독해 보면 主를 말하는 부분에서 七, 또는 七寸으로 되어 있다. 그렇다면 主는 환숫이 되고 七寸은 겨집을 일구어야 하는 서자부(庶子部)의 사내들이며 그 서자부의 우두머리가 바로 환숫이다. 따라서 그 삼국인들도 쓰던 '일구부'의 뜻을 최치원이 몰랐을 것 같은가?

제8장 | '여덟'의 그림과 뜻풀이

01 [진본 천부경] 하나 둘 셋 … 열 중
여덟의 '여' 그림과 뜻

위 그림을 보강하면 다음과 같이 되는데 이는 지금 우리와 4촌인 중국 천산산맥 속 로고호의 모우스 부족 집이나 고구려 무덤 벽화에 나오는 그림과 같은 처자식의 집이다.

여기에 사내는 사내들만의 마을인 서자부(庶子部)에가 있을 것이니 이 집에 사내는 없다.

즉 [신지녹도문 천부경] 일곱의 '일' 그림글자에서 위에 점 세 개는 아들로 그대로 같은 무리에 놔둔다면 근친상간이 되므로 다른 벌판에 가

서 다른 무리를 일구어야 하나 땅속의 점 세 개는 딸들로 다른 무리의 수컷이 자신의 늙은 애비를 이기고 들어오면 그 수컷의 새끼를 낳아야 한다. 따라서 위 로고호 모우스 여인들의 집과 같은 집은 사내가 없고 어미가 맏이인 가장이다.

02 [진본 천부경] 하나 둘 셋 … 열 중 여덟의 '덟' 그림과 뜻

이 그림도 '어숫'에서 예고했듯 기도하는 그림인데 이번에는 겨집의 기도이다. 즉 어숫에서 사내의 기도와는 그 모양이 좀 다르다.

[진본 천부경] 신지녹도문 어숫의 '숫'에서 사내는 앞에 '숫'이 붙어 있으므로 풀이나 베잠방이 등으로 앞을 가렸을 경우 앞에 붙은 숫을 감 안하여 불룩 나와 몸통과 다리 꺾인 부분이 둥그스럼하게 그렸을 것이 나 겨집은 그 숫이 없으니 그대로 몸통과 다리가 직각이 되도록 그린 그

림이다. 이 집엔 겨집이 마지이고 여기에서 기도의 의무는 어미 혼자일 뿐이다.

그러나 이 여덟의 '집'은 결과적으로 '일곱에서 사내들이 일군 것'이다. 요즘 말로 하면 '겨집과 자식 등 우리를 위하여 돈을 벌었던 것'이다.

이 돈은 '아홉'에 가면 완성되어 부자가 되니 '우리'를 위하여 부자가 되는 길이 바로 천부경의 수행방법이다. 이는 이미 말했듯이, 귀신을 위해 목숨을 바친다거나 자기 부모 처자식 다 굶겨가며 가진 것 다 퍼다 교회나 절에 바친다거나, 산중에서 저만을 위하여 죽을 치고 앉아 참선하는 것은 이 땅위에 이 땅의 주인인 살아 있는 사람이 할 짓이 아니다. 살아 있는 사람이 살아 있는 사람을 위한 길을 가면서 '우리'를 만들며 부자가 되는 것이 바로 인본주의인 천부경 수행의 길이다.

03 [천부인 ㅇ ㅁ △]으로 본 여덟의 뜻과 증거

(1) '여덟'과 '여름'과 '열매'
다음 그림을 다시 한 번 보자.

이 집에는 겨집과 아이들만 살았다. 아니 아래층은 뱀을 잡아먹는 돼지가 살았다. 이 집들은 여름지이(농사)를 잘한 결과, 즉 수확물을 두는 곳이기도 하다. 그러니까 수확한 곡식은 땅굴 속에 둘 수도 있지만 통풍상 위 그림 같은 집에도 두었을 것인데 그보다 씨족, 즉 처자식을 일군 집도 이런 것이 된다. 그런데 놀라운 것은 고구려의 고분인 '안악 제4호 고분'의 뒷면 배경에 고구려인들의 생활 풍속도가 나오는데, 바로 그들의 집이 위 그림과 비슷한 것이 있고 더욱 놀라운 것은, 지금도 옛 고구려의 국토 자리에 우리 민족인 묘족 등이 거의 우리말과 비슷한 말과 된장, 김치 등을 먹으며 살아가고 있는데, 그들의 집들이 바로 윗 그림과 같다는 것이다.

* 여름: 계절의 중심으로 '열매(實)를 맺는 때'를 말한다(녀름 果: 訓). 그러므로 농사짓는 일을 '녀름지이'라고 했고, 풍년을 '녀름좋다'고 했다(豊 녀름좋을 풍: 訓). 그리고 여기서 '여물다', '여미다(옷깃을)', '엮다'의 말이 파생된다. 따라서 여덟의 우리말 뜻은 '열음(果) = 여름(果) = 열매(果)'이다. 즉, 여름내 햇빛을 받은 누리가 열매를 맺어 키우듯이, '환숫의 빛을 받은 누리(곰네)가 열매(子)를 맺어 키운다.'는 말이다.

* 여드름(여들음): 청춘의 볼에 열매처럼 솟아나는 작은 종기의 일종이지만, 이것은 '여름지이'를 할 나이가 다된 처녀 총각의 볼에 난 여드름을 열매로 본 데서 나온 말로 본다.

* 여덟, 여듧, '여들비' (八은 여들비라): 숫자인 '여덟'의 어원은 무엇일까? 이는 고어로 '여듧ㅂ'인데, 이의 비슷한 말을 국어사전에서 보면 (현대국어사전 양주동 책임감수) '여들없다'가 있고, 이는 '멋없고 좋지 않다'라는 뜻이다. 그렇다면 '여들'은 '멋있고 좋다'일 것이며, 따라서 고대 사회에서 '여름지이를 잘한 것', 즉 농사를 잘 지은 것이 '여들'이다.

따라서 여름내 좋은 햇빛과 풍부한 물이 서로 얼누어 열매를 여물게 하듯 무리 사내들이 일군 겨집, ㅂ에 자식이 열매처럼 열려 있는 집이 바로 '여덟ㅂ'이다.

또 우리말의 어원으로 마누라는 '맏오래 > 만오래 > 마누라'가 된 말로 '맏'은 '맏이', 즉 '윗사람'이라는 뜻이고 '오래'의 어근은 '오라'인데, 이 '오라'는 전의 MBC 인기 연속극 대장금의 주제가 "♪오나라 오나라♪"와 같은 말이고, 이 '오나라'는 '오려나?'의 뜻이다. 이 '오라'에 감초격 접미사 '이'가 붙어 '오래'가 된 것이므로 '오래'는 '오려나? 하고 '누군가를 기다리는 문(門)'이 된다. 그러니까 '맏오래'는 문에서 '맏이(윗사람)'를 말하는 것이고, 이는 그 문안의 주인은 아이들이나 사내가 아니고 '여자'임을 말하니, '마누라'는 '문에서 사내인 애비를 오려나? 하고 기다리는 겨집'이다.

다음 애비에 대해 다시 한 번 알아보자.

* 애비: 애비는 통상 '아버지(父)'를 말하는 것 같지만 할아비는 '한아비'이고 또 할아버지가 손자에게 "네 애비 어디 갔냐?" 할 때도 쓰지만, 또 '지아비(夫)'로도 쓰여 '남편'이 되는가 하면, '싸울애비(武夫), 농부(農夫), 어부(漁夫), 광부(鑛夫)' 등 '젊은 사내'도 애비이며, '중신

애비' 나 '헛애비(허수애비)' 도 애비이다.

* 오라비: 오라비는 '올아비' 인데 '올' 은 '올벼' (이른 벼) 등에 쓰이듯이 '이른' 이며, 아비는 그대로 '아비' 를 뜻하니 오라비란 '이른 아비' 를 말한다.

이상 '아비(애비)' 가 '남편' 인지 '젊은 사내' 인지 그렇지 않으면 '아버지' 인지 헷갈리는 게 우리말이고, 그렇다면 아비의 진정한 뜻은 '섹스를 할 수 있는 젊은 사내' 이다.

* 사랑방: 세월이 흐르고 결혼제도가 생기자 자기만의 여자가 생기고, 이 자기 여자를 지키기 위하여 자기 여자네 집 앞에 보초막을 지어놓은 게 사랑채, 사랑방의 시초이다.

* 바깥양반: 평소 같은 방에서 기거하지 않고 사내는 바깥 보초막에 기거했으니 남편이 바깥양반이다. 즉 부부가 같은 방에 기거하지 않았다는 것은, 전에 살 만한 집에서는 아무리 신혼이라 하더라도 신랑은 사랑방에서 자고 신부 방에 한번 들어가려면 아버지나 하인들의 눈치를 봐가며 들어가야 했는데, 신부 방에 들어갔다 하더라도 모우스 부족 사내들처럼 날이 새기 전에 돌아와야 하는 것이 예의였다.

* 서방님: 자기 남편만이 서방님이 아니라 큰 서방님, 작은 서방님도 서방님이다.

이상으로 볼 때 대략 5,000년 전의 고대 선조의 생활이 꼭 위에서 말하는 모우스 부족과 같았으리라고 보기는 힘들지만, 같은 면도 많았을 것이다.

단, 모우스 부족은 사방이 산으로 가로막혀 외부와 단절되다 보니 전쟁이 없었고, 그러다 보니 사내들의 힘이 약화되어 일도 안하는 등 무력해져서 결국 여인국이 되었지만, 우리 선조들은 그런 환경이 아니었으니 모우스 남자들과는 좀 달랐으리라고 본다.

그러나 결혼제도가 아직 없었던 시대에서 내 여자 네 여자가 없었던 것은 사실이고, 따라서 내 아들, 네 아들도 없는 무리의 아들이며, 남녀의 성생활은 이 무리의 사내들이 씨름 등의 경기를 통하여 우수한 유전자를 전했을 것이라는 근거는 위에서 열거했듯이 사실이었을 것이다.

04 명마산 글쓴 바위에 나타나는 八 자로 본 증거

명마산 글씨바위에서 수도 없이 많이 써진 글자는 八 자도 엄청 많이 나타난다.

여러 개의 八자, 작은 八자 둘은 口속에 들어 있다.

(1) 八에서 아기가 나옴

(2) 八자에서 아기가 나옴

(3) 아기만 따로 보기

이렇게 명마산 글씨바위에 八 자가 수도 셀 수 없이 많다는 것은 당시
인들이 多産을 빌었기 때문으로 본다.

金文으로 八 자로 본 증거

출처: [圖釋古漢字](能國榮 著, 濟魯書社刊)

위 그림 글자 갑골문이나 다른 글자도 그렇지만 특히 금문 3은 八 자로 표시된 사이에서 사람이 나오니 결국 八은 겨집의 다리사이 구멍이란 말이고 따라서 八 자는 겨집이 자식을 낳아 기르는 집이니 이도 숫자와는 아무 상관없는 겨집의 구멍이다.

다음은 여덟의 '여' 가 되는 열매, 즉 實의 금문을 보자.

實[实]

"实"的本义是殷实, 富裕。《说文》: "实, 富也。从宀, 从贯。"这里的"贯"是"田"和"贝"的误写。金文(1)最初写作" "。上边的"宀"是房屋形; 中间是长满苗的"田"; 下边是表示货币的"贝"。可见有房有田有钱自然是富裕, 殷实人家了。后金文或从宀、田、贝, 或从宀、贯(贯是钱串), 字义可通。小篆随宀、贯写作" "。直至今文。

出处: [圖釋古漢字](能國榮 著, 濟魯書社刊)

여기 金文 1, 2는 '집안에 아기와 조개' 가 있는 그림이고, 금문 3은 그 아기가 '밭(田)' 으로 변했다. 그러나 집 안에 밭이 있을 수 없으니 이는 '일곱에서 사내가 겨집과 아들과 그들이 먹고 살 밭을 일구어 놓았다' 는 말이다.

이는 우리말에 "농사 중에 가장 좋은 농사는 자식 농사"와 같다는 말과 같다 따라서 이 역시 처음 글쓴이가 예측한 대로, '여덟'이란 '사내가 일군 결과'이고, 따라서 여덟이란 '열매'이며 '겨집과 자식의 집'이란 말이다.

06 최치원의 81자로 본 八

최치원의 81자 해석은 위와 같이 六生七八九의 八에서 나오나 이도 다음 하권 최치원 81자 해독에서 자세히 설명된다.

07 사내만 납치해가는 모우스 부족 여인과 삼장법사 현장 이야기

여기까지 읽느라고 골머리를 싸매신 읽는 이들을 쉬어가기 위하여 우선 얼마까지도 문명이라고는 전연 들어가지 않고 중국 정부에서도 소수민족으로 그 생활 상태를 그대로 보전, 보호하고 있는 중국의 오지의 부족 중, 모우스 부족과 그 여인들에게 납치당하여 죽을 고생을 한 삼장법사 현장의 이야기를 우스갯소리로 소설을 써보자.

• 모우스 부족의 소개

중국 광동성에서 기차를 타고 일주일인가 얼마를 가야 하고, 거기서도 하늘과 같이 높은 천산산맥을 넘어가면 그 너머에는 엄청난 분지와 호수가 있는데, 이 호수 이름이 '로고호' 이다.

이 호수는 천산산맥으로부터 눈 녹은 물이 흘러들어와 항상 깨끗하여 물을 그대로 떠먹어도 좋고, 따라서 물고기들을 그대로 잡아 날로 먹어도 걱정할 게 없다.

여기에는 지형상 몇천년 전인지부터 뿌리를 박고 사는 부족이 있는데, 이들은 몇 마디 안 되는 그들만의 언어로 문자도 없이 독특한 생활을 하고 있다. 이들이 바로 모우스 부족이다. 즉 변동하는 외부문화와 철저히 차단된 원시 인류의 철저한 박물관 같은 곳이다.

이 모우스 부족이 기록상 처음 밝혀진 것은 당나라 시대 삼장법사 현장이 인도로 불경을 구하러 가면서 이 부족에게 납치되어 고생을 한 기록, 즉 [서유기]를 통해서이다.

때는 바야흐로 호랑이가 담배 피던 시절이 아니고 금연했던 당나라 어느 때이던가?

현장의 아버지는 출중한 미남에다가 머리도 천재라 과거에서 장원급제를 했다. 그래서 공주와 결혼을 하고 수도에서 몇만 리나 떨어진 어느 성주로 부임하러 떠나게 되었다. 물론 갓 결혼한 공주와 함께 며칠인가 몇 달을 마차로 달린 뒤 강을 건너게 되었다.

중국 땅은 한국과 달리 강도 무척 넓어 강인지 바다인지 모를 정도다. 이 강 한가운데서 미리 정보를 입수한 힘이 장사인 도둑에게 잡혔다.

다급해진 일행은 112로 핸드폰을 쳐보았지만 기지국과 거리가 너무 멀어서 그런지 서비스 지역이 아니라나 ….

　도둑들은 현장의 아버지와 수행자들을 죽여 강물에 던지고 공주를 인질로 잡았다. 공주도 자결하려 했지만 복중에는 이미 현장이 들어 있었고, 남편의 마지막 유언은 이 아이를 잘 키워 꼭 복수를 해달라는 것이었다.

　두목은 현장 아버지의 주민등록증과 임명장의 사진을 바꿔 붙인 다음, 도장과 모든 서류들을 빼앗고 자기가 새로 부임하는 성주인 체 빼앗은 임명장으로 성을 접수했다. 그리고 공주를 아내라 하였는가 하면 글씨깨나 잘 모방하는 부하를 구해 현장 아버지의 필체를 그대로 위조, 도장을 찍고는 무사도착 보고도 했다.

　달이 차자 현장이 태어났을 때 두목은 현장을 칼로 죽이려 했으나, 공주는 "제발 마누라 노릇 순순히 해줄 테니 아이만큼은 무참히 칼로 죽이지 말고 강물에 띄워 내버리자"고 애원했다.

　도둑은 강물에 띄워 보낸다고 살 것도 아니니 그러라고 했고 공주는 혈서로 이 피나는 사연을 일일이 기록한 다음 아기와 함께 갈대 바구니에 넣어 강물에 띄워 보냈다.

　얼마의 시간이 흘러서 강 하류에서 어느 스님이 이 바구니를 건져 자기네 절로 데려다가 젖동냥을 다니며, 아니지 이는 심봉사 이야기고, 양과 염소의 젖을 짜다 먹이며 이 아기를 친자식처럼 키웠다. 물론 그 누군가가 보면 관가로 알려달라는 혈서는 감춘 채….

　현장은 그 아버지를 닮아 하나를 가르치면 열을 아는 천재였다.

　스님은 현장에게 불법도 가르치는가 하면 비싼 강남의 과외비도 마다 않고 영어니 수학이나 또 고등고시 준비도 시켰다.

　한편 도둑은 양민의 재산을 수탈하여 1년에 몇 번씩 황제에게 진상품을 올리며, 이 지방은 나쁜 도둑들이 많이 있으나 자기가 다 평정하고 지금은 태평성세니 염려 말라고 보고했고, 공주도 어느새 힘이 센 도둑의 품에 녹

아들었다. 즉 그 방면에는 백면서생이었던 현장의 아버지와는 달리, 이 도둑은 그 억센 힘과 기교로 공주를 매일 밤 기절하게 하니 공주는 어느덧 전남편과 현장을 잊게 되었고, 그러다 보니 공주는 애를 몇 명씩이나 낳았다.

황제는 딸과 사위가 너무 오래 외지에 떨어져 있는 것이 안쓰러워 도로 불러들이려 했으나 그때마다 공주는 여기는 태평성세라 살기가 좋고 백성들이 떠나지 말라고 촛불시위까지 벌여 그대로 거기에 눌러 살고 싶다는 편지를 했다.

세월이 흘러 현장이 장성하고 고등고시, 아니 과거가 있자 현장은 과거에 응시, 역시 장원급제했으며, 또 어여쁜 공주는 현장을 사모하여 황제도 현장을 부마를 삼으려 하자 현장도 이 아름다운 공주를 보고 여기에 반해 중이고 나발이고 공주와 결혼하고 벼슬길에 나가려 하였다.

그제야 스님은 그 혈서를 현장에게 보인다. 현장은 물론 아연실색, 이 혈서를 황제에게 올리고 현장으로부터 이 혈서를 전해본 황제는 화가 머리 끝까지 치솟아 군사 몇만 명을 주며 당장 그 성을 점령하고 그 도둑과 도둑의 씨가 있다면 한 놈도 살려두지 말고 참살하라는 명령을 내린다.

현장은 당장 그 성으로 달려가 그 도둑을 참살한 것까지는 좋은데, 그 도둑의 씨들이란 바로 그간 어머니가 낳은 도둑의 자식들, 즉 아비가 다른 형제들일 줄은 몰랐다.

현장의 어머니는 현장에게 애원한다. "제발 애들 목숨만은…."

그러나 국법이 지엄하거늘 … 망설이는 현장을 보고 그 부하들은 하는 수 없이 국법에 따랐다. 그러자 현장의 어머니는 목매어 자결하고 말았다.

한편 전승의 환호가 아니라 피눈물을 흘리며 쓸쓸히 돌아온 현장에게 스님은 말한다.

"중생들의 업보가 다 그렇거늘 … 너는 공주와의 결혼을 포기하고 서장(西藏 인도)으로 건너가 불경이나 구해 오너라."

"스님은 이렇게 될 것을 미리 다 알고 계셨죠?"

"그렇다. 그러나 네가 그렇게 하지 않았어도 그 도둑과 네 어머니는 언젠가 들통나 그렇게 죽게 된다."

"그렇더라도 저의 손으로 어머니를 죽이게 하고 저의 가슴에 이렇게 피눈물 나는 대못을 박게 하시다니요?"

"잘 들어라! 지금 우리가 쓰고 있는 불경은 대부분 구전된 것이라 엉터리가 많고 또 범어(梵語, 산스크리스어)로 기록된 것도 있기는 하나 이는 모두 범어를 모르는 엉터리들이 번역하여 부처님 말씀을 왜곡하고 제멋대로 써놓아 불법에 오해가 많구나."

"그 동방예의지국에 있다는 하느님 말씀 [신지녹도전 진본 천부경] 글자를 글쓴이 구길수란 놈 이외엔 아무도 해독하는 사람이 없어 음양오행설 등 엉터리로 해독하고 있다는 것과 같다는 말씀입니까?"

"그랴! 그러니 너는 지금 당장 서장으로 건너가 이 범어를 완전 통달하여 박사가 될 때까지 공부하고 돌아올 때 범어로 된 불경을 모두 구해가지고 와서 이것을 네 평생 번역하거라. 그 [신지녹도문 진본 천부경]인지 뭔지는 구길수란 놈 이외에 아무도 해석할 놈이 없듯이 이것은 너 아니면 아무도 할 수 없고, 그게 네 업보를 소진하고 중생을 구제하는 길이니라. 그까짓 공주와 늙어죽는 게 대수냐?"

"서장은 무척 멀다고 들었는데요."

"그렇다. 비단길(실크로드)을 따라 가야 하는데 말이 길이지 사람은 아직 별로 다니지 않는다. 왜냐하면 이 길이 얼마나 험한지 사막을 한 달씩이나 가다가 목말라 죽고, 여기서 겨우 살아남아 숲이나 물이 있는데 가면 이번에 사람을 잡아먹는 요괴들이 들끓거리니 만약 백 명이 가면 한두 명 살까말까 한 험악한 길이다. 이 길을 네가 가겠느냐?"

"그렇다면 제가 가겠습니다."

현장은 차라리 그러고 싶었다. 그렇지 않고서는 그 피나는 가슴을 달랠 길이 없었다.

스님은 현장의 보디가드로 천하의 말썽꾸러기 손오공을 붙여주었다. 이놈의 몰골은 꼭 원숭이를 닮았는데, 그래서 그런지 산이나 나무를 타는 것이 비호와 같고 힘이나 용력이 당할 자가 없는데, 얼마나 말썽꾸러기인지 이놈이 나타나면 사람들이 살 수가 없는지라….

그래서 스님은 도술로 이놈의 머리에 철테를 씌우고 바위 굴속에 가둬 두었던 것이다. 이런 놈을 풀어서 순박한 현장의 경호원을 하라는 것이니…. 이 말을 듣고 먼저 웃은 건 손오공….

"저 녀석이 제 말을 들을 것 같습니까? 스님?"

"안 들으면 '일시무시일…' 아니지 그건 최치원 천부경 소리이고, '수리수리 마수리 대갈통 죄어져라'를 외우거라. 그러면 저 철테가 죄어져 저놈의 머리통이 깨어질 테니… 그리고 네 임무가 무사히 끝나면 저 철테를 풀어 주거라. 하긴 그때는 철테가 없어도 말썽부리진 않을 테지만…."

현장은 이 말썽꾸러기 손오공을 데리고 가다가 불타는 개울(지금 유전)에서 불타 죽을 뻔도 했고, 꼭 돼지 같기는 하나 힘은 장사인 저팔계에게 죽을 뻔도 하였으며, 또 물귀신같이 헤엄을 잘 치는 사오정을 만나 또 죽을 뻔했으나 그래도 손오공 덕에 이 녀석들까지 제자로 삼아 데리고 가는데, 여기의 자세한 이야기는 생략하고….

한편 죽을 사막의 땅을 겨우 벗어나자 손오공 놈이 '밥도 안 주고 일만 시킨다'며 불평하고 산으로 도토리를 따먹으러 가고, 저팔계는 호박을 하나 따서 통째로 먹고 그대로 낮잠을 자고 있으며, 사오정은 개울로 송사리를 잡아먹으러 간 사이, 현장은 숲 속에 숨어 있던 요괴들에게 납치되는데, 요괴들은 저팔계는 아예 돼지로 봐 그대로 두고 현장만 납치해 간다.

이 요귀가 바로 모우스 여인국의 여인들이다.

모우스 부족은 먼저 말했듯이 높은 산에 가로막혀 외부에서 알 수 없는, 그래서 외부와의 세계에서 단절된 채 그들만의 전통이 수천년간 전해오는 부족인데, 그들이 그 높은 산을 넘어와 사내들만을 납치해가는 이유는 딱 하나, 종자를 개비하려는 것이다.

여기서 이야기를 다시 돌리자.

지금 재야 사학계에서는 인류가, 특히 우리의 조상들은 몇천년 몇만년 전부터 호화로운 궁궐을 짓고 신선과 같은 옷을 입고 선녀와 같은 여자들과 성스러운 결혼을 하며 살았다고 꿈을 꾸고 있다.

그러나 이는 동물의 세계나 인류 발달사를 보더라도 천만에 만만에 뚱딴지 캐먹는 소리이다. 재야학계에서 이런 근거 없는 뚱딴지 캐먹는 이야기나 자꾸 하니, 학계에서는 아예 재야학계 이야기는 들으려고도 하지 않고, 그러면 재야학계에서는 기존 학계를 이병도 반민족 사관으로 보려 한다.

인간도 동물인 만큼 그들의 본능은 벗어날 수 없는 것이 자연의 섭리이다. 지금도 아마존 유역이나 아프리카 오지, 그리고 중국의 오지에서 문명과 철저히 단절된 오지부족들의 생활상을 보자. 현재까지 이런 짐승과 같은 생활을 하는 오지인들은 사람의 씨가 아니고 짐승들의 씨이며, 우리 조상들만 사람이라 수천년, 수만년 전부터 문화생활을 했다고 믿을 것인가?

인류도 처음에는 짐승과 같았을 것이고, 다만 별다른 무기가 없는 인간에게는 머리 쓰는 것이 무기였을 것이다.

그래서 머리를 썼고, 이것이 부족 간 전쟁 등을 통하여 서로 교환되다 보니 차츰 문명이 생겼을 것인데, 이 문명이라는 것도 신석기나 청동기 시절이 되면서 그제야 시작되었다고 볼 때, 그 이전, 즉 구석기 이전은 그야말로 동물과 별로 다를 것이 없었을 것이다.

또 인류가 동물과 다른 만물의 영장이고 고등동물이라는 것은 인간의 알량한 자부심에 불과하며, 지구 위에서 생명들이 살아가는 자연섭리, 즉 神의 섭리로 볼 때, 가지고 가지도 못할 먹잇감(돈)을 싸놓고 또 쌓아 놓느라고 피땀을 흘리며 평생의 세월을 거기에 다 소비하고, 또 동물들 은 자유로이 넘나드는 본래의 땅덩이에 인간만이 쓸데없이 금을 그어놓 고 서로 죽이고 있는 것을 동물이 본다면 세상에 어리석은 동물은 인간 이라고 할 것이다.

하여간 인간도 동물인 이상 동물의 본능을 알기 위하여 사자를 예로 들자.

사자의 수컷은 무리를 통솔하지만 일은 하지 않는다. 사냥도 암컷이 사냥하면 제일 먼저 가서 맛있는 부위부터 잡숫는 건 수사자이고, 이때 그 사슴을 잡아온 암놈까지도 침을 흘리며 숫사자의 식사가 끝날 때까 지 기다리는 수밖에 없다. 그러나 딴 무리들과 일단 전쟁이 나면 목숨을 걸고 자기 무리를 보호하는 것은 이 수컷들이다. 사자나 곰이나 유인원 인 침팬지나 오랑우탄이 모두 그렇다.

이 동물의 본능이 그대로 살아 있던 곳이 지금 말하는 모우스 부족이다.

이곳은 남녀가 한 집에 함께 사는 것이 아니라 사내 따로 여자 따로 사는데, 일은 여자들이 하고 사내들은 놀고만 있다가 여자들이 지어놓 은 곡식만 갖다 먹는다.

물론 산에서 나무를 베어다가 여자네 집을 짓거나 무겁고 어려운 일 을 할 때야 사내들 무리가 나서지만 보통 일은 모두 여자들 차지이고,

사내 무리들은 외적에 대비하여 제식훈련이나 총검술, 사격 훈련 등, 군사 훈련만을 해왔다. 그러나 몇천년이 흐르도록 외적이라는 것은 나타날 수 없는 곳이 이곳이니…. 이곳 사내들은 로고호 상류 솟아나는 온천에서 10분 휴식한다며 목욕이나 하는데, 이놈의 10분이 하루가 되고, 한 달, 일년… 몇천년이 흘렀다. 그렇다고 심심하면 고스톱이나 쳐야 할 텐데 군부대에는 화투가 없으니 자연 여자 다루는 기술과 이야기일 수밖에….

한편 이곳 여자들의 집은 지금도 아래 원두막 같은 집들이 둥글게 죽 붙어 있게 해놓고 사는데, 여기 안마당은 공동 작업장, 공동 취사장이고, 아래층에는 돼지 등 짐승들을 기르며, 윗층은 초경이 시작된 계집아이에서 월경이 아직 끝나지 않은, 즉 젊은 여인들이 방 하나씩을 배정받아 사는 곳이다.

그러니까 소녀가 14~15세가 되어 초경이 시작되면 성인식을 치르고 이 방 하나를 배정 받는데, 이때 이 소녀에게 가장 먼저 성교육을 시키는 사람은 사내들 중에 가장 나이가 지긋한 사람으로 6개월쯤 단골손님이 되고, 이 소녀가 뭐 좀 알게 되면 그때부터 손님을 받다가 늙어 월경이 끝나는 할머니가 되면 방을 반납하고 가운데 공동 생활소로 내려온다.

이 여인들은 낮에는 공동으로 일을 하지만 밤이 되면 아기들은 할머니들이 돌보고, 젊은 여자들은 맑은 호수에서 목욕을 한 다음 머리에 꽃을 꽂고 손님을 받으러 자기의 방으로 가서 문을 열어놓은 다음 대장금이 노래를 부르며 손님을 기다린다.

"♬오나라 오나라 아주오나, 가나라 가나라 아주 가나…♬"

그리고 손님이 오면 문을 닫는다. 그러니까 다음 손님은 당연히 문이 열린 집만을 찾아가야 한다.

그러니까 사내들이란 여자와 한 집에 사는 것이 아니라 사내아이가 일단 일곱, 여덟 살이 되면 어머니들이나 할머니들로부터 떨어져 나와 무리아들(庶子)들이 사는 부락(部落)으로 간다.

여기서 어머니들이나 할머니 '들' 이란, 젊은 여자가 일단 임신을 하거나 아기를 낳으면 '임시 휴업' 의 간판을 자기 방문 앞에 내걸고, 여자 공동체로 가서 자기 자식한테만 젖을 먹이는 게 아니라 다른 젖먹이 아이한테도 똑같이 젖을 먹이고 같이 돌봐주고, 할머니들도 내 손자 네 손자가 없이 역시 그러니 아기들은 어느 것이 자기의 친엄마인지 할머니인지 알 수도 없고 알 필요도 없다. 그래서 엄마들이고 할머니들이다.

이렇게 크던 사내아이들이 엄마들을 떠나 사내부락으로 오면 선배로부터 군사훈련을 받아야 할 텐데 군기가 개판이 되어 훈련도 안 하고, 그렇다고 여자들이 다 일해서 곡식을 만들어주니 일할 필요가 없어 하루 종일 놀기만 하는데, 일단 여자들이 일을 해주니 사내들은 그 여자들을 위해서 어떻게 하면 여자들을 즐겁게 해줄 것인가를 연구하게 된다.

그래서 이 아이가 14~15세로 성장하여 사내가 되면 여자들 중에 가장 나이가 지긋한 여인이 선정되어 이 소년을 성교육시키고, 이 소년이 또 뭔가 알 만하면 그때부터는 자유로이 밤마다 여자네 집으로 손님이 되러 나간다.

그리고 이들은 밤에 여인네 손님으로 갔다가 날이 새기 전에 무리아들 부락으로 돌아오는데, 왜냐하면 하룻밤 같이 했던 여자는 날이 밝으면 빨리 도망을 가야지, 그렇지 않고 더 이상 퍼질러 있다가는 **뼈도 남지 않는다.**

그런데 이렇게 여자 집 손님이 되는 사내들은 특정한 여자네 집이 없고 골고루 다니는 게 그 동네의 예의이며 그 부대의 법도이기도 하다. 즉 모두 젊고 예쁜 여자네 집만 찾아간다면 늙고 못생긴 여자는 매일 밤 공을 치니 골고루 다녀줘야 한다는 것이다.

따라서 그들은 내 여자, 내 사내가 없으니 여자건 사내건 질투가 뭔지도 모르고, 질투라는 말도 없으며, 또 결혼을 하지 않으니 결혼이란 말과, 아비가 누군지 모르니 아비라는 말도 없다.

이렇게 사내들이 여자네 손님이 되다 보니 그래서 이 집 구조는 위 원두막 그림에서 보았듯이 누구의 간섭 없이 아무나 여인의 방으로 들어가기 좋게 외부로 사다리가 놓여 있다.

또 위에서 일은 여자들만 한다고 했는데, 일이란 모두가 옥토이니 씨를 뿌리기만 하면 곡식이 여물고 물에는 고기 반, 물 반이니 뭐 힘이 들 것도 없고, 하나라도 더 수확하려고 애쓸 필요도 없다. 그저 그들이 먹을 만큼만 농사짓고 고기 잡으면 된다.

* 모우스 족의 DNA

모우스(摩梭)족에 대한 DNA 검사 결과, 부계는 우리와 사촌인 티베트족(藏族)이고 모계는 리장(麗江)에 살고 있는 소수민족인 나시(納西)족이었다.

야후에서 퍼온 사진

 그러다 보니 이 여인들은 들꽃을 따다가 머리에 꽂고 일 조금하고 노래 부르고 춤추고, 또 일 조금 하고 노래 부르며 춤추고….

 또 여기 여자들이 일단 배정 받은 방은 늙어 손님을 받을 수 없을 때까지는 자기 방이고, 늙어 여인 공동체로 내려와도 젊은 것들이 잘 돌봐줘 여생이 보장되니 돈이나 경제란 말도 아예 없어, 길바닥에 황금이 떨어져 있은들 가져가는 놈도 없고 도둑도 있을 수 없다.

 여기는 모계 중심사회로, 아직은 젊고 똑똑한 할머니가 통반장 다 해먹고, 이 통반장을 하며 부정축재할 일도 없으며, 또 통반장도 어느 정도 나이가 차면 다음 사람에게 인계해야 하니 권력욕 같은 것도 없다.

 이런 이들에게 지금 결혼제도가 있고, 아버지라는 단어가 있으며, 내것과 돈이라는 것이 있다는 현재 문명 사회제도가 있다는 것을 말하면 그들은 깜짝 놀라며, 한 남자와 한 여자가 어떻게 지겹고 재미없게 일생을 같이 살 수 있느냐는 것이며, 개인 것, 그리고 돈이라는 것이 있다면 매일 싸움질이나 할 것이니 어떻게 살겠느냐고 한다.

 그래서 그들은 그런 문명 제도야말로 참으로 미련한 인간들이나 하는 짓이라고 오히려 현재의 문명인들을 비웃고 있다.

 이들의 종교는 우리 고대인들의 기도 의식과 같다. 즉, 먼저 [환나라

본기]에서 말했던 것과 같이,

[환국본기桓國本紀] 朝代紀曰古俗崇尙光明以日爲神以天爲組萬方之民信之不相疑朝夕敬拜以爲桓式(조대기에 말하되 옛 풍습은 빛을 숭상하여 해로써 神을 삼고 하늘로써 조상을 삼았으니 만방의 백성들이 믿고 의심치 않아 환한 무리 방식으로 조석으로 경배하였다).

이와 같이 그들은 아침저녁으로 조상을 하늘 삼아 제사 의식을 드린 후에 밥을 먹는데, 여기서 조상이란 현재 우리처럼 씨족의 조상이 아니라, (하긴 성이 없으니) 자기들을 낳게 해준 양쪽 조상 모두이다.

그런데 이들에게 문제가 생겼다.

즉, 아무 것도 안 하고 노는 심심한 사내들 하는 일은 곡식을 주는 여자들에게 보답하는 일이고, 즉 사내들의 임무가 국방수호가 아니라 여자에게 보답하는 것으로 바뀌다 보니 자연 여자 다루는 기술이 발달하고, 이렇게 되니 여자들은 사내 맛을 알아 사내를 밝히게 되는데, 그러다 보니 사내들 나이는 40이면 장수하는 거라.

이렇게 사내들 수는 자꾸 줄고, 그러다 보니 여자들은 사내들 만나기가 점점 힘들어지고 공치는 날이 많아지니 그러면 그럴수록 어쩌다 들어온 사내에게 본전을 빼려고 하룻밤에 열 번씩이나 그걸 강요하고, 안 되면 비아그라 같은 약초만 마시게 하니 사내의 숫자가 기하급수적으로 줄어들 수밖에…. 그래서 사내들은 날이 밝기가 무섭게 도망가는 것이다.

그리고 또 한 가지 큰 문제는 이러다 보니 근친상간이 되어 무지렁이나 기형아만 낳게 된다. 그래서 외부에서 새로운 씨를 받아와 종자를 개비하려 한다는 것이고, 이 역시 동물의 본능이다.

그래서 그녀들은 종자를 갈기 위해서 그 높은 산을 넘어가 지나가는 사내들을 납치하게 되었고, 여기에 걸려든 것이 바로 위에서 말한 현장 스님이었다.

그런데 지금 이 종족 여자들은 위 그림에서 보듯이 얼굴도 예쁘고 키도 크다. 그 이유는 대략 400년 전 외부 군대 일개 사단이 여기에 사람이 살고 있다는 것을 알고 쳐들어왔다.

이때 그 군대들은 창과 칼을 날카롭게 갈고 쳐들어왔으나, 이 군대를 맞이한 사람은 모두 여자들뿐으로 무기로 대항하는 게 아니라 꽃다발을 목에 걸어주며 먼저 방으로 끌고 들어가 바지부터 벗기는 게 외침에 대한 대응이니….

결국 이 군대는 군기가 犬판이 되어 상관이 이제 도망가자고 해도 가지 않고 버티고 있는가 하면, 상관조차도 이 수렁에 빠져 헤어나지를 못하다 보니 결국 총 한 번, 아니 칼 한 번 제대로 써보지도 못하고 이 군대는 3년 만에 전멸하고, 겨우 살아 도망간 녀석이 자기 잘못을 변명하느라고 보고한 기록에 "이 나라에는 사람은 없고 요괴들만 들썩거려 누구든지 가기만 하면 뼈만 남아 죽는다."라고 하였으니 그 후 사람들은 이 근처를 얼씬도 하지 않으려 하였다.

그래서 이 전쟁 덕분에 여기의 사람들은 유전자가 교체되어 그런지 하여간 그녀들의 얼굴은 꼭 우리와 같은 몽골리언인데 키가 좀 크고 얼굴도 아름답다.

이렇게 남녀가 犬판인 성생활을 하는 그 부족을 지금 우리 문명인은 미개한 족속이라고 비웃고 있다. 그러나 현재 우리 한국의 이혼율은 세계의 최상위. 즉 100쌍이 결혼하면 49쌍이 이혼이고 결혼율도 해마다 줄고 있다. 그런데 이런 현상은 우리가 먼저가 아니고 서구 쪽 문명인이 먼저이다. 즉, 그들은 아예 결혼을 않겠다고 하는 것이 풍속이 되었고, 우리는 이들의 못된 풍속부터 받아들여 이제는 그들보다 더한 형편이다.

더욱 웃기는 것은 부부만의 잠자리에 싫증을 느낀 서양인들이 '스와핑'이라고 부부를 맞교환하여 하룻밤을 즐기는 풍속인데, 이런 못된 것도 수입하여 유행시키는 우리 젊은이들을 보면 도대체 현재 우리의 결혼제도를 어떻게 하자는 것인지 모르겠으나 하여간 지금 일부일처 결혼제도는 아마 천년, 아니 백년 후에는 없어질 것이다.

이것은 다음 '열'에서 말한 자아, 즉 자존심만 살아 있는 것이 현대인인 이유도 있겠지만, 바로 프리섹스나 즐기자는 이야기일 수도 있다.

그렇다면 현재인류의 결혼 풍습을 1000년 후 자손들은 어떻게 생각할 것인가? 아마 "우리 조상들은 얼마나 미개했는지 그래 한 남자 한 여자가 결혼이라는 족쇄를 채워 일생을 같이 살았다더라." 할지도 모른다.

이는 물론 그 동기는 다르지만 결과는 같은 것이고, 그렇다면 우리가 지금 그 오지인들의 犬판 성생활을 비웃을 수만은 없다.

중간 다 생략하고 그래서 현장은 죽을 고비를 천 번, 만 번이나 넘어 드디어 인도에 가서 16년 동안 범어를 배우는 한편, 똑똑한 인도 스님 댓 명을 영어, 아니 한자교육을 시키어 코끼리 열 마리에 범어로 된 불경을 싣고 중국으로 돌아와 불경을 번역하는데, 현장이 번역한 한자 불경을 인도 석학이 다시 범어로 번역하여 그 범어 번역문이 원 범어 불경과 같아야 했다니 얼마나 정확을 기한 것인가?

하여간 현장 덕분에 우리는 현재 한자 불경을 어렵지 않게 볼 수 있는 것이니 현장의 공덕은 정말로 천추에 남을 것이다.

일본인들은 위 이 만화 같은 내용을 무시하지 않고 불타는 개울에서 유전을 찾아내었고, 그 요괴의 여인국에서 모우스 부족을 찾아낸 것인데, 이런 모우스 부족의 풍습은 30년 전까지만 해도 그대로였단다.

그러나 지금 중국 정부는 그곳에 관광객까지 받아들이고 있으니 또 하나의 인류문화 유풍 하나를 파괴한 꼴이 된다. 물론 남자 관광객들은 특별히 성병 등 질병 검사를 한다지만, 그들이 들여가는 일반 다른 병균은 온실 속의 꽃같이 저항력이 없을 그들을 죽일 수도 있고, 더 큰 문제는 그들이 물질문명의 맛을 알게 되어 그들만의 풍속이 훼손될 것이라는 것이다.

진본 천부경 상권을 마치며

다음 하권에서는 홍익인간이라는 [진본 천부경] 신지녹도문 아홉 열과 하늘 사람인 참 사람이 살아가는 길로 이는 우리 하느님 분신인 사람이 어떻게 하면 불행 없이 건강하게 잘살다가 다시 하늘로 귀화할 것이며 어떻게 하면 쉽게 돈을 벌어 부자가 될 것인가와 또 하늘로 귀화하는 날까지 건강하게 잘살다가 자는 듯이 하늘로 갈 것인가가 쓰여 있고 또 최치원의 81자 이두 풀이, 최치원이 우리 글자가 없어 할 수 없이 신지녹도문 하나 둘 셋 … 열 설명과 예찬을 一始無始日 … 一終無終一이라는 81의 이두 시로 써놓고 후대에 알아줄 이를 기다리며 쓴 시 추야우중(秋夜雨中), 그리고 계연수의 천부경 풀이와 지금껏 가장 잘 되었다는 김영의 천부경 풀이, 또 아들은 많이 낳게 해달라는 평양 법수교 기천문 해독, 그리고 중국의 국보가 아니라 우리의 국보가 되는 환웅족과 곰네족이 단군을 낳고 축제를 벌인다는 [창성 조적서비] 해독과 특히 우리의 조상 소리가 빠졌으니 일연의 삼국유사보다 못하다는 김부식의 [삼국사기]에서 고구려, 백제 신라인들이 하나 둘 셋 … 열이 숫자 이외에 하느님 말씀으로 알고 자주 썼음을 자세히 해독한다.

ㄱ ㄴ ㄷ … ㅎ의 뜻을 말하는
[천부인 ㅇ ㅁ ㅿ 비밀] 상, 하

하느님이 우리 민족뿐 아니라 전 세계인이 쓰라고 역시 천부경과 함께 내려주신 하늘과 땅과 사람이라는 [천부인 ㅇㅁㅿ]에서 ㅇ은 ㅎ 등을 만들고 ㅁ은 ㄱ ㄴ ㄷ ㄹ ㅂ 등을 만들며 ㅿ에서 는 ㅅ ㅈ ㅊ을 만들었으므로 우리 글자 ㄱ ㄴ ㄷ … ㅎ 속에는 각자 뜻이 들어 있고 그 뜻만 알면 우리의 희미한 상고사는 물론 왜 目, 眼이 같은 눈인지, 또 글과 馬도 같은 말인지 알게 되며 이 외에 우리말에서는 수도 없이 同音異義의 말들이 많은데 왜 그런지? 또 우리의 순수한 말인 생 식기 이름이 왜 욕에서나 쓰게 되었는지 알게 되며 그 외에 천지만물이 왜 그렇게 이름이 지어 졌는지 알게 된다. 특히 이 글에서는 중세어와 현대어를 포함한 말 글의 뜻을 풀었으며 세종은 자방고전이라 하여 옛 조상의 글자를 본받았다는데 옛 조상의 글이란 유기에 나오는 신지신획 으로 훈민정음과 같은 글자이다. 또 기계화된 이때 한자는 올려놓을 자판도 없어 알파벳을 빌 려 전환 키를 눌러야 하는데 처음 배우려면 한자와 같이 어렵고 알파벳 역시 글자와 음이 달라 어려운데 우리 글자는 너무 쉽고 못 적을 소리가 없는 훈민정음으로 아직 글자가 없는 민족은 물론 사라져 가는 말들을 그대로 적을 수 있으며 또 세계 공용 문자를 만들어 다시 한 번 홍익 인간을 하자는 것이다.

(책 구입방법: 전국 유명 서점이나 천부경.net 또는 http://cafe.daum.net/chunbuinnet 안내)

도학 공안 소설
[오륙도가 하나로 보일 때 원죄의 사슬이 풀리리라] (전자출판)

시골에 부모님이 짓던 작은 전지만 있던 주인공 진호는 1960년대 제대 후 건축자재상을 하는 사촌형을 찾아 가는 길이었는데 그때 어쩌면 숙명적 운명 같은 너무나 아름다운 아가씨를 길에서 만나고 공사장 잡역부를 하면서 숙명 같은 아름다운 아가씨를 잊지 못하나 그녀와 결혼이라도 하려면 우선 돈을 벌어야 한다고 생각하고 피나는 노력을 한다.

一切唯心所造이고 네 믿음대로 되리라 하듯 그는 산꼭대기 무허가 땅을 싸서 집을 지은 다음 3년 만에 그 동네 부자가 되고 건축업자가 되는데 또 우연히 그렇게 그리던 그녀와 만나 어렵게 결혼까지는 하지만 …. 결혼 후 그는 귀여운 딸과 아들을 낳아 천국 같은 결혼생활을 하지만 아내는 "나는 나일 뿐이다" 라는 생각으로 저지른 실수가 엄청난 불행의 씨앗이 되어 누구보다도 행복한 무한 천국 생활에 빠졌던 주인공은 무한지옥으로 빠져 헤맨다. 이때 어떤 신부의 천국의 열쇠는 주만이 가지고 있다는 쓰잖은 말보다 복수를 해야 한다는 창녀의 말을 듣고 복수도 돈 버는 것처럼 철저히 하지만 복수의 허무함을 느낄 때 밥이나 얻어먹던 거지 스님의 공안을 돈 벌 때처럼 피나는 노력으로 풀어 결국 그 원죄에서 벗어나 다시 행복한 생활을 한다는 실화 같은 도학 공안 소설.

(책 구입방법: 천부경.net 또는 http://cafe.daum.net/chunbuinnet 안내)

천부경 도학소설
[넘새누나의 부자 되는 길] (전자출판)

이 글은 글쓴이 카페에서 몇 년간 전체 메일로 보내던 실화 같은 글로 너무 아슬아슬하고 재미있다 하여 정리한 것이다. 넘새누나는 딸들뿐인 가난한 집 막내로 태어나 개울에 버려지려는 순간 한학자이었던 글쓴이의 엄친 때문에 살아난다. 글쓴이를 봐주며 자연 섭리를 살피고 한학을 공부하여 홍수 등 재난에 빠진 사람들을 살려주고 좋은 신랑을 만나 결혼하나 6.25가 터져 그 시아버지는 인민재판을 받아 죽고 시어머니는 쓰러져 중풍에 걸린다. 신랑과 인근 연평산으로 피신했으나 생존훈련으로 못 먹는 벌레가 없었으며 심지어 자신의 똥이나 오줌까지 먹는 훈련을 하지만 그곳 도사 굴에서 하느님의 도를 닦던 연평도인이 남겨준 글을 읽고 하느님의 도학을 공부한다. 그러나 국군이 다시 오고 결국 동네에 내려가 참혹하게 저지른 인민군의 만행과 역시 빨갱이를 잡느라고 같은 짓을 하던 국방군, 또 초콜릿이나 캔을 가지고 여자를 유혹하던 미군과 병자호란이나 일제 정신대 같은 양공주 여자들과의 생활이나 그녀들의 캔이나 양주를 양공주 취급을 받으며 시장에 팔기….
결국 남편은 1.4 후퇴에 전쟁터에 끌려가고 중풍 맞은 시어머니와 낯치 부치 모르는 부산에 피난 가서 남들이 돈 버는 방법이 아닌 [진본 천부경] 방법으로 6개월 만에 큰 재벌이 된다는 진본 천부경 도학 소설이다.

(책 구입방법: 천부경.net 또는 http://cafe.daum.net/chunbuinnet 안내)